S0-BRL-910

Vidyamala Burch
y Claire Irvin

Mindfulness para las mujeres

Estructura tu mente, simplifica tu vida y encuentra tiempo para ti misma

Traducción del inglés de Silvia Alemany

Accede a los audios de las meditaciones mediante enlaces y códigos QR

Título original MINDFULNESS FOR WOMEN

Numancia 117-121, 08029 Barcelona, España
www.editorialkairos.com

Revisión: Alicia Conde

Fotocomposición: Beluga & Mleka, Córcega, 267. 08008 Barcelona
Impresión y encuadernación: Índice. Fluvià, 81-87. 08019 Barcelona

Primera edición: Octubre 2017
ISBN: 978-84-9988-573-5
Depósito legal B 16.437-2017

Este libro ha sido impreso con papel certificado FSC, proviene de fuentes
respetuosas con la sociedad y el medio ambiente y cuenta con los requisitos
necesarios para ser considerado un «libro amigo de los bosques».

Para Stuart, que me ha hecho amar cada momento.
Y para Amelie Rose y Charley Chops,
que me hacen desear que esos momentos duren aún más.

CLAIRE

Para todas mis amigas, para mis mentoras y guías.
Vosotras ya sabéis a quiénes me refiero.
Vosotras me habéis mostrado el camino.

VIDYAMALA

Sumario

Parte IV: El mindfulness en la vida diaria

Agradecimientos

Ambas estamos en deuda con la superagente Sheila Crowley por su sentido de espíritu de la época, sus habilidades creativas a la hora de establecer contactos y el sólido apoyo que nos ha demostrado. ¡Gracias también a Rebecca Ritchie por haber logrado que todo lo anterior discurriera con tanta placidez!

El equipo de Little, Brown Book Group, capitaneado por Anne Lawrance, nos ha proporcionado el espacio creativo para que pudiéramos desarrollar nuestra visión del «Mindfulness para mujeres» y nos ha proporcionado la confianza para hacérnoslo nuestro. La editora Jillian Stewart es una experta en la atención plena interior, y además es una persona flexible que cuida la atención por el detalle, una combinación nada fácil que nos encanta. Y Sarah Shea, Stephanie Melrose, Andy Hine y Helena Doree han recogido el testigo de nuestro entusiasmo y han salido corriendo.

Gracias a todas las mujeres que accedieron a ser nuestros casos de estudio. Fuisteis muy generosas con vuestro tiempo y vuestras perspectivas únicas sobre lo que significa practicar, y vivir, la atención plena como una mujer moderna. Hemos cambiado vuestros nombres para proteger la privacidad, pero esperamos que disfrutéis reconociéndoos en el texto.

Vidyamala

Me siento especialmente agradecida a todas las mujeres fuertes de mi vida que me han ayudado a creer en mí misma. Al crecer en Nueva Zelanda recibí la influencia de varias generaciones de pioneras femeninas: desde el papel que desempeñó mi abuela, Eva Burch, hasta los de mis tías, mi madre Jill, mis hermanas Pippa, Lisa y Deb, y mis queridas amigas íntimas, que lo son desde hace décadas, Margy y Margot. Todas ellas ejemplifican la típica actitud positiva de Nueva Zelanda.

También estoy profundamente agradecida a las excepcionales mujeres de la Orden y la Comunidad budista Triratna, con las que llevo practicando desde hace tiempo. Me habéis enseñado a sentirme mejor conmigo misma, planteándome desafíos y animándome a ser valiente para que pueda desarrollar todo mi potencial. En ocasiones vuestra actitud ha sido férrea, pero nunca carente de bondad. Todo un regalo. Sois demasiadas para nombraros una a una, pero vosotras ya sabéis a quiénes me refiero. Habéis enriquecido mi vida hasta unos extremos inconmensurables.

Doy las gracias también a Jules Morgan por la lectura detallada que ha hecho del manuscrito y por su astuto *feedback*, en el momento adecuado. Pasó horas tumbada en el sofá, enfrascada en el texto y pasándome páginas enteras de correcciones durante diez días de locura, un bombardeo de trabajo para no pasarnos de la fecha de entrega del manuscrito. Fue divertido, aunque una locura. Y, por supuesto, doy las gracias a todo el equipo de Breathworks por el generoso apoyo que nos prestaron mientras intentaba escribir este libro cuando, en realidad, no había tiempo. De alguna manera me ayudasteis a sacar tiempo de donde no había con vuestras presiones y exigencias, y consolidasteis el proyecto con gracia y profesionalidad. Gary, te doy las gracias a ti también por los materiales que creaste para el curso Mindfulness para el

Estrés, que he aprovechado y he incluido en diversos capítulos de este libro.

La mayor parte del material se basa en mi prospección particular de los mundos del budismo y del mindfulness a los que me he dedicado durante décadas. Muchos amigos y catedráticos han contribuido a esta sinergia para que cada vez seamos más los que conozcamos estas extraordinarias enseñanzas de una manera accesible y relevante para nuestra vida moderna. Mi principal maestro budista, Sangharashita, empezó este proceso durante la década de los 1960, cuando decidió que era el momento adecuado de adaptar estas antiguas enseñanzas. Estoy en deuda con él, y sumamente agradecida. También quiero dar las gracias al doctor Jon Kabat-Zinn, uno de los primeros científicos del Centro Médico de la Universidad de Massachusetts que llevó el mindfulness al sistema sanitario occidental y a la sociedad civil. Él también es una figura prominente y radical que me ha ofrecido su apoyo y todos sus ánimos desde que inauguré Breathworks en 2001. A Russ Harris tengo que darle las gracias calurosamente por permitirnos compartir con él parte de su magnífica obra, y por dejarnos participar.

Gracias también a Sona, mi compañera Sona, que mientras estuve escribiendo este libro, renovaste nuestra casa, me ayudaste a mudarme y a montarme un despacho haciendo de todo eso tu prioridad, por encima de tus otros compromisos. Durante todo este tiempo has estado amándome y cuidando de mí, además de procurar que siguiera mi propio ritmo (a veces con acritud) y me acordara de conservar la atención plena.

Y, por supuesto, gracias a Claire, que me ha mantenido al corriente de los temas que preocupan a las mujeres de hoy en día por estar permanentemente conectada, y también por su astucia. He aprendido muchísimo y he disfrutado ampliamente del proceso de cocrear este libro con una mujer tan vivaz, inteligente y curiosa como ella.

Claire

Tengo la suerte de disfrutar de momentos maravillosos en mi vida, y de personas que todavía lo son más y me han ofrecido un apoyo inquebrantable, alegría y amistad. Doy las gracias a los Porter, los Davidson, los Linggoods y los Hills; a Karen, Sam, Jacqui, Carla y Jo, y a mis ahijadas Agnes, Ava y Ella; y a Laura, por haber sido el eco activo de la atención plena mientras estuvimos escribiendo el libro.

Por supuesto, el malabarismo de poder escribir y seguir cuidando de la familia necesita una potente red de apoyo: Helen y Vanessa, sois increíbles.

Vidyamala, no solo has añadido tu nombre a este increíble elenco de personajes, sino que me has dado el don de hallar diversas maneras de encontrar tiempo para hacer todas esas tareas especiales que mi vida comporta.

Por supuesto, como profesional que toca muchas teclas al día, he tenido el privilegio de caminar por la vida siguiendo estas recias antorchas femeninas: mi asombrosa e inspiradora madre, Rosemary, para empezar, una pionera para las madres trabajadoras y las feministas orientadas a la familia de todo el mundo. ¿Habría tenido yo la fuerza y la visión de intentar hacer lo mismo si no fuera por ti?; las amigas que he mencionado y aquellas chifladas de todo el planeta que ya eran asombrosas antes de la década de los 1990, nos dieron permiso para hacer de todo esto «algo»; Lis y Sandie, que, a su manera, me influyeron muchísimo en mis años de adolescencia; y las mujeres que me brindaron su amistad inspiradora, fueron mis mentoras y me apoyaron a lo largo de mi trayectoria profesional: Carole, Nanette, Meribeth y Tracey. Os lo debo.

Mi hermana Heather y mi sobrino Freddie encabezan la lista de los superespeciales. Margaret y Tony, y la diversión de los viernes, las tazas de té, las casas para los patos... ¡y muchas cosas más! Mi madre y mi querido padre, el doctor Geoff: ¿dónde estaría yo sin vuestras continuas llamadas de apoyo (y los mejores pasteles de cumpleaños, lecciones de piano y chistes breves)?

Pero lo mejor de escribir este libro es el legado que les quedará a mis seres más queridos: Stuart, Amelie Rose y Charley. Stu, al final no tendrás que decirme que olvide las prisas y mire las cosas (aunque estoy segura de que seguirás diciéndomelo). Y, si mis dos caritas favoritas no bastan para que deje de consultar mis correos electrónicos, serán mi enfoque en la atención plena y la gestión de prioridades los que sin duda lo harán.

Introducción

¿Por qué «Mindfulness para mujeres»?

«Estoy muy liada.» ¿Cuántas veces has contestado esto cuando alguien te ha preguntado cómo estabas?

Si tu vida es una locura (¿hay alguna que se libre de eso?), tu primera reacción ante la idea de practicar mindfulness para las mujeres será decir: «Me parece fantástico», y luego te preguntarás con incredulidad: «¡A ver quién es la lista que tiene tiempo para algo así!, porque yo te aseguro que no.» Tanto si nos referimos al ámbito profesional o social como si hablamos del plano psicológico, prácticamente todas estamos igual de liadas. Y ninguna, por lo que parece, tiene tiempo de encontrar un rato libre para ella.

La vida actual es implacable. Hay tantas facetas, tantas capas... Es un crisol de oportunidades y elecciones que se presenta en nuestra vida profesional y personal. Queremos viajar por el mundo, encontrar un trabajo que nos satisfaga, conocer al hombre (o a la mujer) de nuestros sueños... Fácil, ¿no? Veamos, pongamos que tenemos un cargo directivo, cinco hijos y una casa en el campo. ¿Por qué no? En una situación así te estresas solo para encontrar un momento para hacer una lista, por no hablar de las horas que tendrías que dedicar al día para ir tachando punto por punto... y conseguir que te quedara algún ratito libre para no hacer nada. Cuando no se tratara del trabajo, de la casa, de los niños, de la familia, de hacer nuevas amistades, de cultivar los amigos de toda la vida, de hacer ejercicio, emprender unas reformas, mudarnos a una casa más grande o a una más pequeña, trabajar en el jardín, comprar en internet o ver alguna colección de DVD, nos quedarían mensajes por contestar, tendríamos que actualizar nuestro estado de Facebook, hacer una llamada por Skype, responder a un contacto de LinkedIn, colgar algo en el tablón de Pinterest o interactuar en cualquier otra plataforma social. ¡Y solo estamos mencionando lo que nos divierte!

¿Quieres sentirte...

- Feliz
- Relajada
- Tranquila
- Determinada
- Tenaz
- Llena de vitalidad
- Segura de ti misma?

Entonces el mindfulness puede ayudarte.

La práctica de mindfulness te ofrece un apoyo práctico

Ante esa lista de quehaceres, que ya es bastante larga de por sí, quizá te preguntes cómo va a poder tranquilizarte el mindfulness y qué es exactamente. Explicaremos el mindfulness con todo detalle en el capítulo siguiente, pero por ahora piensa sencillamente que es la capacidad de estar en silencio, tranquila y quieta en tu mundo interior, y en el exterior también. ¿Te suena bien? Algo muy bueno que aporta el mindfulness es que puede ayudarnos a cada una de nosotras en el lugar en el que nos encontremos y en cualquier momento de la vida. No solo te servirá para manejar mejor las cosas en el presente, sino también para sortear tus distintos papeles e identidades, que a menudo cambian de forma drástica, y con los que todas las mujeres nos topamos de manera inevitable a medida que pasan los años.

Tomemos, por ejemplo, la adolescencia, o los veinte años, cuando se empieza a vivir la vida de una manera excitante. Lanzarse a un universo de posibilidades en el que los límites son mínimos puede ser estimulante, sobre todo comparado con el agobio que implica hacerte un lugar propio en un mundo ruidoso y a veces agresivo. De todos modos, cuando las chicas van creciendo no se les inculca de entrada que cultiven la confianza en sí mismas y en sus opiniones, como les ocurre a los chicos; es más, incluso los cimientos más sólidos pueden truncarse cuando se nos anima a alzar la voz, a competir de manera salvaje y a abrirnos paso a codazos para alcanzar el éxito mientras, en nuestro interior, seguimos siendo esas florecillas frágiles que nada tienen que ver con la imagen determinada y decidida que se espera de nosotras. Y tampoco nos sirve de nada tener que navegar entre «relaciones fingidas», inciertas e inconsistentes como las que nos ofrecen internet y las redes sociales, empeñadas, según parece, en despertar en nosotras una sensación de inseguridad. Ser fiel a ti misma dicen que es la piedra de toque para alcanzar el éxito y la felicidad, pero en un entorno tan implacable, ¿cómo sabemos lo que es «ser una misma» para empezar? La sensación de calma y quietud que te aporta el mindfulness te ayuda a crearte una brújula interior que te permite estar al mando de tu vida, en lugar de sentirte una víctima indefensa de las circunstancias.

¿Sueñas con...

- Encontrar un trabajo o unas aficiones que te llenen y satisfagan
- Tener tiempo y energía sobrantes para las diversiones?

El mindfulness puede ayudarte a identificar tus objetivos y a aferrarte a ellos para poder construirte una vida sostenible y placentera.

La oportunidad de destacar en la profesión o el estilo de vida que has elegido es uno de los aspectos agradables del mundo moderno, pero muchas mujeres todavía luchan para encontrar un equilibrio sostenible entre la vida y el trabajo: conseguir que la vida profesional te satisfaga sin comprometer lo que realmente es importante en la vida. Es esencial encontrar la combinación adecuada entre trabajo y vida para tu bienestar, y el mindfulness puede ayudarte a identificar y priorizar las cosas que más anhelas para poder mantener la perspectiva y sentirte tú misma, aunque tengas un trabajo o una vida doméstica intensos.

Tanto si es a los veinte como a los treinta o los cuarenta años, cuando sumas los papeles de pareja y madre a la ya de por sí complicadísima, aunque divertida, empresa de vivir, el tiempo (¡o la falta de él!) puede empezar a definir tu vida en realidad. Vivir con alguien y tener hijos no solo te exige en la práctica que eches mano de tus recursos internos, sino que comporta un cambio en el yo que puede complicar aún más las cosas. Lo más importante, sin embargo, es que el mindfulness te ayudará a estar tranquila, a ser cariñosa y a no reaccionar contra tu pareja; así, tu relación con los demás será más profunda. La alegría de la maternidad también puede ser una oportunidad maravillosa de practicar el mindfulness. Puedes aprender a estar plenamente presente para tus hijos, en situación, en los planos emocional y mental, y eso te llenará mucho más que tener un ojo puesto en los niños y otro en el móvil.

Qué duda cabe que en la generación que llamamos de «bocadillo», muchas mujeres tienen que cuidar además de sus padres, y que la precaria salud y la creciente dependencia de estos les obliga a cambiar de identidad y pasar de ser hijas a convertirse en cuidadoras. Este papel nuevo, que la mujer tiene que aprender, a menudo aparece en la época más atareada de su vida. Asimismo, el mindfulness puede ayudarte a mantenerte «presente» ante tanta y tan variada exigencia, y contribuir a que ames y cuides desde la amabilidad y la gratitud mientras te entregas tanto en el trabajo como en casa.

¿Querrías...

- Pasar más tiempo con tus hijos
- Cultivar una actitud más calmada en tu papel de madre
- Fortalecer tus relaciones
- Divertirte más con los amigos
- Estrechar vínculos con tus padres?

El mindfulness puede ayudarte a priorizar las cosas que te importan.

Ni siquiera existe ya ese tranquilo remanso de la «ancianidad» de antaño. En lugar de ser una época para el descanso y la reflexión, la edad a la que la mayoría se jubila suele convertirse en una época muy dinámica, ¡qué poco tiene que ver eso con la jubilación! Si te encuentras en esta fase de la vida, quizá sientas que tu obligación es forjarte una existencia plena a partir de tu experiencia vital, tu vivacidad y tu sabiduría. Las generaciones de mujeres jóvenes, esas que muestran una aparente confianza y muchas tablas en el mundo digital, pueden llegar a intimidarnos, y quizá tengas que esforzarte en ponerte al día si quieres seguir en la brecha. Si te resulta divertido y estimulante, el mindfulness liberará tu energía mental para que puedas abarcar cosas nuevas y disfrutar con la revolución digital. Si, en cambio, no te interesa esforzarte en este sentido, el mindfulness te ayudará a tener confianza en ti misma para forjarte el estilo de vida que desees, por muchas presiones externas que puedas tener.

Con la edad aparecerán períodos de mayor dependencia, como es natural. Son muchas las mujeres que aspiran a envejecer con dignidad y con un profundo sentido de satisfacción interior, pero ¿cómo lograrlo con un cuerpo en decadencia? El mindfulness, la conciencia, la amabilidad y la aceptación son claves para sentirnos realmente cómodas en nuestra propia piel, sea cual sea nuestra condición física. Está probado que el mindfulness hace que aumente nuestro bienestar interior, incluso en las personas que padecen enfermedades crónicas.[1]

El mindfulness para la mujer moderna

Para cualquiera de nosotras, con independencia de quiénes seamos y a qué nos dediquemos, queda demostrado que la vida se mueve a paso rápido. Y la necesidad que tenemos de escapar de vez en cuando de la sensación de «vivir como un hámster dando vueltas a la rueda» y hallar paz y sosiego es una tendencia cultural que trasciende cualquier edad, credo, color o condición. Y eso es algo de lo que las mujeres hablan en particular. ¿Por qué será? Porque creemos de todo corazón que, si queremos que las cosas salgan como tienen que salir, tenemos que hacerlas por nosotras mismas. Y las tareas que se nos presentan, que cada vez son más numerosas, junto con los aparatos tecnológicos que tenemos a nuestra disposición, comportan que adoptar esta filosofía no nos resulte nada fácil. La ironía es que cada vez que compramos algún artilugio de los que nos ahorran tiempo es como si en realidad nos lo quitaran, porque por cada tarea que estos milagros tecnológicos nos ayudan a resolver con rapidez generan otra que unos años atrás ni siquiera habríamos imaginado.

¿Por qué hay tantas cosas por hacer que solo tú puedes hacer bien? El mindfulness puede ayudarte a abandonar la creencia de que estás obligada a hacerlo todo.

Hay una pregunta fundamental: ¿cómo podemos seguir cuerdas estando inmersas en estas masivas transformaciones de orden práctico y cultural? A pesar de que es estimulante estar ocupadas, plantearnos retos y formar parte de la revolución digital mientras vamos surcando las olas de un cambio histórico, necesitamos encontrar un equilibrio con el polo opuesto. Necesitamos incorporar las antiguas virtudes, como el mindfulness, para encontrar el equilibrio y la paz. En conclusión, podríamos decir que el mindfulness es más necesario que nunca.

El mindfulness para la igualdad

Vivimos en una época de importantísimos cambios culturales que afectan al papel que tienen las mujeres en la sociedad y a su identidad. Todavía quedan algunas mujeres que vivieron el movimiento sufragista de principios de los años veinte; y hasta hace unas décadas tan solo la mayoría se veía limitada a desempeñar «trabajos de chica», fueran cuales fuesen sus capacidades y ambiciones. Por otro lado, fueron muchas también las que vivieron esa sensación de esperanza y optimismo que aportaron los movimientos feministas de la década de los 1970, que lanzaron el mensaje de «el mundo es tu ostra; puedes hacer con ella cualquier cosa», mujeres que lucharon por la igualdad de oportunidades.

El problema es que la sociedad olvidó incluir una característica que es fundamental en las mujeres: si son capaces de hacer todo aquello a lo que se sienten obligadas. ¿Profesión, hijos, vida social y unas aficiones que nos llenen? ¡Pues claro que sí! Por naturaleza somos multifacéticas. ¿Queremos aprender a tocar un instrumento? ¡Adelante! ¿Queremos ser miembros de un comité? ¿Por qué no? El mensaje del feminismo sobre tener esperanza y crear oportunidades se ha metamorfoseado y ha pasado del «puedes hacer cualquier cosa» al «deberías hacer de todo». Y, sin comerlo ni beberlo, resulta que aprovechar las oportunidades que hoy en día tienen las mujeres significa ir muy presionadas intentando compaginar los variados papeles e identidades que tenemos: el de profesional, amante, esposa, madre, hija, amiga, ama de casa, enfermera, jefa, administradora... Y en cuanto a los instrumentos de la revolución digital (sí, sí, me refiero a esos que se diseñaron para hacernos la vida más fácil), están empezando a torturarnos: nos susurran, reclaman y seducen veinticuatro horas al día durante siete días a la semana, y generan un tiovivo agotador al que tenemos que estar continuamente conectadas.

¿Cómo equilibras...

- El hacerte cargo de demasiadas cosas
 con
- El no responsabilizarte de lo suficiente?

El mindfulness te permite vivir con una sensación sostenible de calma y bienestar.

Abandona el patrón de las comparaciones con los demás

No hay duda de que la sensación que nos proporcionan las redes sociales de estar hiperconectadas puede ser adictiva. Podemos formar parte de este mundo nuevo, de este escenario, una plataforma que, en sus mejores momentos, puede ser liberadora e infundirte poder, darte voz y hacer que descubras una nueva manera de sentirte bien contigo misma. Este mundo ofrece un capital social renovado que satisface la innata necesidad humana de pertenencia. Sin embargo, es inevitable pagar un precio por toda esta libertad digital, y hay estudios que demuestran que también puedes sentirte más insatisfecha con la vida. Si por cualquier razón te sientes marginada o ignorada, esa sensación de pertenencia se puede volver en tu contra y hacer que tu autoestima disminuya.

Cuando tienes uno de esos días en que lo ves todo negro, la actividad de los demás puede hacerte sentir que no estás a la altura de las circunstancias, que no eres popular, y tampoco delgada, y que ni siquiera eres una triunfadora. Aunque son muy útiles para corroborar opiniones, las redes sociales también pueden ser inflexibles y muy críticas; pueden convertirse en el microclima del mundo externalizado en el que vivimos, ese mundo en el que lo que hacemos y nos ponemos, lo que vemos, escuchamos o decimos tiene más importancia que cómo nos sentimos, con qué conectamos o qué pensamos de nosotras mismas.

Ese «nosotras» puede terminar convirtiéndose en una amalgama de opiniones ajenas: las de nuestro jefe, nuestros amigos, la familia, los desconocidos... Y cuando juzgamos a los demás, cuando pensamos que esa de ahí es muy ruidosa o gorda, o incluso egoísta, ¿qué dice esa actitud de nosotras mismas? Pues que también tenemos que ser X, Y y Z. ¿Vamos a seguir la dieta de moda porque queremos perder cuatro kilos o porque creemos que tenemos que hacerlo?

Si en los inicios de nuestra vida laboral decidimos tomarnos un tiempo para formar una familia, es como si nos rindiéramos, como si nos pusiéramos en evidencia. Si dejamos el asunto de tener hijos para más adelante o (¡qué horror!) decidimos no tenerlos, somos unas egoístas y unas egocéntricas. Cuando nos reincorporamos al trabajo después de haber sido madres, ¿lo hacemos porque queremos o porque tenemos miedo de lo que pueda pasarle a nuestra vida profesional si no volvemos? ¿Es eso lo que nos importa o nos preocupa más lo que las otras madres puedan pensar de nosotras si volvemos o lo que pensarán los colegas de trabajo si no lo hacemos?

¿Somos nosotras las únicas personas capaces de organizar salidas para que los niños coincidan y jueguen entre ellos, de establecer la rutina familiar diaria o inventar unas vacaciones en la ciudad...? Y yo me pregunto: ¿qué importancia tiene eso? ¿Y por qué vamos a preocuparnos por algo así cuando, al repasar la actualidad en las noticias, los periódicos o Twitter, lo que vemos es un triste panorama de lo que está sucediendo en este ancho y vasto mundo? Las guerras, las hambrunas, la falta de recursos, las desigualdades y los maltratos pueden terminar por deprimirnos en el mejor de los casos, y, en el peor, pueden generarnos una sensación de impotencia.

Sin embargo, siempre hay esperanza. Y ayuda, una ayuda que está dentro de cada una de nosotras... Bienvenidas al mindfulness.

Y las guías de tu viaje son...

¡Qué útil es ir de viaje acompañadas! Esa fue la razón de que Vidyamala, al empezar a escribir este libro en colaboración, decidiera embarcar a Claire en un viaje de descubrimiento personal para conseguir la atención plena, y para que tú, lectora, puedas formar parte de él mientras te embarcas en el tuyo propio.

Para Claire no se trató solo del principio de un viaje increíble hacia el descubrimiento de la atención plena, sino del nacimiento de una sorprendente amistad y el estrechamiento de un hermoso vínculo. Aparentemente éramos completamente distintas. Nos llevábamos trece años y vivíamos en lados opuestos del planeta, y eso solo para empezar.

En un principio Vidyamala conoció el éxito en la vida: era deportista, una joven inteligente cuyo objetivo era ir a la universidad, ser buena en su profesión, encontrar a la pareja perfecta y quizá tener hijos. Pero unas lesiones en la columna vertebral que sufrió durante la adolescencia, y siguió padeciendo cumplidos ya los veinte, dieron al traste con esa vida y le hicieron tomar una trayectoria completamente distinta. Aunque ya se dedicaba al montaje cinematográfico con apenas veinte años, trabajo que le encantaba, su cuerpo no tardó en dejarle claro que no podría cumplir con jornadas de sesenta y cuatro horas semanales, así que tuvo que parar a los veinticinco años y abandonar el ejercicio de su profesión. Poco después fue a clases de yoga y meditación para poder encajar el revés de tener que afrontar unas perspectivas tan radicalmente distintas. Treinta años después pertenece a una orden del budismo, dirige meditaciones y organiza retiros de mindfulness por todo el mundo. Vidyamala ha encontrado la manera de canalizar la pasión y el entusiasmo que sentía antes de lesionarse, derivarlos hacia la mente y, por extensión, hacia lo que representa ser humana en este momento de la vida, con todos los retos y las oportunidades que se le brindan en concreto.

La vida de Claire es sintomática del momento que está viviendo la mujer moderna: esa madre trabajadora con dos hijos que va agobiada por la falta de tiempo es un reflejo de las presiones que conlleva la vida moderna. Si es cierto que cuantas más cosas te traes entre manos, mejores resultados te aporta el mindfulness, Claire, en opinión de Vidyamala, sería un caso perfecto, digno de estudio: «Enseguida me di cuenta de los beneficios que el mindfulness podría aportar a la vida de Claire, y quién mejor para demostrar que este libro puede cambiar tu vida que una de las lectoras a quien iba dirigido. Claire, al ser editora de una revista y periodista de profesión, se sentía atraída por la expectación que estaba creando el mindfulness. Sin embargo, convencerla de que se comprometiera a adoptarlo fue harina de otro costal. Al principio, se echaba atrás casi físicamente cuando oía las palabras "práctica" y "encajarla en tu vida", y tardó varias semanas en empezar.»

Si queréis saber los resultados que consiguió, podéis conocer su experiencia siguiendo las entradas de su diario, que están incluidas en los capítulos más importantes, y descubrir el modo en que Claire ha integrado el mindfulness en su vida. Este viaje lo haremos juntas, así que nos encantaría que compartieras con nosotras, a través de las redes sociales, tus propias experiencias, y que nos plantearas todas las preguntas que tengas (encontrarás los detalles en la página 371.)

Veamos ahora algunas cuestiones de orden práctico.

Instrucciones de uso de este libro

Puedes usar este libro de varias maneras. Como un curso estructurado, que obviamente exige que te comprometas a seguirlo durante un período de tiempo establecido (ver la guía en la página 29), o como un compañero de vida al que ir consultando de vez en cuando en función del aspecto en el que creas que debes centrarte.

Los tres primeros capítulos del libro están dedicados a explicar el funcionamiento del mindfulness, el modo en que puede mejorar tu vida y la manera de abordarlo. Léelos antes de empezar los capítulos siguientes, porque te ayudarán a comprender los conceptos de la misma práctica. La parte práctica se divide en dos apartados muy útiles para tu viaje:

- **Parte I:** ama tu cuerpo
- **Parte II:** encuentra la paz mental
- **Parte III:** que la bondad te haga feliz
- **Parte IV:** el mindfulness en la vida diaria

Estos capítulos contienen elementos distintos:

- **Historias inspiradoras:** basadas en entrevistas con mujeres que han practicado el mindfulness en contextos muy distintos (y a las que hemos cambiado el nombre para proteger su identidad).

- **Información general** sobre el tema del capítulo.

- **Metáforas conscientes** que te ayudan a entrar «en la zona»: la meditación no es una actividad racional y puede ser útil recurrir a imágenes o metáforas para entender las diversas maneras en que nos relacionamos con nuestros procesos de pensamiento.

- **Liberadores de hábitos:** están pensados para ayudarte a relegar algunos de tus hábitos negativos y sustituirlos por otros más positivos y creativos. Los hemos diseñado para que puedas disfrutar de ellos, para que te apetezcan y rescaten de nuevo tu energía y tu entusiasmo por la vida. Unos liberadores de hábitos típicos serían ir al parque y sentirte inmersa en la naturaleza o comprometerte cada día a hacer alguna buena obra al azar.

- **Una meditación de diez minutos** centrada en el tema del capítulo. Las meditaciones son cortas, accesibles y portátiles, para que encajen en las atareadas vidas que todas llevamos. Puedes escuchar el audio que más te convenga en cualquier momento, y puedes encadenar varias meditaciones si quieres alargar el tiempo de practicar. Si quieres seguir el libro como si fuera un curso, mira el recuadro de la página 29-30.

- **Un resumen conciso de cada capítulo:** son muy útiles si tienes prisa o necesitas hacer un repaso.

La cuarta parte además te ofrece una guía extra para «quedarte en el curso», es decir, para convertir el mindfulness en una parte de tu vida, y para usarlo no solo para cambiar tu mundo, sino también el mundo que te rodea.

En conjunto, este libro pretende dar soluciones. Y no necesitas dedicar varios meses para empezar a ver resultados. Tenemos pruebas de que con un poco de mindfulness se llega muy lejos. Al cabo de unas cuantas sesiones empezarás a sentirte más equilibrada, conectada contigo misma y con los demás, y también «plena» (aunque, como todo en la vida, cuanto más inviertas en ello, mayor será el beneficio).

El audio contiene grabaciones que vas a necesitar para practicar las meditaciones. Para un buen resultado, te aconsejamos que primero leas las meditaciones para familiarizarte con lo que te pedimos. A continuación, es mejor que hagas las meditaciones escuchando el audio correspondiente. También puedes descargarlas como archivos de MP3 de https://soundcloud.com/hachetteaudiouk/sets/mindfulness-for-women o de la página web mindfulness4women (inglés) o www.letraskairos.com (español) (véase la página 371).

El mindfulness para mujeres explicado en un curso de ocho semanas

Es el recurso ideal si tienes tiempo para comprometerte a hacer dos meditaciones al día de diez minutos cada una durante ocho semanas. El material del libro es progresivo, y si lo sigues como si fuera un curso, tendrás más experiencia en el mindfulness y la compasión necesaria hacia ti misma y los demás.

Empieza por el principio, y luego ve siguiendo. Encontrarás la tabla con la estructura del libro en forma de curso en el apéndice I (página 335).

Descubramos ahora cómo el mindfulness puede ayudarte a brillar... y no solo a existir.

1. No existas: ¡brilla!

Volvamos a ti, porque es ahí donde empieza el viaje. Cualquiera que sea el motivo que te ha traído al mindfulness, es muy probable que en él encuentres la solución. Es posible que te sientas bien en tu propia piel. Da igual quién seas. Es posible que te sientas genuinamente conectada con tu mundo interior, y que te sientas también conectada, de una manera auténtica y genuina, con los demás. Es posible basar tu ritmo interior en lo que hay de bueno en ti, en lugar de en lo malo. Y es posible ampliar eso a tu existencia diaria para que puedas florecer.

Hasta ahora, nada nuevo bajo el sol. Los escritores, los poetas y los filósofos han visto en ello una fuente de inspiración a lo largo de los siglos. «Ojalá pudiera mostrarte, cuando te sientes sola o estás sumida en la oscuridad, la asombrosa luz de tu ser.» Esas fueron las palabras del poeta persa Hafiz.[1] Tras décadas de meditación y contemplación, el escritor y activista social Thomas Merton escribió: «Como si los sufrimientos y las estupideces de este mundo fueran a superarme ahora que me he dado cuenta de lo que somos. Ojalá nos pasara a todos, pero no hay forma de decirle a los demás que nos movemos por el mundo brillando como el sol».[2] Recientemente, la escritora espiritual y poeta Marianne Williamson escribió: «Es nuestra luz, y no nuestra oscuridad, lo que nos asusta». Y nos preguntamos: ¿quién soy yo para ser brillante, magnífica, tener tanto talento y ser fabulosa? En realidad, ¿quién eres tú para no serlo? Al mundo no le sirve de nada que te hagas la insignificante.[3]

Todo esto está muy bien, qué duda cabe, si tenemos el tiempo de centrarnos en «brillar» en lugar de en existir. Pero lo bueno es que cuantas más cosas barajes y más personas haya en tu vida, más te ayudará el mindfulness. En lugar de convertirse en una cosa más que añadir a tu ya de por sí larga lista de «quehaceres», practicar un poco de mindfulness puede ayudarte a manejarte mejor con los elementos más peliagudos de tu existencia diaria y ser una persona más tranquila, feliz y eficiente. Además, también nos resultará más fácil vivir de acuerdo con las aspiraciones que, sin duda, son las más esquivas de la alocada vida moderna que llevamos: el espacio mental y el espacio del corazón.

Encontrar la paz y la quietud

¿Sientes constantemente la necesidad de «arreglar» algo de tu vida o de tu interior? El mindfulness puede ayudarte a cambiar tu actitud fundamental. El mindfulness se enraíza en una perspectiva profunda y liberadora: en lugar de contemplarte como un ser herido, roto o inadecuado, el mindfulness, tal como reflejan las citas anteriores, te pide que reconozcas que, en lo más profundo, eres un ser completo, y que todo está bien. Es una manera de escapar del caos superficial de tu vida y entrar en la quietud tranquila del interior. Imagina que tu vida es un mar, un mar turbulento en la superficie. Ahora piensa en las vastas profundidades. Siente de verdad esa quietud y esa paz. ¡Intenta saborearlas! La sensación te resulta familiar. Y eso es porque tu subconsciente las reconoce como algo familiar. Esta manera de ver las cosas siempre ha estado ahí, pero en algún momento de tu vida olvidaste escuchar. (Sí, es cierto que eso nos pasa a todos.)

Quizá te hayas alejado mucho de ese lugar tranquilo y quieto, pero por muy perdida que te sientas, el mindfulness (y todos los recursos que describe este libro) te enseñará a reconectar contigo misma. Cuando aprendas a volver a sintonizarte con la quietud y la paz interior, será como si volvieras a casa.

Metáfora del estado consciente: la cascada

El mindfulness es una herramienta muy pragmática: te pide que examines tus experiencias a medida que las vas viviendo, y que recurras a las técnicas prácticas que te ofrece. El mindfulness reconoce que a veces la vida puede parecernos muy caótica y confusa. Una metáfora para explicar la vida es decir que esta transcurre por momentos, como una cascada, como un flujo que mezcla impresiones y experiencias. A veces sentiremos con mayor fuerza las vivencias físicas; en otras ocasiones, viviremos las experiencias mentales o emocionales con la bravura de un trueno. Pero todas ellas son diferentes cauces de un solo flujo continuo de experiencia que incluye el cuerpo, la mente y el corazón. Los distintos apartados de este libro te ayudarán a navegar por estas corrientes y te enseñarán técnicas específicas para transformar toda tu vida.

Conviértete en tu mejor amiga

Tal y como hemos explicado en la introducción, hemos estructurado este libro en cuatro apartados principales: cuerpo, mente, corazón y vida cotidiana. Sin embargo, cada uno de estos apartados se construye a partir del anterior y se va entretejiendo para ayudarte a desarrollar una conciencia rica y profunda de lo que significa ser humana y para poder desarrollar también tu potencial.

La primera parte de este libro contempla la conciencia corporal. A pesar de que el punto de vista actual, influido por los medios de comunicación, dice que deberíamos amar la mente para poder aceptar el cuerpo, es muy práctico y eficaz trabajar primero con el cuerpo. El mindfulness es central en la tradición budista, que tiene 2.500 años de antigüedad (véase el recuadro de la siguiente página). Para el budismo, las meditaciones empiezan por tener conciencia corporal con el propósito de crear un fundamento estable, y luego poder desplazarnos hacia los aspectos mentales y emocionales de cada momento, más sutiles y «resbaladizos». El budismo decide empezar a trabajar con la conciencia corporal como la estrategia más adecuada para ayudarte a tener una base sólida y fuerte al inicio de tu viaje por el mindfulness. Ahora bien, has de tener presente que uno de los principios fundamentales es que el cuerpo, la mente y el corazón están profundamente interconectados.

Si lo piensas, verás que es obvio. Fíjate en cómo se tensa tu estómago cuando tienes ansiedad o se hace más rápida tu respiración cuando te enfadas. Y si te enfadas, una multitud de pensamientos se asociarán a esta emoción, no es muy saludable que digamos. Aunque sientas que estar viva es desagradable, el mindfulness te ayudará a ser más consciente de tus distintas dimensiones en cada momento. Y esta conciencia nos marca el límite, como las aguas del mar, a partir del cual podemos reaccionar. En lugar de dejarte atrapar por la marea, puedes retroceder un poco y ganar perspectiva. Piensa en la cascada de la metáfora consciente de la página 33. ¿Puedes imaginarte ese pequeño saliente detrás de la caída de agua? Cuando estás consciente, es como si estuvieras sentada en ese saliente, tras la cascada de la vida, quieta y tranquila, en lugar de sentir que el agua se desploma sobre tu cabeza y te arrastra irremediablemente. Sí, la cascada sigue cayendo sin parar, pero tú ya no estás a su merced.

Desde ese saliente, controlas. Puedes aprender a observar tus pensamientos, sin meterte en ellos. Puedes aprender a permanecer quieta y tranquila en tu cuerpo. Puedes aprender a responder y a no reaccionar ante lo que te lanza la vida (la cascada), y esa es la clave de la libertad. Los capítulos de este libro te mostrarán diversas técnicas para conseguirlo.

Mindfulness y budismo

En este libro nos referiremos al budismo porque es una religión, una filosofía y un enfoque sobre la vida en el que el mindfulness y la práctica de la compasión desempeñan un papel central. El budismo surgió como una disciplina que seguía las enseñanzas de un sabio conocido con el nombre del Buda: el que ha despertado. Se dice que el Buda vivió en el norte de la India hace unos 2.500 años y que descubrió, a partir de la meditación y de otras disciplinas, la manera de liberar la mente y el corazón de toda reactividad y a vivir con una profunda sensación de libertad, paz y conexión amorosa con los demás.

El budismo ha sido adoptado, y adaptado, por diversas culturas a lo largo de los siglos. En Occidente, comparte terreno con la ciencia y la psicología, así como con la poesía y las artes. Psicólogos y pensadores famosos experimentan con las enseñanzas centrales del budismo (en el que el mindfulness es absolutamente primordial) para aplicarlas a la presión y al esfuerzo que derivan del mundo moderno. Y esta es la respuesta para muchas personas que buscan la paz y la quietud en el caos de esta vida moderna tan poblada de estímulos. A pesar de que el mindfulness suele enseñarse en contextos seculares, y que puede aplicarse a casi cualquier circunstancia, los principios clave están inspirados en las experiencias del Buda.

Enfocar la vida en la conciencia del presente es transitar por un camino menos solitario que te enseña a ser tu mejor amiga. Te permite acceder a la autocompasión y llegar no solo a gustarte, sino a quererte. Este concepto no es fácil de entender, pero cuando te ames a ti misma, descubrirás que te resulta más fácil querer a los demás. No solo mejorará tu inteligencia emocional, sino también tus relaciones amorosas, profesionales y sociales, y ¿a quién no le viene bien una ayudita?

El mindfulness en distintas culturas

¿Todavía te muestras escéptica ante lo que el mindfulness tiene que ofrecerte? En la historia cunden los ejemplos de mindfulness o atención plena, y lo decimos en sentido literal. Las antiguas enseñanzas y prácticas del budismo (véase el recuadro anterior) recurren al mindfulness como un método para ejercitar la conciencia, pero en Occidente el mindfulness también procede de un largo linaje. Los filósofos estoicos de la antigua Grecia premiaban la cualidad de la atención o concentración sobre el momento presente y, según el historiador Pierre Hadot, su práctica implicaba «una vigilancia continua, una presencia de la mente; la conciencia de uno mismo, esa que nunca duerme». Como les sucedía a los budistas, los antiguos griegos creían que «estimulando la concentración en el insignificante momento presente, que siempre podemos soportar y controlar, la atención hace que nuestra vigilancia sea mayor», y esa atención te permite ver «el infinito valor de cada instante».[4]

Los beneficios demostrados del mindfulness

Muchos estudios científicos demuestran los beneficios del mindfulness y el modo en que este no solo puede ayudar a superar dificultades (como la ansiedad, la depresión y el sufrimiento mental provocado por la enfermedad), sino también a mejorar nuestras vidas haciendo que nuestra concentración aumente, que nuestro ánimo sea positivo y que desarrollemos nuestra creatividad. No es sorprendente que vayan aumentando el número de estudios científicos al respecto ahora que el mindfulness está arraigando en el mundo desarrollado.

El mindfulness se extrajo de su contexto cultural por primera vez a finales de la década de los 1970, cuando el doctor Jon Kabat-Zinn lo enseñó en la Facultad de Medicina de la Universidad de Massachusetts como un método para reducir el dolor físico y el sufrimiento. Desde entonces se ha demostrado que es una técnica muy efectiva para reducir el estrés. Los ensayos clínicos demuestran que las técnicas de meditación del mindfulness son tan eficaces como la medicación o la consulta para aliviar la ansiedad, el estrés y la depresión. Un programa estructurado conocido como terapia cognitiva basada en el mindfulness (MBCT) es en la actualidad uno de los tratamientos que más recomienda el Instituto Nacional de la Salud y la Excelencia en los Cuidados (NICE).[5] El Mindfulness es un potente antídoto para la ansiedad, el estrés, la depresión, el agotamiento y el enfado.[6] Provoca una mayor sensación de satisfacción y también puede reducir los patrones de comportamiento adictivos y autodestructivos, incluyendo el abuso de medicación o drogas y el consumo excesivo de alcohol.[7] La reducción del dolor basada en el mindfulness (MBPM), el programa fundado por Vidyamala y que enseña Respira Vida Breathworks (véase «Recursos», página 371), ha demostrado que mejora la gestión personal del dolor y mejora también la calidad de vida en todas las escalas medidas.[8] Otra área en la que el mindfulness se revela poderoso es en el parto. Existen varios estudios que demuestran que usar el mindfulness para calmar el cuerpo y la mente en un momento de tanta intensidad proporciona unos resultados beneficiosos para la madre y el niño.[9]

El mindfulness también puede ser muy beneficioso para los niños y los adolescentes. Si alguna vez se ha necesitado que la gente joven aprenda a cultivar la calma y la perspectiva, es en la actualidad, en este mundo tan rápido y digital en que vivimos. Una gran iniciativa, el proyecto británico «Mindfulness en las escuelas», enseña a los niños que se envíen los unos a los otros el mensaje «.b» durante todo el día. El punto («.») significa detente, y la «b» respira [*breathe*] y sé [*be*]. Es divertido, y a la vez les proporciona una base sólida: recordarles de vez en cuando que se detengan, respiren y sean.[10]

Pero ahí no termina todo. El mindfulness puede mejorar el trabajo de la memoria, la creatividad, el margen de atención y la velocidad de reacción. También refuerza la resistencia física y mental y la adaptación.[11] Aumenta la materia gris de las áreas asociadas a la conciencia de uno mismo, la empatía, el autocontrol y la atención.[12] El mindfulness asimismo potencia la parte del cerebro que produce las hormonas del estrés y construye las zonas que mejoran el estado de ánimo y favorecen el aprendizaje.[13]

Por eso, en lugar de ocupar una parte de tu tiempo, el mindfulness no solo te lo devuelve (ayudando a tu mente a trabajar con mayor eficiencia), sino que también te ayuda a aprovechar el tiempo que pasas dedicada a otras cosas.

Lo que tiene de bueno es que puedes ser consciente, estar presente, en cualquier lugar. Solo hay que respirar. Puedes aprender, ahora mismo, a sentirte cómoda con tu cuerpo, conocer y comprender tu mente y amar tu corazón. No es difícil, enrevesado ni complejo. Te sentirás más feliz en tu propia piel, menos estresada, más confiada, más capaz y en paz contigo misma y con tu vida.

Este libro es una guía práctica para tomar las riendas de ti misma y volver a verificar el valor de ajuste de cada momento preciso; a encontrar ese saliente que hay tras la cascada, a descansar en las profundidades del océano, en lugar de dejarte zarandear por las olas de la superficie. Es un manual para toda la vida; un amigo que puede ayudarte a conquistar lo que quieras, y cuando lo necesites. Encajará en tu vida y en tus prioridades actuales, así como en las futuras, a medida que estas vayan cambiando, y las seguirá trabajando durante años.

Pero primero eres tú quien debe dar el paso inicial. Suele ser lo más difícil, pero te lo mereces. Tú lo vales. Así es como se despliega tu yo auténtico. Hazte un regalo: regálate el momento presente.

Veamos la experiencia de Gill.

Gill, cuarenta y dos años

Cuando cumplí los treinta, mi vida era fantástica, aunque iba muy atareada. Vivía en Londres, mi trabajo empezaba a despegar y mi vida estaba llena de cosas que me gustaban, incluyendo el hecho de ser madre soltera. En ciertos aspectos, tenía una vida excitante, muy interesante... ¡Y no me preocupaba nada! Ahora bien, era consciente de que mi cabeza no paraba de dar vueltas, tenía muchísima actividad, y corría el riesgo de ir desquiciada por la vida. Puedes llegar a sentirte tan atrapada en tu propia vida que te vuelvas una persona irreflexiva e insensible, porque en realidad no te fijas en los demás. En esa época fue cuando descubrí el budismo. Solo cuando empecé a practicarlo fui consciente del fenómeno. Seguí la doctrina: la verdad, la precisión, cómo contempla la mente el budismo, y descubrí que las herramientas y la práctica resultaban eficaces y útiles. Casi de inmediato me sentí mejor, más tranquila, más consciente; y me di cuenta de que eso era bueno, y de que quería más.

A partir de entonces mi viaje fue gradual, pero cuando miro hacia atrás puedo ver que la manera de relacionarme conmigo misma y con los demás cambió mucho, y que puedo abordar con sensibilidad, ecuanimidad y calma casi todas las situaciones que se me presentan.

Tengo un puesto de trabajo que requiere un perfil maduro. Trabajo en una organización internacional sin ánimo de lucro. Son varias las personas que están a mi cargo y trato con muchos accionistas influyentes. En mi vida laboral siempre estoy conociendo gente con necesidades y preocupaciones importantes que precisan de mi ayuda o que están acostumbradas a poder funcionar de una manera determinada. Con mi técnica del mindfulness empatizo con ellas, conecto con ellas. El mindfulness me da una capacidad enorme de enfrentarme a esas situaciones con la mente clara, de escuchar a la gente atentamente y de fijarme en lo que está sucediendo, en lugar de inventarme una historia basándome en mis interpretaciones subjetivas. También me ayuda a mostrarme cálida con las personas, para así poder transmitirles que me interesan de verdad. Quizá la situación exija que tenga que darles una información dolorosa o difícil (no voy a estar diciéndoles que sí todo el rato). De todos modos, la gente suele decirme que soy una persona muy tranquila, con independencia de lo que esté sucediendo. Suelen preguntarme cuál es el truco, pero... ¡a eso no se puede responder fácilmente! Es el resultado de muchos años de práctica.

Por otro lado, me siento mucho más feliz, y confío más en mis reacciones emocionales ante los demás. Tengo más confianza en mí misma. Tengo muchísima más confianza en mis motivos. Y eso significa que, cuando regreso a casa por la noche, tengo la sensación de que he sido honesta conmigo misma, que no me he dedicado a cultivar esa actitud de «ojalá hubiera dicho eso» u «ojalá hubiera tenido suficiente confianza para ser más sincera en esa conversación». Teniendo en cuenta todo lo dicho, el mindfulness me ayuda a detectar con mayor rapidez cuándo no he sido sincera, u honesta, al hablar con alguien.

En general la gente es buena, y quiere que la gente esté bien y sea feliz.

Somos muchos los que a menudo luchamos contra sentimientos que contradicen esta actitud. Y resulta muy beneficioso darnos cuenta de que, en general, nuestra mente es compasiva y amable.

Como les pasa a las personas con una mente muy activa, siempre me esfuerzo en quedarme muy quieta sentada sobre un cojín para meditar. Con los años, sin embargo, he descubierto que tengo la cabeza más relajada que antes. Vivo mejor el momento presente, me centro en lo que estoy haciendo. La meditación también me ha ayudado a ser así en otras facetas de mi vida; y ser así en otras facetas de mi vida me ha ayudado también con la meditación.

2. ¿Qué es el mindfulness?

«El camino del mindfulness es el siguiente:
no importa lo que hagas, sé consciente.»
Profesora budista de meditación
DIPA MA[1]

La mejor manera de entender lo que es el mindfulness es experimentándolo directamente. Te presento un breve ejercicio como muestra de lo que es el mindfulness antes de empezar el programa de meditación. Puedes hacerlo tú misma, si has leído la explicación o puedes seguir la versión guiada por audio que está colgada en la página web que transcribimos en este libro (véase «Recursos», página 371).

Ejercicio: una muestra de mindfulness

Adopta una postura cómoda. Puedes estar sentada o echada, lo que te resulte más cómodo. Relájate unos momentos para entrar en situación.

Ahora fíjate en las sensaciones de tu cuerpo. ¿Qué sensaciones físicas estás experimentando en este momento? Quizá sientas la presión que existe entre tus nalgas y la silla que ocupas, o la que existe entre tu cuerpo y el suelo. ¿Qué notas? Por unos instantes ábrete a las sensaciones de tu cuerpo, y vívelas con una actitud de atenta curiosidad.

Ahora, y durante un momento, fíjate en si se oye algún sonido. Observa su calidad, su registro y su volumen, y tus reacciones instintivas. Quizá sientas la necesidad de identificar de dónde viene; olvídalo, y fíjate en que los sonidos son tan solo eso: sonidos. Tu mente quizá «salga volando por la ventana» persiguiendo esos sonidos. Pero intenta que los sonidos lleguen a ti, en lugar de ser tú quien vaya hacia ellos. Mantén la conciencia en tu cuerpo mientras los sonidos fluyen a través del sentido del oído. Si estás en un entorno muy silencioso, fíjate en el silencio.

Ahora lleva tu atención a la respiración. ¿Qué sientes? ¿Qué partes de tu cuerpo se mueven cuando respiras y cuántos movimientos distintos puedes sentir? Mira si puedes situar tu conciencia dentro del movimiento y de las sensaciones que tienes al respirar, en lugar de observarlas como una espectadora. ¿Es agradable o desagradable habitar en tu respiración de esta manera?

Ahora deja que tu conciencia se centre en tus emociones. ¿Cómo describirías tu estado general? ¿Estás feliz, contenta, triste, enfadada, tranquila... o te cuesta mucho estar segura al cien por cien de lo que sientes?

Observa los pensamientos que cruzan tu mente. Pregúntate: ¿qué estoy pensando? Centra tu atención en tus pensamientos durante unos instantes y mira si eres capaz de verlos como si fluyeran a través de la mente, en lugar de surgir de ella.

Ahora reposa en silencio, unos instantes, mientras permites

que tu conciencia se pose en tus sensaciones al respirar, en los movimientos de la respiración que detectas en tu cuerpo... y en los pensamientos, sonidos y sensaciones que vas teniendo. No tienes que buscar una experiencia en particular; tan solo fijarte en lo que está sucediendo en cada momento.

Bueno, quizá no haya sido la experiencia más extraordinaria de tu vida, pero si te has comprometido a hacer bien este ejercicio en todos los niveles, felicidades, acabas de vivir tu primera experiencia de mindfulness, y acabas de empezar el viaje en busca de una mayor conciencia de la vida. Las implicaciones son inmensas. Significa que has pasado del modo «piloto automático» (siguiendo rutinas y pasando de una actividad a otra) a vivir la vida como un flujo de posibilidades creativas y electivas. Solo puedes dar respuesta a las cosas si eres consciente de lo que está pasando. Y la práctica del mindfulness consiste en ser consciente, una y otra vez.

El mindfulness es para todos

Tras practicar mindfulness durante veinte años, Amanda, una asistenta social de treinta y nueve años, ha dejado de sentirse sola y ha empezado a sentirse auténticamente feliz, a ser menos egoísta y a tener más conciencia de los demás; ahora está más segura de sí misma y más tranquila. Ah, y el dolor que le causa su artritis reumatoide también ha disminuido.

La transformación de Amanda es extraordinaria en muchos sentidos, porque es absolutamente normal y corriente. Amanda no es famosa ni viene de otro planeta, pero tiene esa naturaleza relajada, desenfadada y segura de sí misma que es característica de los devotos del mindfulness. Y quizá estas cualidades, así como su filosofía, sean lo que hace que revista tanto atractivo para muchas de nosotras y haya catapultado el mindfulness a la fama. ¡Incluso los diputados meditan! En junio de 2015, 115 diputados y miembros de la Cámara Alta del Reino Unido hicieron un curso de mindfulness de ocho semanas en el mismo Parlamento. Es más, el Grupo Parlamentario Todos los Partidos ha publicado un informe: *Mindful Nation* (Nación consciente y plena), que da consejos sobre cómo puede aplicarse el mindfulness a la salud, el derecho penal, la educación y los lugares de trabajo.[2]

La mayoría de neófitos del mindfulness dicen que es como sentirse de repente más despierto, más alerta... En otras palabras, tener una conciencia que dista mucho de ir con el piloto automático. No es sorprendente que el mindfulness se describa como un despertar o un estado de alerta. Imagina cómo sería la vida si te sintieras alerta a cada momento, continuamente, viva y despierta; te sintieras sabia, clara, receptiva, y si pudieras comprometerte con el mundo que te rodea y apreciarlo. (Bueno, eso si no contamos las noches en blanco que pasamos al cuidado del bebé, alguna que otra resaca ocasional y el *jet lag*, claro...) Me refiero a esos otros días... ¿A quién no le gustaría vivir en un estado de conciencia aguda, no preocuparse tanto (o no preocuparse en absoluto) del pasado o del futuro? ¿Imaginas cómo sería la vida si fueras consciente de lo que estás pensando, de lo que estás sintiendo a cada momento sin dejar de conservar el equilibrio y manteniendo la perspectiva? ¿Imaginas cómo sería la vida si apreciaras el color de las hojas de los árboles, las flores que encuentras de camino al trabajo, el aroma que emana de la cafetería, y disfrutaras sintiendo la lluvia en tu piel, en lugar de pensar solo que se te va a rizar o alisar el cabello? Practicar el mindfulness no solo consiste en apreciar el entorno físico. Al estar presente y ser consciente, puedes tomar decisiones internas que afecten a tu manera de reaccionar ante las cosas. Puedes romper hábitos. Puedes controlar la mente. Puedes tomar el timón de tu vida, en lugar de ser una pasajera pasiva.

Hasta aquí, muy bien: fácil; pero es posible que al hacer el ejercicio de mindfulness de las páginas 43-45 te hayas dado cuenta de que centrar la atención en algo durante más de unos instantes cuesta mucho. No te preocupes, es completamente normal. Nuestra mente, la mente de la mayoría, divaga mucho. Funciona así; ¡si hasta es normal que parezca que la mente tiene mente propia!

La práctica del mindfulness trata de rescatar la mente de esos lugares por donde divaga, y a centrarla en lo que es importante en este momento, en el ahora. Cada vez que te des cuenta de que tu mente anda errante, considera que ha llegado tu momento de mindfulness. Es vital no vivir esta experiencia como un fracaso, y no fustigarnos (la vida ya nos da bastantes palos). Estás presente y eres consciente cuando despiertas tu mente después de haber estado dormida. Es el «momento mágico» del mindfulness: el momento del éxito, por muy fugaz que sea. La práctica del mindfulness significa vivir más momentos mágicos, hasta que, al final, la conciencia fluya en toda tu vida.

¿Qué sensación tenemos al vivir el momento?

El mindfulness en esencia es muy simple. En el aspecto más básico es ser consciente, despertar a la propia vida, estar presente. Es algo que te permite elegir cómo reaccionar a las experiencias en cada momento y encaminar la vida gradualmente hacia lo que valoramos. Por decirlo de otra manera:

> El mindfulness es vivir en el momento, fijarse en lo que está sucediendo y elegir cómo reaccionar ante lo que experimentamos, en lugar de dejarnos dirigir por nuestras reacciones habituales.[3]

Jon Kabat-Zinn, que desarrolló la disminución del estrés basada en el Mindfulness, lo describe como «una manera particular de prestar atención: con propósito, en el momento presente y sin juzgar».[4] En un libro fascinante sobre el papel del mindfulness en el tratamiento de la depresión, sus colegas y él destacaron tres aspectos fundamentales: el mindfulness es intencional, se experimenta y no emite juicios de valor.[5]

Lo que esto significa es que :

- El mindfulness te permite realizar elecciones y actuar con una conciencia tranquila y con un propósito, ayudando a tu vida a desenvolverse de una manera creativa, en lugar de hacerlo con más limitaciones y de manera reactiva y estresante.
- El mindfulness se centra en la conciencia del momento basada en una percepción directa y precisa.
- El mindfulness te permite ver las cosas como son en el momento presente, en lugar de reaccionar automáticamente y establecer duros juicios de valor. Has de tener discernimiento y valorar con inteligencia lo que está sucediendo en tu vida, pero es importante recalcar que no queremos decir con ello que caigas en el hábito (o adoptes el hábito) de percibir las cosas basándote en juicios negativos y condenándote a ti misma o a los demás.

Ser consciente significa que tú también creas una conciencia emocional rica que podría describirse como «vivir plenamente con el corazón», o bien una conciencia compasiva y bondadosa. La mente y el corazón son dos puertas que te abren a la experiencia de la conciencia, y ambas se irán transformando a medida que vayas profundizando en tu práctica del mindfulness. Piensa en la manera de abordar los cuidados de un ser querido o de un niño: no basta con prestarles atención de una manera fría y cínica; has de ser amable y compasiva. Con el mindfulness, te relacionas con tus impulsos y tus reacciones con amor, cuidado, ternura e interés. Y eso significa vivir el momento, vivir profundamente en él, con autenticidad. Solo puedes considerar la vida con honestidad e integridad y mostrarte abierta a sus lados doloroso y placentero con un corazón amable y bondadoso.

El mindfulness y la meditación

¿Qué podemos decir de la meditación? A menudo se dice que la meditación y el mindfulness son lo mismo. Pero ¿es verdad? Hasta cierto punto, un punto muy limitado por cierto, puedes lograr la atención plena sin la meditación, pero, por decirlo de un modo simple y llano, una de ellas da forma a la otra.

El mindfulness es la calidad de la conciencia que quieres experimentar de manera natural en tu vida cotidiana.

La meditación es el proceso, o el tiempo, en el que practicas esta cualidad de la conciencia.

Cuanta más meditación inviertas en ello, más plenamente consciente serás.

Es algo parecido al aprendizaje de una lengua extranjera. El objetivo, sobre todo cuando te trasladas a vivir a otro país, es adquirir fluidez, ser capaz no solo de comunicarte en ese idioma de manera espontánea, sino también de pensar. Incluso podrías soñar en ese idioma. Sin embargo, es muy difícil alcanzar ese punto en el que se convierte en una segunda naturaleza para ti si no lo trabajas, si no haces una inmersión.

El mindfulness y la meditación son muy parecidos. El mindfulness es el recurso (como un nuevo idioma) que, con la práctica, puede llenar tu vida sin realizar un esfuerzo consciente. La meditación es el lugar y el momento en el que pones eso en práctica. Entrenas la mente y el corazón, una y otra vez, sin cesar, para estar calmada y sentirte centrada y positiva. Quizá te sirva de ayuda pensar que vas con la mente y el corazón al gimnasio, de la misma manera que llevas el cuerpo al gimnasio para ponerlo en forma. La meditación contribuye a poner en forma tu mente y tu corazón.

Cada una de las meditaciones que presenta este libro se centra en un aspecto distinto de tu experiencia. Algunas se centran en el cuerpo, otras en cambiar la relación que mantienes con tus pensamientos, y otras incluso en tus experiencias emocionales. Practicadas como un todo te ayudarán a estar mucho más presente y a ser capaz de trabajar con la mente; y dejarás de sentir que tu mente es un tren fuera de control y que tú tan solo eres su pasajera. En el budismo, la mente incontrolada se describe como la «mente-mono»: va de un lado a otro como un mono que se balancea entre los árboles. Esta imagen resume a la perfección la idea de la mente que gobierna, en lugar de ser tú quien la gobierna a ella. ¿Te suena? Bueno, pues ahora imagina un elefante fuerte y firme, poderoso, pero en calma. Cuando un elefante mira algo, se vuelve con todo el cuerpo para poder prestar a ese objeto o a esa circunstancia una atención plena y sin fisuras. Esta es la sensación que se tiene con una mente controlada, y es la imagen que usa el budismo para evocar la conciencia plena. Magnífico, relajado y, sin embargo, alerta.

Tres tipos de meditación

Hemos visto por encima el papel que ejerce la meditación en otras tradiciones, como la de los antiguos griegos, pero es en el enfoque budista donde encontramos el camino más riguroso para entrenar mente y corazón. El budismo es partidario de tres métodos principales de meditación.

1. Conciencia centrada

Es el paso preliminar e incluye aprender gradualmente a tener dominio sobre la mente-mono. Y eso se consigue haciendo que la mente regrese a un punto determinado de concentración, una y otra vez. Los temas recurrentes para centrar la conciencia (que también llamamos meditación *shamatha*) son una imagen; por ejemplo, la de la llama de una vela que observas, o un sonido, como un mantra que repites en silencio para tus adentros. Sin embargo, el objeto más utilizado es la respiración. Es excelente para entrenar la mente porque siempre va contigo, no requiere comprarse un equipo ni gastar dinero, y puede ser cautivadora, porque produce muchas más sensaciones y movimientos en el cuerpo de los que una es consciente. No hay dos respiraciones iguales, y eso significa que el flujo de la respiración puede ser fascinante.

2. Monitoreo abierto

Cuando ya tienes la mente más tranquila y centrada, puedes empezar a investigar la naturaleza misma de la experiencia. Al observar tu experiencia de la vida a cada momento, ves cómo las cosas, sin excepción, van cambiando constantemente. En las meditaciones de monitoreo abierto (llamadas también *vipashyana* o meditación perceptiva interior) desarrollas un nuevo sentido de la perspectiva mucho más fluido y abierto de lo habitual. Es casi como observar tus experiencias interiores a través de una lente gran angular de la conciencia. Te permite verlo todo (lo bueno y lo malo), tomarlo, y luego, sencillamente, dejarlo ir. Contrasta con el *modus operandi* más habitual, que consiste en rechazar de manera automática los pensamientos, las emociones y las sensaciones negativas (o al menos en intentarlo), o bien en dejarnos llevar por los que nos resultan placenteros o por las fantasías. Tener una conciencia tranquila nos ayudará a que nuestra mente esté más receptiva y equilibrada, y sea menos reactiva; y eso es todo lo contrario a quedarse atrapada en un aspecto en particular de la emoción o de la experiencia. El monitoreo abierto podría describirse como el proceso de transformar tu mente y tu corazón en algo mayor que puede albergar tu conciencia.

Metáfora consciente: la llanura africana

Volvamos ahora con otra analogía. Imagina que estás en una vasta llanura africana, y que en la tierra, en la línea del horizonte, ves animales. A ras del suelo, capaz de ver a todos y cada uno de los animales en detalle (quizá con el interés agudizado que la proximidad a algo bello o peligroso conlleva), se encuentra la conciencia centrada, orientada. Contemplar el mismo paisaje desde lo alto de una colina, observar con un interés relajado lo que está sucediendo en la llanura sin sentirse muy atraído por un animal u otro, te da una perspectiva más amplia. En eso consiste el monitoreo abierto.

3. La amabilidad amorosa

La tercera clase de meditación incluye las prácticas dedicadas a cultivar una actitud cálida y emocionalmente comprometida, amable contigo misma y con los demás. La meditación de la amabilidad amorosa (MAA) es la práctica científicamente demostrada de desear que uno mismo y los demás sean felices, estén satisfechos y se encuentren a gusto. La MAA no solo es beneficiosa porque cultive las emociones positivas, sino porque también contribuye a la formación de tus recursos personales y tu resistencia (cognitiva, emocional y física). La neurociencia ha demostrado que la MAA influye positivamente en tus emociones, tu salud física, tu sensación de conexión y tu cerebro.[6] Te ayuda a ver lo que tienes en común con los demás, y a relacionarte con ellos sobre la base del compañerismo, en lugar de adoptar esa postura de aislamiento, incluso de oposición, a la que tan a menudo recurrimos. Esto puede proporcionarte grandes beneficios, y a largo plazo, tanto a ti como a todos aquellos con los que te relacionas.

La MAA puede ser tu plataforma de actuación cuando empieces a incorporar la atención plena a tu vida. Si las dos primeras clases de meditación son los cimientos de la comprensión, la creencia y la convicción (que todos necesitamos para fomentar el cambio), es en este punto donde la práctica empieza a fluir en tu vida y transforma tus relaciones a medida que actúas con amabilidad contigo misma y con los demás. Puede tener una gran influencia en tu propia autoestima y en la confianza de las personas con las que te relaciones, incluso con el mundo en toda su extensión.

Si se practican en su conjunto, estas tres maneras de enfocar la meditación abren un camino hacia una transformación completa y constituyen lo que en este libro llamamos el «mindfulness». Las meditaciones que explicamos en las siguientes páginas promueven las tres en distinta medida: la conciencia de la respiración son los cimientos, el monitoreo abierto es la perspectiva, y la amabilidad amorosa, la acción cálida y comprometida emocionalmente. Poco a poco, y a cada momento, todos los aspectos de tu vida se verán imbuidos de una conciencia plena.

Tu viaje único hacia la conciencia plena

La belleza del mindfulness es su simplicidad y, por ende, es accesible. Cuando hayas dominado la práctica, y con las herramientas a mano, el mindfulness siempre viajará contigo. Además, está hecho a medida. Nosotras podemos decirte cómo tienes que practicar, y darte las herramientas, pero el proceso y los resultados son completamente individuales. Los hábitos positivos de orden mental y emocional que fomentes y las actitudes que cambies dependerán enteramente de la persona que seas y de las distintas capas con que a lo largo de la vida hayas ido construyendo tus puntos de vista y tus rutinas disfuncionales. El mindfulness te ayudará gradualmente a ir despojándote de esas capas, a transformar tu vida y tus relaciones y a reconectarte con esa persona plena, feliz y amorosa que siempre has sido.

No creas en los mitos

Por supuesto, para aplicarte en la labor y «aprovechar el día» y todos esos momentos tan increíbles, tendrás que renunciar a todo escepticismo y aceptar plenamente el proceso y sus beneficios. Acabemos con algunos de los mitos omnipresentes sobre el mindfulness:

- **La meditación no es solo para las personas religiosas o espirituales.** No es una práctica religiosa; sencillamente es una forma de entrenamiento mental de la cual se ha demostrado que ayuda a las personas a enfrentarse a las dificultades y a potenciar su vida.
- **La meditación no te convertirá en una recluida social, aislada y pasiva.** De hecho, el mindfulness potencia la resistencia física y mental.

- **La meditación no te pedirá que adoptes una actitud positiva falsa y cursi hacia la vida.** Tan solo crea una forma de claridad mental que te ayuda a disfrutar de la vida y a conseguir tus objetivos.
- **La meditación no es difícil ni complicada,** ¡es la práctica lo que la hace perfecta, compañeras!
- **La meditación no es pesada.** Las prácticas de meditación de este libro ocupan diez minutos cada una. Y el tiempo que pierdes en la meditación no tardarás en recuperarlo, porque la productividad, al estar tú más calmada y centrada, mejora.
- **La meditación no requiere un equipo de especialistas ni un espacio especial.** En este libro te guiamos a través de meditaciones específicas, pero puedes meditar más o menos sobre cualquier cosa. Al final del capítulo encontrarás la meditación del helado. (Sí, incluso puedes meditar mientras te tomas un helado; y eso es lo que llamamos una situación en la que todos ganan.) Además, puedes hacerlo prácticamente en cualquier lugar: en el autobús, en el tren, en un avión e incluso en la oficina más bulliciosa que exista. Aunque suele ser mejor practicar en un lugar tranquilo, si el trayecto al trabajo o a la oficina es el único momento que puedes tener disponible, hazlo entonces.

Cree sinceramente en los beneficios

La pregunta de por qué se ha vuelto tan popular últimamente la meditación y el mindfulness es muy fácil de responder. ¡Funcionan! Observemos algunos de los beneficios más importantes, los que creemos que atraerán especialmente a las mujeres:

- **La ciencia demuestra cada día que con un poco de meditación se llega muy lejos.** La meditación de la atención plena, por ejemplo, mejora el sueño al cabo de pocas sesiones.[7] ¿Alguna vez has conocido a alguien que diga «No, gracias; duermo muy bien y no necesito mejorar la cantidad ni la calidad de mi sueño»? ¿Has conocido a alguien así alguna vez? (Sin contar los que ya demuestren una atención plena...) El sueño (o la falta de sueño) y el modo de mejorarlo en cantidad y calidad se ha convertido en una obsesión moderna. Tanto si tiene que ver con el estrés (por trabajo, por dinero o por causas emocionales), como con el entorno (niños, ruidos que molestan, turnos de trabajo, abuso de las pantallas LED de teléfonos, portátiles o televisores), o sencillamente porque no tenemos tiempo para descansar y relajarnos, nunca hemos tirado tanto tiempo y dinero para intentar mejorar nuestra calidad de sueño, cuando, si nos atenemos a los hechos, a lo mejor lo único que necesitamos es hacer un poco de mindfulness.

- **El mindfulness no cambia tu personalidad. Pero sí cambia tu perspectiva.** La doctora Ellen Langer es la catedrática de psicología de la Universidad de Harvard de Estados Unidos que lleva más años en el puesto. A lo largo de sus cuarenta y cuatro años de carrera obtuvo cuatro premios a la científica más distinguida, y también es conocida como la madre del mindfulness. Describe el mindfulness como una herramienta con la que terminas viendo que todo cambia, que las cosas siempre están cambiando. Eso significa que puedes desentenderte de puntos de vista y opiniones rígidos, y adoptar una actitud más abierta y curiosa ante la experiencia. «Las cosas se ven distintas en función de la perspectiva –dice–. Este sencillo proceso de darte cuenta te sitúa en el presente y te vuelve sensible al contexto y a la perspectiva. Son muchas las personas que esperan que algo en concreto les lleve a hacer una actividad, a encontrar una amistad o a hacer cualquier cosa que se estén planteando cuando, de hecho, con solo fijarte en lo que todo eso tiene de nuevo, ya despierta el interés en nosotras.

Fijarse, o darse cuenta, resulta vivificante tanto en el sentido literal como en el figurativo.»[8] Piensa en eso la próxima vez que te quedes absorta, ensimismada ante algo que te resulte familiar, y recuerda que un mundo de posibilidades se abre ante ti cuando eso mismo se contempla con ojos nuevos y con la mente despejada...

- **El mindfulness puede ayudarte a combatir el estrés.** El estrés a menudo viene provocado porque tenemos ideas preconcebidas y negativas sobre el futuro: tendemos a ser catastrofistas y a decir que será terrible, o cuando menos muy difícil. El mindfulness te ayudará a reconocer esa ansiedad que nos provoca el futuro y a considerarla un hábito mental, en lugar de una reflexión basada en la verdad o la realidad. Los acontecimientos por sí mismos no causan estrés necesariamente. Lo que causa el estrés es la visión que tenemos de ellos. Sin embargo, si adoptas la perspectiva de la atención plena, el estrés se disipará de inmediato. El mindfulness también te dará recursos para gestionar el estrés diario de la vida. Fijarte en las cosas de una manera activa te sitúa en el presente, en el momento preciso, y te permite abordar con más calma las cosas que surgen. Una vida con menos estrés no es el resultado de poder predecir con exactitud lo que va a suceder a continuación, sino de saber que, pase lo que pase, podrás abordarlo.

Querríamos hacer hincapié en otra cosa. Es posible que notes ya un cierto efecto positivo en ti solo por el hecho de estar leyendo sobre este tema. Cada vez que cambiamos nuestra manera de reaccionar ante lo que pasa, no actuamos con tanta reactividad y nos volvemos más creativas, creamos una realidad distinta para nosotras mismas, y es así como surge nuestra transformación personal... y vemos que nuestra vida y nuestra experiencia pueden mejorar. Pero eso no termina ahí. Cuando te sientes tranquila y al mando, irradias calma, y eso mismo, a su vez, puede influir positivamente en el estado de ánimo y el comportamiento de las personas con las que interactúas. A su vez los demás también van cambiando, y pueden actuar con menos reactividad ante las personas con las que se relacionan; de este modo se va creando una reacción en cadena, o efecto dominó.

Visto de esta manera, el mindfulness no solo puede tener un efecto muy potente en tu propia vida, sino que también se expandirá por el mundo como las ondas de la superficie de un lago, e influirá en muchas personas. Ni te imaginas lo lejos que pueden llegar a expandirse las ondas. Este es el hermoso misterio del mindfulness. Hay un dicho: «la conciencia es revolucionaria», y si te comprometes a seguir la práctica y el método de este libro, te unirás a la revolución de la conciencia plena. Y aunque inicialmente encontrar el momento y el lugar para realizar estas prácticas nos cueste algún trabajo, en realidad no es así. De hecho, es como si nos hiciéramos un regalo, como vas a descubrir cuando hagas esta meditación tan simple del helado.

La meditación del helado

Primero decide el sabor del helado que vas a tomar. Para cumplir con el objetivo de esta meditación, te animamos a que no elijas tu sabor preferido y pruebes uno nuevo. Intenta, por ejemplo, una combinación de sabores que contrasten, como la menta y el chocolate, o la sal y el caramelo.

Desenvuélvelo o sírvete unas cucharadas en un cuenco si estás en casa. Espera unos segundos y míralo con atención. Observa bien la textura y los colores. Pasea la mirada por el helado durante unos instantes, recreándote en todos los detalles.

Ahora fíjate en su aroma. ¿Es fuerte o delicado? ¿Detectas una variedad de aromas? Pon atención en todos los matices posibles. ¡Fíjate en lo que pasa en tu boca! ¿Notas la saliva en la boca incluso antes de sentir que te lo estás comiendo? ¿Puedes alargar la espera un poco más y observar las sensaciones de tu cuerpo?

Ponte la primera cucharada en la lengua. ¿Qué sucede? ¿Qué sensaciones tienes exactamente cuando el helado frío entra en contacto con la calidez de tu boca? Siente cómo el helado se funde en ella y sus distintos sabores a medida que se disuelve. Si has elegido una variedad de sabores que contrastan, ¿qué efecto tiene eso en tus papilas gustativas? ¿Domina primero un sabor y luego otro? Resiste la tentación de tragarte el helado y de ponerte otra cucharada en la boca. Deja que el sabor perdure, y solo cuando creas que has experimentado a fondo lo que esa cucharada tenía que ofrecerte, trágatela. ¿Qué sensación te queda en la boca? ¿Predomina el calor o el frío? Advierte que la temperatura natural de la boca se va imponiendo poco a poco, y que las sensaciones de tu lengua cambian.

Repite el paso anterior tomando otra cucharada de helado. Mira si eres capaz de volver a experimentar todo eso en lugar de apresurarte a seguir comiendo. Disfruta de todos los sabores y aromas y del juego de frío y calor que hay en tu boca cada vez que tomas una cucharada y retienes el helado.

Sigue haciéndolo hasta terminarlo. ¿Cómo te sientes? ¿Sientes algo distinto de lo normal? ¿Sabe mejor el helado así que si te lo hubieras tomado como siempre sueles hacerlo?

3. La meditación

Pongamos, por ejemplo, que no encuentras tiempo para meditar o que no sabes cómo abordar la meditación. Después de tu «degustación», en sentido literal, gracias a la meditación del helado del capítulo anterior, es el momento de darte algunos consejos para que puedas desarrollar el hábito de meditar en casa.

El ritmo frenético con el que vivimos implica que son pocas las mujeres que tienen tiempo libre. Pero ¿qué pensarías si te dijéramos que las meditaciones de este libro solo te llevarán diez minutos, y que probablemente estarás deseando que llegue el momento para hacerlas? ¿Qué pensarías si te dijéramos que si te da tiempo a prepararte una taza de té, enviar un par de mensajes o llenar el lavaplatos, también te da tiempo a meditar?

Sí, también es cierto que podrías pasar esos diez minutos extras con tu familia, trabajando o dedicada a tus tareas domésticas, pero recuerda que la meditación te aporta ventajas, a ti, a tus familiares y a tus amigos. No es un capricho. Más bien al contrario: es un ejercicio mental, un programa de entrenamiento para la mente.

¿Cuándo?

El momento de practicar la meditación depende de ti, de tu rutina, tu estilo de vida, y de sentir que estás alerta, despierta. Descubrirás que si lo más adecuado es meditar a primera hora de la mañana, poco después de levantarte, disfrutarás de una mayor concentración y resistencia a lo largo de la jornada. Quizá eso signifique que tengas que levantarte un poco antes, pero si así lo decides, no olvides irte a la cama antes de lo habitual para no perder horas de sueño... ¡No vamos a permitir que un ejercicio nos quite el sueño!

Elegir otro momento del día para tu meditación diaria, el momento que mejor se adapte a ti, es muy recomendable: al regresar a casa después del trabajo, por ejemplo, a menos que seas, claro está, de esas mujeres que viven la vorágine de compaginar niños, perros, canguro y pareja; o, como alternativa, también podrías meditar antes de acostarte. Aunque sea algo problemático para ti, si siempre terminas el día agotada, piensa que la meditación te ayudará a dormir, y eso, para muchas, es un gran estímulo.

También podrías tomarte unos minutos al día durante tu horario laboral; pongamos que dedicas unos diez minutos diarios, después del almuerzo, al escaneo corporal (véanse las páginas 94-95). Es muy recomendable si en tu caso el estrés se va manifestando en forma de tensión física a lo largo del día. Dedicar unos breves momentos a poner tu cuerpo «en modo neutro» podría influir muy favorablemente en tu calidad de vida.

La regularidad es la clave. Acaba con la costumbre de posponerlo todo y organízate el día de un modo eficaz. A medida que vayas leyendo este libro puede que prefieras alargar las sesiones y hagas dos meditaciones seguidas, por la mañana o por la noche. Pero, eso sí, asegúrate de que practicas al menos diez minutos al día para conseguir esa regularidad. Y si, por otro lado, quieres seguir el programa sistemático de ocho semanas que te proponemos en este libro, ve al apéndice I.

¿Cómo?

Cuando medites, al principio tendrás que centrarte en la calma, tanto interna como externa. Sí, ya sé que es fácil de decir..., pero aguanta. Intenta conservar el equilibrio entre la actividad y la receptividad, estar abierta a la experiencia sin buscarla a toda costa. Cada uno de los siguientes capítulos te dará instrucciones y consejos específicos para que puedas cultivar la calma en cada ejercicio.

En general, tendrías que empezar relajando el sentido de la vista, y eso se hace sencillamente cerrando los ojos. Luego fíjate en tu cuerpo. Si estás sentada o echada, relajas de inmediato el sentido del tacto y no estimulas la mente, porque no hay actividad física. Cuando ya estés situada, puedes dirigir la conciencia hacia tu interior para detectar cuáles son tus pensamientos y tus hábitos emocionales. Abórdalo sin juzgar, tan solo muestra curiosidad sobre tu manera de funcionar. Es más, podrías considerar la meditación como el momento de poner la mente y el corazón a disposición de un laboratorio de la conciencia: así como un científico mira por un microscopio para ver una célula, en la meditación recurres a la misma clase de conciencia precisa para observar tu experiencia mental y emocional. No es una observación o experiencia clínica cañera, sino más bien una experiencia cálida en la que las emociones se ven implicadas, una experiencia amorosa, aunque tu estado mental se encuentre en el polo opuesto. Eso es todavía más relevante cuando estás sintiendo emociones negativas como desprecio por ti misma, ansiedad, preocupación o celos. Es el momento perfecto para concederte un momento para darte los cuidados que necesitas y mereces, el momento de reconocer que todas pasamos por esos estados de ánimo. Somos humanas. Tienes la oportunidad perfecta para mostrarte a ti misma la amabilidad y aceptación que mostrarías ante cualquiera que estuviera pasando por un momento difícil en su vida.

¿Dónde?

Es mejor meditar en un lugar agradable, tranquilo y ordenado. El desorden y la sensación de caos que conlleva no te ayudarán a potenciar tu claridad interior, mientras que un espacio limpio y ordenado te permitirá cultivar una actitud mental más contemplativa. En la página 314 introducimos la noción del «refugio femenino», en el caso de que tu idea sea crear un espacio especialmente diseñado para ti.

Ten a mano una manta, una silla (si quieres estar sentada en lugar de echarte o quedarte de pie) y un reproductor de audio, un MP3 o una tableta para escuchar las meditaciones. Apaga el teléfono, dile a tu familia que no te moleste... y ya puedes empezar. (Si crees que te iría mejor disfrutar de la compañía y la disciplina de un grupo para meditar, consulta las p. 371-373 para ver los cursos que se dan en tu barrio o para apuntarte a alguno que se imparta *on line*.)

La postura

Olvida la postura del loto si no la encuentras relajante (pero adóptala si te sientes cómoda en ella). Esta es la postura tradicional de las meditaciones orientales, aunque los únicos principios a tener en cuenta son que puedas sentirte tan relajada y cómoda como te sea posible sin perder la sensación de alerta. Todas las meditaciones de este libro puedes hacerlas sentada, arrodillada, acostada o de pie. Prueba a elegir la postura que te produzca menor tirantez muscular y que estimule en ti un estado mental alerta, pero relajado. A continuación te damos las instrucciones detalladas para que descubras la postura que más se adapta a ti. Tómate un tiempo para ponerte cómoda, y descubrirás que meditar es mucho más fácil.

Sentada en una silla

Elige una silla con el respaldo recto y siéntate a unos centímetros de distancia de él. En esta postura, la columna queda libre, puede adoptar su curvatura natural y te provoca una sensación en el pecho de amplitud. Además, genera en ti un estado de alerta y «claridad» emocional. Si tienes la espalda floja, puedes colocarte un cojín detrás y apoyarte en él. Intenta mantenerte bien erecta, pero sin perder la comodidad. Los pies han de tocar el suelo. Si no llegas al suelo, coloca un cojín o un almohadón debajo de los pies para que el contacto con el suelo sea firme y estable (mira los dibujos que siguen a continuación).

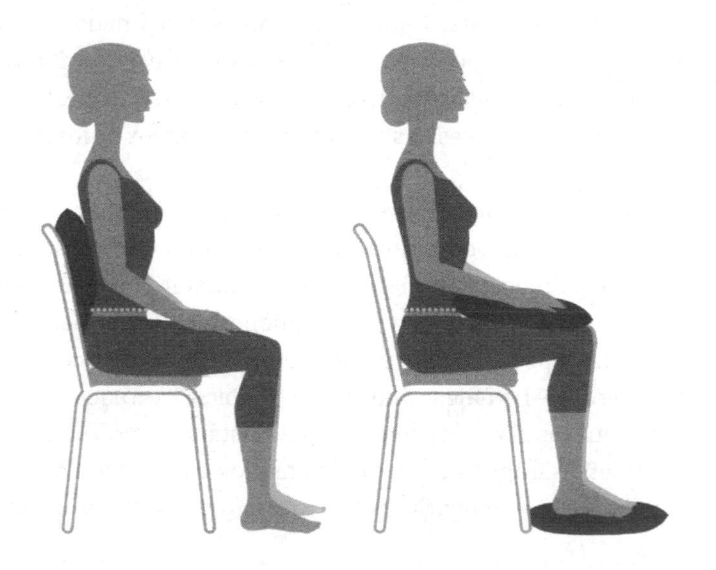

La pelvis, equilibrada

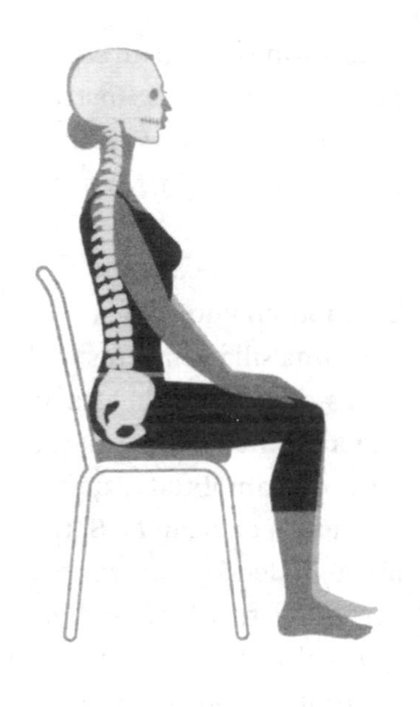

Sea cual sea la postura que has elegido para sentarte (en una silla, arrodillada en el suelo o con las piernas cruzadas), la clave para encontrar una postura cómoda está situada en el ángulo de tu pelvis. La pelvis ancla el tronco del cuerpo, y su ángulo influye en la alineación de la cabeza, el cuello y la columna vertebral (véase el dibujo). Si encuentras la postura en la que puedas tener la pelvis equilibrada, la columna seguirá la curvatura en ese que le es característica. Eso permite que la cabeza descanse sobre la columna sin que pese, que la nuca esté alargada y relajada, y que el mentón esté inclinado un poco hacia el pecho, sin tapar la garganta. Si la pelvis está equilibrada, las piernas pueden «abrirse hacia fuera», en dirección al suelo, evitando tensiones excesivas en los músculos largos de los muslos y las caderas.

Comprueba que la pelvis está recta inclinándola hacia atrás y hacia delante varias veces para buscar ese punto medio que va del reposo a la inclinación. También puedes intentar poner las manos debajo de las nalgas para notar los isquiones. Cuando la pelvis está equilibrada, el peso recae en estos huesos en lugar de hacerlo en la parte superior de las nalgas o en el hueso púbico. Para encontrar una postura equilibrada, quizá tendrás que ajustar la altura del asiento.

También es importante tener las manos en reposo, a la altura adecuada. Puedes apoyarlas sobre un cojín o enrollar una manta

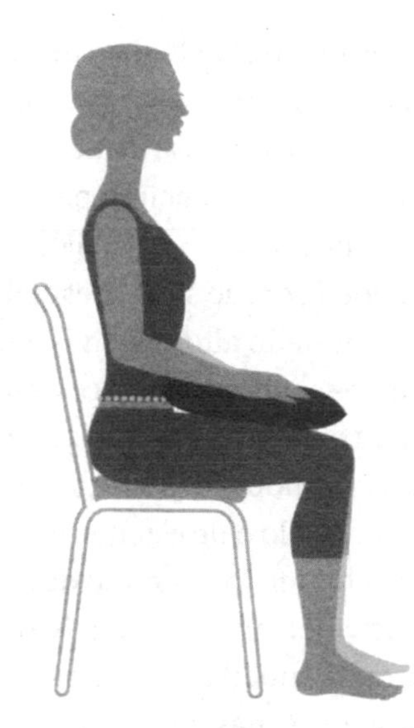

alrededor de tu cuerpo para propiciar la apertura y la relajación de los hombros y evitar que estos vayan cerrándose a medida que la meditación avanza (véanse los dibujos).

Arrodillada a horcajadas encima de un cojín en el suelo

Muchas personas descubren que les resulta cómodo arrodillarse en el suelo porque es más fácil equilibrar la pelvis. Sin embargo, en esta posición podemos sentir dolor en las rodillas y los tobillos. Lo mejor será que descubras la postura que mejor se adapta a ti.

Es importante que encuentres la altura adecuada y te sientas firme si quieres estar de rodillas. Hay ladrillos de meditación, cojines de meditación, cojines de aire o bloques de yoga (véanse las páginas 371-372 para más detalles y si quieres consultar con proveedores). De vez en cuando, utiliza una base firme y estable, como por ejemplo un libro grande con un cojín encima para que no resulte tan duro (véase la ilustración de la página 67, abajo). Tu asiento no debería ser ni demasiado blando (porque sería inestable) ni demasiado duro e incómodo. Si es demasiado alto, la pelvis tenderá a inclinarse hacia delante y las lumbares se arquearán excesivamente; y si es demasiado bajo, la pelvis rodará hacia atrás, y la espalda y los hombros se inclinarán hacia delante. En ambos casos, la postura es incómoda, y puede provocarte dolor de cuello o de espalda y una sensación de tensión.

Si notas los tobillos tensos estando de rodillas, intenta aliviarte protegiendo las articulaciones con unos calcetines enrollados o con alguna otra cosa que te pueda servir. Prueba con lo que tengas más a mano y decide si estás más cómoda.

Sentada con las piernas cruzadas

Siéntate en el suelo con las piernas cruzadas sin dudarlo si encuentras que la postura te resulta cómoda. Aplica los mismos principios que hemos descrito para las posturas anteriores. Asegúrate de tener la pelvis equilibrada para que tu columna vertebral pueda seguir sus curvas naturales sin encorvarte o arquearte demasiado. Apoya los brazos en un cojín o en una manta para disminuir la tensión en los hombros y el cuello.

Acostada

La meditación del escaneo corporal (audio 1 y 2 de las páginas 96 y 125) en general se hace acostada, y esta posición también puede servirte en otras meditaciones si descubres que para ti es cómoda (aunque recuerda que la tentación de quedarte dormida será grande). Tumbarte sobre una colchoneta es ideal. A veces es mejor evitar la cama porque puedes asociarla inconscientemente con el acto de dormir, y es natural que te adormiles. Pero si la cama es el único lugar que te resulta cómodo, medita en la cama sin dudarlo.

Asegúrate de que tienes la cabeza a la altura adecuada y el cuello en posición neutra: usa un cojín duro o una manta doblada para apoyarla. La posición óptima (la del centro) es cuando la frente está un poco más elevada que la barbilla, y el cuello está libre para adoptar su curva natural. Evita alargar la parte anterior del cuello (véase la posición de la izquierda) o la nuca (véase la posición de la derecha).

Para liberar tensiones en la espalda, puedes levantar las rodillas y dejar los pies planos sobre el suelo (mira la primera de las ilustraciones de la página 70). O bien coloca un almohadón, una manta enrollada o unos cojines bajo las rodillas y los gemelos (la segunda de las ilustraciones de la página 70). Si no, acuéstate con las piernas estiradas (la tercera de las ilustraciones de la página 70).

Verás que tendrás que cambiar la postura elegida a medida que pasen las semanas. Eso es algo habitual. También necesitarás cambiar de posición parcialmente durante una meditación. Es algo frecuente. Incluso los que tienen una larga experiencia meditando

necesitan moverse de vez en cuando. Si te mueves, incluye ese movimiento en tu meditación y hazlo con atención plena.

Cosas a tener en cuenta

Como ocurre con todos los ejercicios que se hacen por primera vez, tardarás un tiempo en acostumbrarte. Para empezar, quizá no sean como tú te esperabas, pero eso es normal. Vamos a explicarte ahora varias experiencias de otras personas que empezaron a practicar mindfulness.

Parece que empeores en lugar de mejorar

¡Buena señal! Considera tu tensión o tu dolor una enorme bolsa de la compra que llevas contigo a todas partes. Cuando dejas la bolsa en el suelo, ¿qué es lo primero que sientes? Una sensación de alivio, pero también una gran sensación de dolor al abrir la mano que tenías agarrotada. Y eso sucede porque todos los músculos, tendones y ligamentos se relajan y distienden espontáneamente hasta adoptar su alineación natural. Te podría suceder al ponerte a meditar por primera vez. Al abandonar tu cuerpo la tensión causada por el estrés habitual, quizá sientas más dolor durante un tiempo, porque en tu cuerpo se van produciendo ajustes que le permitirán recuperar su espacio y su alineación naturales y saludables.

Empiezas a cabecear

En realidad es la señal de que la conciencia se agudiza, y eso demuestra que tu mente y tu cuerpo se están reconectando. Si has vivido en un estado de estrés, es natural que estés agotada. Solo cuando el estrés empieza a disminuir, este agotamiento aflora. Es decir, que si cabeceas de sueño, felicítate porque estás consiguiendo descansar, y sigue con la meditación en el punto en que la dejaste. Si padeces insomnio, aprovéchalo y empieza a meditar antes de acostarte.

Si el insomnio no es un problema, intenta meditar en un momento del día en que normalmente estés despierta; poco a poco irás adquiriendo más destreza y estarás más despierta en los momentos en que estés calmada y en silencio. Con el tiempo, y en general, empezarás a sentirte más energética.

Sientes pánico

Es bastante frecuente en las mujeres que no están acostumbradas a parar y estar quietas. Si exhalas más despacio y relajas el peso de tu cuerpo en el suelo notando la gravedad, podrás sentirte más «en contacto con la tierra», y eso le estará diciendo a tu inconsciente que estás a salvo. El pánico no tardará en desaparecer.

La mente empieza a divagar

Como hemos señalado anteriormente, notar que siempre estás distraída no significa que lo estés haciendo mal. La mente yerra, y practicar la meditación consiste en llevar la conciencia al momento presente cuantas veces sea necesario, y dejar de preocuparte porque crees que debería estar pasando otra cosa. Recuerda: cada vez que notas que se te va la cabeza, estás viviendo un momento con conciencia, ¡es un momento de éxito! Practica este regreso al presente y reanuda la meditación cada vez que tu mente empiece a divagar.

Sientes dolor e inquietud

Comprueba si puedes ser consciente de lo que está pasando cuando sientes dolor o inquietud, y elige conscientemente cómo reaccionar. Haz lo que sea para sentirte cómoda. Puede servirte cambiar de postura durante una sesión de meditación en lugar de luchar contra sentimientos de dolor o incomodidad. Sin embargo, ten en cuenta que a veces el cuerpo está inquieto sencillamente porque la mente también está inquieta. Permite que tu cuerpo se acomode en el suelo y permanece en silencio y quieta; tu mente también se aquietará. Puede ser interesante investigar si el hecho de que te apetezca moverte durante la práctica tiene su origen en el dolor que sientes (y al moverte lo solucionaría) o en la inquietud emocional, y entonces quedarte quieta sería lo mejor. Experimenta, y con el tiempo llegarás a saber lo que te conviene. Si sientes dolor crónico debido a una enfermedad o a una herida, descubrirás que la web de Respira Vida Breathworks puede ayudarte (véase la página 373) porque te ofrece una guía para gestionar el dolor.

La importancia de la respiración en una meditación

Tener conciencia de la respiración es crucial en todas las prácticas de este libro. Y, sin embargo, respirar es una de las cosas de la vida que damos por sentado. Admitámoslo. ¿Cuándo fue la última vez que lo consideraste? Quizá sea la actividad más básica que afirma la vida, pero es un fenómeno tan natural y subconsciente que apenas nos damos cuenta. Y sucede todo el tiempo. La respiración fluye hacia dentro y hacia fuera en veintidós mil ciclos al día, o en ocho millones de ciclos al año.

Veamos por qué la conciencia de nuestra respiración es tan importante y por qué la hemos convertido en la base de todo nuestro enfoque:

- **Es un centro de atención de la conciencia simple y muy útil.** El mindfulness es entrenar la mente para estar más centrada. Y para conseguirlo, es necesario darle algo a lo que pueda regresar. Tener conciencia de la respiración es un recurso muy utilizado porque nos acompaña siempre y puede resultar muy estimulante.
- **Es una manera muy rápida de desarrollar la conciencia corporal.** Ser consciente de tu cuerpo es fundamental para llevar una vida menos estresada y sentirte más plena. Ser consciente de las sensaciones y los movimientos al respirar una vez tras otra te ayuda a establecer una configuración por defecto de la conciencia corporal, en lugar de quedarte perpetuamente atascada en la cabeza y en los patrones habituales de pensamiento. Tan pronto como seas consciente de la sensación de respirar, es decir, cuando seas consciente de la experiencia directa en lugar de vivirla como una actividad que se hace con

el piloto automático, estarás experimentando un momento de conciencia corporal. Es así de simple.

- **La conciencia de la respiración ancla la conciencia en el momento presente.** Céntrate en tu respiración. ¿Sientes que se te hincha el vientre al inhalar y se deshincha al exhalar? ¿Notas algún movimiento en el pecho? ¿Cuándo sucede eso? ¿En el pasado? ¿En el futuro? No tardarás en darte cuenta de que la única respiración que puedes sentir directamente es la que está pasando ahora. La conciencia de la respiración es una manera muy accesible de experimentar lo que significa vivir en el momento».
- **Es una herramienta excelente para gestionar nuestra reacción al estrés y a las dificultades.** Cuando evitas o te resistes a las experiencias de estrés, la tendencia es aguantar la respiración o inhibir su flujo, y eso conduce a una mayor tensión y a un círculo vicioso que va del estrés a aguantar la respiración; de ahí se genera más tensión, y entonces el estrés aumenta. Darse cuenta y aprender a «atrapar» esos momentos en que aguantas la respiración y sientes tensión con una conciencia plena te permitirá que la respiración sea más profunda en tu cuerpo y puedas respirar con mayor plenitud y relax. La espiral de tensión se detendrá al instante, y te sentirás más tranquila cada vez que permitas que tu respiración sea tan rítmica y natural como sea posible.

Si quieres más información sobre la anatomía de la respiración, consulta el apéndice 4 (página 349).

Alex es una licenciada en paro. Entró en el mindfulness por unos familiares (su tía es practicante y su abuela recurrió al mindfulness para gestionar su dolor), y fue en la universidad donde lo utilizó por primera vez.

Alex, veintitrés años

Me he debatido entre la ansiedad y la depresión desde la adolescencia. En general, mi problema es que me quedo atrapada en mis pensamientos y me distancio de la experiencia física de vivir e involucrarme en el presente. Este mecanismo intencionado me servía para enfrentarme a los acontecimientos difíciles de mi vida, pero, combinado con mi ansiedad crónica, vivía momentos de un «des-entendimiento» y una «des-personalización» que no podía controlar de manera natural y que volvieron difíciles e impredecibles mis estudios y mis relaciones con los demás.

El mindfulness, sobre todo las prácticas como los ejercicios de respiración o los breves escaneos corporales, me ayuda a regresar a mi cuerpo cuando me siento escindida de él o de la realidad. También me va perfecto en esos momentos en sociedad en los que necesito calmarme. Nadie se imagina que estoy respirando con plena atención o centrándome en mis sentidos, y ha resultado ser más eficaz que cualquiera de los medicamentos ansiolíticos de acción rápida que me han recetado. El mindfulness fue una de las herramientas importantes que me ayudaron a retirar la medicación hace más de seis meses.

Ahora soy capaz de apreciar la vida y la experiencia de ser, que es una sensación incomparable y muy útil para sentirte positiva y motivada. Tomarme unos momentos para vivir el presente es como hacer un descanso durante el día, y me hace sentir como si la vida me estuviera dando más. Cuando mi atención es plena, no tengo la sensación de que el día se me escurre entre las manos, sino que siento que controlo más mi tiempo y mi vida. Valorar la vida como es, en el momento, también te ayuda mucho con la angustia que nos provocan el futuro y el fracaso. Sentir que me basto a mí misma y que tengo todo lo que necesito es algo que equilibra mucho mi estado de ánimo.

El escaneo corporal es la práctica a la que más recurro. Intento hacerlo varias veces por semana, y también cada vez que lucho contra la ansiedad y tengo tiempo de ir a un lugar silencioso para reconectar mi mente, mi cuerpo y mi entorno. Cuando no tengo tiempo de hacer un escaneo corporal completo, centrarme en todos mis sentidos, uno a uno, es una opción más rápida y un ejercicio básico muy poderoso: ¡mi respiración siempre va conmigo! Cuando no puedo dormir o me siento inquieta o nerviosa, me centro en la sensación de respirar, y casi siempre consigo volver a un estado de paz.

También me gusta incorporar el mindfulness a mis comidas, porque parece que me ayuda con la digestión y los problemas que esta me ha dado siempre. Practicar mindfulness por la mañana es una manera muy útil de montarte el día y reiniciar tu mente. Al menos varias veces a la semana creo que me ayuda mucho tener a mi disposición algunos lugares especiales a los que ir (que estén cerca o en la naturaleza), y ahí me detengo con toda la intención, con atención plena, y experimento la vida en ese momento. Al cabo de poco tiempo ya se ha convertido en un hábito, y al final, con solo imaginarme que estoy en ese lugar, me siento en paz y con la conciencia plena, aunque me encuentre en medio de una calle muy transitada o de una situación estresante.

Las mujeres modernas tienen que saber conjugar distintos

papeles y superar tensiones, están constantemente bombardeadas por las distracciones, sobre todo de tipo incorpóreo, como las redes sociales. Es fácil vivir sin estar conectadas con nuestros sentidos y nuestro entorno, pero el mindfulness puede ayudarnos a volver a la realidad y a darle un respiro a nuestra atareada mente.

La respiración con todo el cuerpo

En una respiración óptima con todo el cuerpo se da un movimiento incesante, suave, rítmico y absolutamente receptivo. No es necesario hacer nada que implique un esfuerzo consciente. Tu cuerpo sabe cómo respirar. Lleva haciéndolo desde los primeros minutos de tu nacimiento, y una parte del mindfulness consiste en aprender a salir de en medio y dejar que el cuerpo siga respirando, libre de inhibiciones y restricciones. Incluso puedes imaginar que las células de tu cuerpo se expanden un poco al inhalar y se contraen otro tanto al exhalar, y que tu cuerpo entero se ve mecido por este ritmo suave y calmante.

Tener conciencia de la respiración te abre la puerta a un profundo cambio de percepción que subyace en el núcleo mismo del mindfulness. Te permite experimentar en primera persona lo que significa «vivir fluyendo».

Uno de los principios fundamentales del budismo es que todo cambia, y si sufrimos es porque no vivimos conforme a esta verdad. El mindfulness se ha adaptado a nuestra cultura secular, y esta verdad fundamental sigue presidiendo los principios de la práctica del mindfulness.

Decir que lo que nos rodea siempre está cambiando resulta una obviedad. Al día le sucede la noche, y a esta, el día. Tu cuerpo cambia a medida que pasan los años. A veces llueve, y a veces hace sol. Sin embargo, el mindfulness considera estas observaciones muy superficiales.

Lo que notas casi como si lo palparas cuando meditas es la verdad profunda de que todo cambia absolutamente, y que eso incluye tu noción del yo y esa identidad a la que te sientes tan apegada. Tu cuerpo, que tan sólido y denso parece, de hecho está cambiando constantemente: cada siete años tu esqueleto cambia por completo debido a la renovación celular. Y cada una de estas células está tan viva y dinámica como una ciudad, e incluso los átomos que constituyen cada célula están en proceso constante de cambio. Los físicos cuánticos, como también los budistas, llegan incluso más lejos y afirman que no existe ninguna sustancia esencial a la que aferrarse en la vida.

Tus puntos de vista, tus opiniones, tus juicios, tu envidia, tus preocupaciones; todas estas condiciones están en flujo permanente. El mindfulness te enseña a aferrarte menos a ellas y a cambiar tu perspectiva, a dejar de reaccionar a los acontecimientos que suceden como si fueran sólidos y a permitir que la vida fluya con libertad a través de esos momentos manteniendo una perspectiva tranquila y ecuánime.

Tener conciencia de la respiración nos abre la puerta a esta conciencia de un modo formidable. Cuando al principio meditas, acostada o sentada, parece que estés quieta; parece que no te muevas. Pero cuando llevas la conciencia hacia tu interior, hacia la respiración de tu cuerpo, no tardarás en comprobar lo dinámico que es tu cuerpo, aun cuando parece que esté quieto. La respiración fluye constantemente: inhalas y exhalas, inhalas y exhalas. No hay dos respiraciones iguales. Cada una sigue un ritmo, y fluye como una ola en el océano. Por consiguiente, el objetivo último de todas las meditaciones de este libro es entrenarnos a vivir con fluidez en lugar de resistirnos a ese flujo.

Ahora que ya conoces la teoría, ha llegado el momento de empezar.

Parte I:
Ama tu cuerpo

4. Calma tu cuerpo

Sharon había trabajado como enfermera especializada en cuidados paliativos. Empezó a practicar mindfulness cuando le diagnosticaron que tenía una grave enfermedad que la dejaba sin fuerzas.

Sharon, sesenta y dos años

Sufrí muchísimo emocionalmente tras perder a dos de mis hermanos en tan solo seis meses. A uno de ellos lo cuidé yo misma. En esa época me dolía mucho una pierna; era un dolor crónico. Conocía el sistema sanitario, pero como nos suele pasar a la mayoría de las mujeres, ignoré los síntomas. ¡Creo que incluso me puse una venda protectora! Al final me trataron y me diagnosticaron la enfermedad de Paget. La única solución que me ofrecieron fue tomar dosis masivas de medicación, que afectaron muchísimo a mi vida personal y laboral. Yo sentía que todo aquello estaba relacionado de alguna manera con mi sufrimiento, pero no sabía cómo superarlo. Nada me iba bien. El dolor fue empeorando, y entendí que se debía, al menos en parte, a que yo estaba sufriendo emocionalmente.

Encontré a un médico que también era homeópata y me propuso que hiciera yoga. Al final de cada sesión, meditaba. Un día, después de clase, hablamos del mindfulness como un camino para gestionar el dolor; busqué un centro y fui a hacer una clase.

Me cambió la vida. El hecho de estar acostada en esa atmósfera tan agradable, de que me animaran a ser consciente de mi respiración, de esa respiración tierna que tiene el poder de calmarnos... Y el escaneo corporal... Aquello fue una conexión instantánea, y por primera vez desde hacía mucho tiempo, me relajé.

Llevo practicando a diario desde hace ocho años, práctica que se ha convertido en mi configuración predeterminada y ha hecho que adoptara nuevos hábitos.

«Creo que todos, tanto hombres como mujeres, funcionamos en piloto automático la mayor parte del tiempo. Pero, como mujeres, tendemos a pensar en los demás antes que en nosotras mismas, tanto si se trata de los niños como del marido o el perro. He aprendido que si no estoy muy centrada y percibo muy bien lo que son mis necesidades, puedo llegar a sentirme dispersa y no saber lo que me conviene. Concentrar mi conciencia en mi cuerpo a través de un escaneo corporal y sentir el efecto calmante de conservar esa conciencia corporal son dos cosas que han cambiado mi vida. Y, por supuesto, todas mis relaciones han ido a mejor.

¿Por qué empezar desde tu cuerpo?

En el mundo actual, en el que nos bombardean con imágenes de mujeres a las que se les da valor por los atributos sexuales de su cuerpo y la presión por tenernos que ver de una manera determinada parece invadir todos los ámbitos de nuestra vida, empezar el viaje al mindfulness desde el cuerpo puede parecer contrario a lo que nos dictaría la intuición. ¿Acaso el feminismo no nos enseña, después de todo, que la mente y el alma son lo más importante, que definen lo que somos y cómo tendrían que juzgarnos?

Pues sí, es cierto, y no vamos a discutir eso ahora. Pero valorar tu cuerpo y todas las cosas sorprendentes que hace por ti (sin importar la forma, la talla o el color) es muy importante en el mindfulness. Ser consciente de ti misma y estar orgullosa de tu cuerpo, en lugar de esforzarte por adaptarte a las convenciones sociales, es vivir alineada en el mindfulness. Día tras día, la mayoría de nosotras pasamos tanto tiempo dándole a la cabeza que casi nos olvidamos de que tenemos cuerpo; llegamos incluso a perder la noción de nuestro cuerpo. El precio a pagar es muy alto. El cuerpo forma parte de tu persona, y un cuerpo alienado no te permite vivir con conciencia plena.

La inseguridad y la desconexión con tu cuerpo, por las razones que sean, tanto si es algo real (que te impide físicamente hacer algo) como si es algo que percibes (que estéticamente no concuerda con tus expectativas o con lo que crees que son las expectativas de los demás), pueden dejarte para el arrastre. Lo mejor que te puede pasar es que te sientas cohibida y pierdas la confianza; y lo peor, que termines envidiando a las personas que detectas que son más capaces, más bellas, más altas o más delgadas que tú y les guardes resentimiento. Acabas de entrar en un círculo vicioso. Cuantas más veces pienses que tu cuerpo no te gusta, más separada te sentirás de él, y te entrará vértigo, tendrás estrés e inquietud. Con lo cual, te distancias aún más de tu propio cuerpo y te sientes alienada; es una situación en la que se pierde necesariamente.

Por el contrario, ser más consciente de tu cuerpo y de la fabulosa herramienta que este representa te dará una base más sólida. El mindfulness del cuerpo te aporta una fortaleza sustancial que ningún gimnasio podría darte, y actúa sin cesar como un ancla para la mente, una vez tras otra. Por lo tanto, ¿dónde vamos a empezar el viaje hacia el mindfulness si no es desde tu propio cuerpo?

¿Por qué tienes que calmar tu cuerpo?

Imaginamos que a estas alturas querrás saber si la ciencia respalda todo esto. ¡Pues has tenido suerte! La biología va por detrás. Por decirlo de una manera sencilla, tener conciencia plena de nuestro cuerpo estimula la relajación del sistema nervioso, que, a su vez, tiene una poderosa influencia en tus estados mental y físico.

El sistema nervioso es como una red bidireccional que envía mensajes del cerebro a las partes del cuerpo. Y eso se consigue a través de la columna vertebral, que parte del cerebro, baja por la espalda y contiene nervios que son como unos filamentos que se ramifican hacia todos los órganos y miembros de tu cuerpo. Parte de esta red, el sistema nervioso autónomo o (SNA), controla la mayoría de las funciones orgánicas en las que no tenemos que pensar, como la respiración, la digestión, la sudoración y los temblores. El SNA se divide en dos: el sistema nervioso simpático y el sistema nervioso parasimpático.

La parte que prepara el cuerpo ante una gran presión o un choque repentino (ver o sufrir un accidente, por ejemplo) es el sistema nervioso simpático. Cuando sucede algo terrible, que nos preocupa o estresa, el sistema nervioso simpático hace que aumenten los latidos del corazón para que este envíe sangre con mayor rapidez a las distintas partes del cuerpo que podrían necesitarlo para poder emprender una determinada acción. El efecto secundario es la liberación de adrenalina, diseñada para imprimir fuerza a los músculos y ayudarnos a salir huyendo o a combatir. Este proceso se conoce como la reacción corporal de «luchar/huir/paralizarse», y forma parte de nuestra herencia evolutiva, que arranca en la prehistoria, cuando necesitábamos esa reacción para escapar de un peligro o para enfrentarnos a él.

La segunda parte del SNA, el sistema nervioso parasimpático, nos da el contrapunto: devuelve el cuerpo a su estado de descanso. También ayuda en la digestión, para que el cuerpo pueda absorber los nutrientes de los alimentos que se ingieren. Es conocido también como el modo «descansar y digerir» o «tranquilizarse y conectar». Cuando logras la atención plena de tu cuerpo, este sistema se activa y te ayuda a sentirte en calma, a poder estar en silencio y a disminuir el estrés.

Cómo calmar tu cuerpo

Todo eso está muy bien, pero ¿cómo logramos un estado de calma y de conexión?

La experiencia directa y primigenia que tenemos del mundo (el mundo que vemos, saboreamos, tocamos, oímos y olemos) se llama experiencia primaria. La conceptualización de ese mundo, el modo en que etiquetamos las experiencias y luego las pensamos, nos preocupamos de ellas, las analizamos, las comparamos y juzgamos y también las racionalizamos, se llama experiencia secundaria. Cuando estás estresada, tiendes a estar casi siempre en modo secundario (o conceptual): preocupándote, analizando e intentando aplicar técnicas para solucionar las dificultades por las que estás pasando, y eres muy poco consciente de las sensaciones físicas del momento. Si tus pensamientos son de angustia o miedo, eso estimulará el sistema nervioso simpático y tu reacción será de «luchar, huir o paralizarse».

Es irónico, pero cuando intentamos pensar en el modo de escapar de estas situaciones estresantes, lo único que conseguimos es que aumente la sensación de estrés y sus efectos secundarios, tanto físicos como emocionales y mentales. Mentalmente, tus pensamientos serán obsesivos, incontrolables o darán vueltas en círculos. Emocionalmente, puede que sufras ataques de ansiedad, de rabia o de miedo; y, físicamente, el corazón se acelera, la boca se seca y las manos sudan. Un buen recurso para la mujer prehistórica cuando debía escapar de un tigre, pero esa reacción no debería aparecer por tener el buzón lleno de correos electrónicos, estar atrapada en un atasco u oír a nuestro hijo pequeño gritar. Si no te andas con cuidado, puedes terminar viviendo en un estado en el que tu sistema nervioso simpático esté constantemente activado, y eso puede acarrearte problemas de salud.

Pero vamos a darte una buena noticia. Una manera de cortar con los pensamientos obsesivos y un sistema nervioso simpático sobrecargado es ser consciente de tus sensaciones físicas, porque cuanta más conciencia sensorial tengas, menos pensamientos obsesivos y menos preocupaciones tendrás, y viceversa. No estás programada para tener conciencia de tus sensaciones físicas y a la vez perderte en pensamientos angustiosos o turbadores. Cuanto más te relajes viviendo esas experiencias primarias que te aportan sensaciones, practicando la conciencia de atención plena en tu cuerpo y aprendiendo a sentir, es decir, a oler, saborear, tocar y experimentar de manera genuina el mundo que te rodea, mejor equipada estarás para terminar con los hábitos mentales y emocionales que no te sirven de nada. Cada vez que salgan a la palestra tus sentidos, el pensamiento ansioso u obsesivo en el que te habías ofuscado irá perdiendo fuerza. Cuando vuelvas a experimentar una cierta confusión mental, lo que tendrás que hacer es aplicar la misma técnica, una y otra vez, y regresar a tu conciencia corporal.

Metáfora de la conciencia plena: la cama elástica

Imagínate que vas a saltar en una cama elástica. (Como descargo de responsabilidad te diremos que esto es una metáfora, y que, por lo tanto, los pensamientos dominantes no implican el mismo factor de miedo ni de adrenalina que se experimenta al saltar de verdad.) Ahora imagina que empiezas a saltar. En lo alto está la conciencia dominada por los pensamientos, y abajo, la conciencia corporal. Cuando saltas, caes, y eso es lo que sucede cuando dejas que repose la conciencia y te sumerges en las sensaciones y los movimientos de la respiración, por ejemplo. Luego rebotas y vuelves a estar arriba, porque la cama elástica se contrae. Es el momento en que la conciencia rebota y regresa al pensamiento dominante. Poco a poco, los extremos de la cama elástica se van hundiendo menos, hasta que finalmente te dejas caer tranquila y regresas a la plataforma desde la que saltaste. En este punto, tu conciencia se halla profundamente anclada a tu cuerpo (salvo que, obviamente, tú no estás del revés). Pero eso no pasa de entrada. Muchas veces sentirás como un fuerte retroceso en tu cabeza y en tus pensamientos, y tu experiencia se parecerá a esos extremos de la cama elástica cuando empezabas a saltar. Ahora bien, si guías la conciencia hacia tu cuerpo una y otra vez, encontrarás la paz, la calma y el respiro que necesitas para escapar de esos pensamientos incesantes.

Aprender el hábito de rebotar desde una posición de ansiedad o inquietud mental es una manera buenísima de reencontrar la paz. Sin duda es muy importante planificar y resolver los problemas de la vida, pero ¿no sería mejor tener la capacidad de elegir la manera y el momento, de elegir en qué tenemos que pensar?

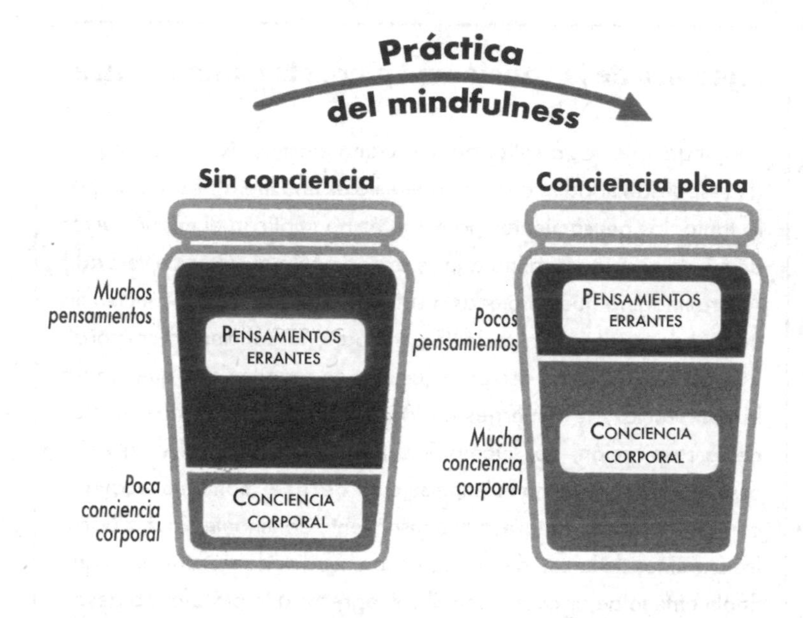

Reconecta con tu cuerpo, relájate y reduce el estrés

Si alguna vez hemos necesitado la relajación, es en esta época que nos ha tocado vivir; y como ya hemos dicho anteriormente, no es un capricho tomarse tiempo para una misma. Los cambios de humor no solo afectan a tu felicidad y a tu bienestar, sino que pueden poner nerviosos a los demás y provocarles estrés e inquietud. Si das a tu sistema nervioso la oportunidad de recargarse, te volverás más fácil de tratar. Serás más amable, no estarás tan irritada y podrás actuar pensando a largo plazo. También te sentirás más contenta y sana. Comprometiéndote con el mindfulness, mejorarás tu propia vida y la vida de tus seres queridos.

Empecemos. Practica este liberador de hábitos cada día durante, al menos, una semana. Dedícale todo el tiempo que quieras, pero lo mejor es que le dediques un mínimo de diez minutos al día. La naturaleza te lo devolverá con creces.

Liberador de hábitos 1:
Pasa tiempo en la naturaleza

La naturaleza alivia mucho el estrés y potencia el buen humor. Permite que veamos las cosas en perspectiva, y sabe enderezar entuertos, calmar nuestra rabia y hacer que nos recuperemos de nuestro estado nervioso. Dedica un rato cada día a estar en contacto con la naturaleza, siendo consciente de las distintas sensaciones que experimentas en el cuerpo y en todos tus sentidos al prestar atención a la respiración. Conseguirás una curación natural… y gratuita. Sal un ratito al jardín, encuentra un bonito parque en tu barrio o un espacio abierto, o, si te da tiempo, vete a la costa o a un humedal. Si alguna razón te impide salir (que, por ejemplo, llueva o la falta de tiempo), siéntate en silencio y mira por la ventana, o bien dedica ese rato a contemplar una planta de interior apreciando todos sus colores y texturas. Allí donde te encuentres, tu objetivo será apreciar el entorno natural con la mayor conciencia posible.

Empieza dedicando unos minutos a observar la escena. ¿Qué ves, oyes y hueles? ¿El aire sabe a algo? ¿Qué sensaciones te inspiran la tierra, la hierba y la corteza de los árboles? ¿Las notas ásperas, suaves, blandas, resbaladizas…? Cierra los ojos y céntrate en los sonidos. Capta su diversidad. ¿Oyes el viento o los coches a lo lejos? ¿Oyes los insectos, el canto de los pájaros o el correteo de los animalillos? Fíjate que los sonidos suben y bajan. Ve repasándolos mentalmente.

Y ahora siéntate. ¿Sientes el peso de tu cuerpo acomodándose en la silla, el banco del parque o dondequiera que te hayas sentado? ¿Puedes abandonarte a la gravedad y sentirte descansada? ¿Sientes el movimiento de la respiración en todo tu cuerpo: delante, detrás, a ambos lados...? ¿Notas que la respiración va cambiando, como también cambian los sonidos? ¿La sensación de incomodidad de tu cuerpo aparece y desaparece a medida que va pasando el tiempo? Comprueba si la experiencia de tu cuerpo y del mundo que te rodea es más fluida.

Ahora levántate y da un paseo. Nota el suelo que pisas y el movimiento de tus músculos y articulaciones. Siente el suave balanceo de las extremidades. Experimenta caminando a distinta velocidad y fíjate en la sensación. Deja que la respiración fluya de manera natural mientras te vas moviendo.

Mientras practicas con el liberador de hábitos, observa la relación que existe entre la conciencia sensorial directa y el pensamiento: cuando estás saboreando lo que sientes, ¿te has fijado en que piensas menos?

Y cuando en un momento determinado vuelves en ti y te das cuenta de que te habías perdido en tus pensamientos, reviviendo una pelea o dándole vueltas a alguna preocupación, ¿ves que la experiencia sensorial directa se había situado en un segundo plano mientras tú estabas perdida en tus pensamientos?

Un modo de ser consciente de tu experiencia sensorial directa es llevar un «inventario de la conciencia de los sentidos».

Liberador de hábitos 2:
Inventario de la conciencia de los sentidos

A pesar de que la mayoría conocemos nuestros sentidos y su influencia en nosotras, es fácil que nos olvidemos de que valorar la experiencia sensorial cuando se da tiene grandes ventajas, y que nos olvidemos también de disfrutar de las emociones positivas que nos provocan.

Una puesta de sol hermosa, el olor de la hierba recién cortada, el sabor de un buen manjar, el tacto de alguna cosa caliente y suave o el sonido de la risa o de la voz de un amigo son cosas que hemos disfrutado en un momento u otro de la vida. Pero es muy fácil que nos olvidemos de valorar estos placeres simples, de impregnarnos de ellos.

En un inventario de la conciencia de los sentidos analizas el placer, la comodidad y la diversión de tu vida diaria a través de tus sentidos. Comprometerte de esta manera (en lo que los psicólogos llaman «conciencia multimodelo») te permite asegurar tu bienestar en el sentido más amplio, estar despierta al mundo que te rodea y entrar en contacto con el placer. Encontrarás el ejemplo en el gráfico que hemos completado de la página siguiente.

INVENTARIO DE LA CONCIENCIA DE LOS SENTIDOS

VISTA	OÍDO	OLFATO	GUSTO	TACTO
Una puesta de sol	La lluvia repiqueteando contra el cristal de las ventanas	Los campos de lavanda	La primera taza de té	El sol o el viento acariciando tu piel desnuda
Corderitos saltando en el campo	Tu hijo tocando el piano	Unas lonchas de beicon friéndose en la sartén	El primer sorbo de vino de la noche	Un baño caliente al final de un largo día
Un jardín renaciendo en primavera	El viento en los árboles	El café recién hecho	Una delicada *mousse* de chocolate	La seda
Los pétalos de una rosa	Tu pieza musical favorita	La hierba recién cortada	Un helado frío y dulce	El hocico de un caballo
Dos personas juntas riendo	La voz de tu pareja	Un ramillete de guisantes de olor	El agua helada	Coger en brazos a un recién nacido
Las olas rompiendo en la orilla	El crujido de las hojas secas	El pan al hornearse	El dentífrico de menta	La corteza suave del eucalipto
Un caballo al galope	El ronroneo de un gato	Una vela aromática	El sirope de caramelo salado	Caminar descalza sobre la arena bañada por el mar

VISTA	OÍDO	OLFATO	GUSTO	TACTO
Tu color favorito	El canto de un búho por la noche	El fuego de la chimenea	El pan recién horneado	El contacto de unas sábanas de algodón limpias en tu piel
Llegar a casa tras un largo día	La risa de unos niños	Tu perfume favorito	El chocolate	Una ducha fría después de hacer ejercicio
Una hoguera	¡El silencio!	Un batido de frutas recién hecho	Tu pastel favorito	Zambullirte en una piscina
Los peces de un estanque		La piel de tus hijos	Sentarte en el *jacuzzi*	

Dispones de un gráfico en blanco en la página 342 que puedes fotocopiar y rellenar según tus preferencias. Cuando hayas completado tu lista, reflexiona sobre la manera de aplicarla a tu vida diaria. Piensa cuántas veces te tomas el tiempo de apreciar los sentidos que te dan placer y cómo puedes dar prioridad a estas experiencias. Por ejemplo, si ver algo bonito te da placer, ¿puedes hacer el esfuerzo de apreciar la belleza cuando aparece en tu mundo? Si se trata de una canción o una pieza musical en particular, ¿sabes sacar tiempo para escucharla? Fíjate en lo simple (y barato) que resulta casi todo lo que hemos apuntado en esta lista. No nos va a costar nada disfrutar de una puesta de sol, del olor de un guiso en la cocina o del verdor de la hierba en un día de verano.

Vuelve a escribir la lista cada cierto tiempo para acordarte de las cosas simples y accesibles que aportan placer a tu vida.

La meditación del escaneo corporal

En la siguiente meditación aprenderás a realizar un escaneo corporal que prima las sensaciones que tienes al respirar mientras diriges la conciencia hacia todo tu cuerpo. (Ve al apéndice 4 de la página 349 si quieres conocer más a fondo la anatomía de la respiración antes de empezar.)

La meditación que presentamos está pensada para que te familiarices con la práctica antes de empezar. Léela primero, y luego haz la meditación mientras escuchas el audio.

El escaneo corporal que pone el énfasis en la respiración

Preparación

Ponte bien cómoda y tápate si quieres con una manta ligera para sentirte relajada. La mayoría prefiere acostarse para hacer el escaneo corporal, pero si a ti te resulta incómodo, no dudes en sentarte en una silla o incluso en ponerte de pie. Si sientes algún dolor o estás incómoda durante la meditación, cambia de postura. Las instrucciones de la meditación están pensadas para que estés acostada. Si adoptas otra postura, adáptalas a tu conveniencia.

Dale tiempo a tu cuerpo para que se coloque bien sobre la cama o en el suelo. Deja los brazos paralelos al cuerpo y sitúa la mano derecha encima de la parte derecha del vientre. La mano izquierda tiene que quedar encima de la parte izquierda del vientre para que puedas sentir el movimiento de la respiración bajo tus manos.

Deja caer los hombros hacia atrás. Relaja la cara y cierra con suavidad los ojos si así estás cómoda. Las manos han de estar distendidas.

Las piernas deben estar estiradas, pero si tienes problemas en las lumbares, quizá te convenga ponerte unos cojines o almohadones debajo de las rodillas para aliviar la tensión de la zona. También puedes doblar las rodillas, con la planta del pie en el suelo, y abrir las caderas, en posición semisupina. Como estés más cómoda.

Una vez colocada, procura abandonar todo tu cuerpo a la gravedad.

El escaneo

Empieza sintonizando con el movimiento de la respiración bajo tus manos. ¿Notas que el vientre se hincha al inhalar y disminuye un poco al exhalar? Ten cuidado de no alterar ni forzar la respiración, y permite que tu conciencia descanse en los movimientos naturales. ¿Vamos al pecho? ¿Notas las costillas que se expanden al inhalar y se retraen al exhalar? ¿Notas los pulmones al llenarse y vaciarse en tu pecho a cada respiración?

Entre el pecho y el abdomen hay un músculo extenso llamado diafragma que recorre el cuerpo en sentido transversal y da la vuelta al tórax. Con la inhalación, el diafragma se expande y se aplana hacia abajo, y con la exhalación se relaja y vuelve a su estado de reposo junto a los pulmones, como haría un paraguas o un paracaídas. El diafragma se mueve sin cesar, desde el momento en que nacemos. Cuando al inhalar se expande y desplaza hacia abajo, empuja suavemente los órganos internos y el vientre se hincha; y cuando al exhalar se relaja y contrae hacia el interior del cuerpo, los órganos internos vuelven a hundirse, como también se hunde el vientre. ¿Notas el movimiento bajo tus manos mientras reposan sobre el vientre? Intenta seguirlo sin forzar la respiración.

¿Notas la sensación del eco de la respiración en el suelo pélvico? Es la zona en forma de diamante que hay entre el ano y la espalda; los órganos urinarios están delante y las nalgas a ambos lados. El eco de la respiración será muy sutil, por lo tanto, no debes preocuparte si no sientes nada. Con el tiempo estarás más receptiva al ligero ensanchamiento y apertura de la inhalación, y percibirás mejor el retraimiento y la tonificación de la exhalación mientras el suelo pélvico se mantiene blando y relajado. No será un movimiento físico ni muscular, sino profundamente receptivo, parecido al oleaje del mar.

Ahora permite que tu conciencia se asiente en tus nalgas. Si las notas tensas, verás que lo natural es relajarse y disminuir la tensión al tomar conciencia de ello, y que las nalgas se ponen más blandas en contacto con la cama o el suelo.

Deja que tu conciencia se asiente en las lumbares, la parte media y la parte superior de la espalda mientras estás echada en el suelo o en la cama. Percibe sus curvas y su forma naturales.

Comprueba si notas la respiración en la espalda. Cuando el diafragma se mueve en el interior del cuerpo, compromete tanto la parte posterior como la anterior. Muestra curiosidad por conocer qué sientes en la espalda al fijarte en la respiración. ¿Qué notas? Quizá el eco de la respiración en las lumbares. Si tienes dolor o sientes incomodidad en las lumbares, ¿puedes masajearlas con la respiración, con una respiración impregnada de amabilidad y bondad, puedes bañar las lumbares con ternura? Reacciona ante tu incomodidad como lo harías con un ser querido que estuviera sufriendo. Lleva esta ternura a cualquier molestia que sientas al hacer el escaneo corporal.

¿Sientes el movimiento de las costillas en la parte posterior del cuerpo? ¿Sientes que se expanden al inhalar y se retraen al exhalar? Ser consciente del movimiento de la respiración en la parte posterior del cuerpo tiene un efecto calmante; ¿lo notas?

Y ahora deja que la conciencia fluya hacia los hombros, a ambos lados del tronco. Permite que caigan hacia atrás desde la mitad del cuerpo y que los brazos se alejen de los hombros, que se abandonen a la gravedad. Quizá notes incluso la respiración dentro de los hombros: un sutil ensanchamiento en la inhalación y una contracción en la exhalación.

Deja que la conciencia se sitúe en los brazos, los codos, los antebrazos, las manos, los dedos y los pulgares, y permite que tu conciencia se quede allí durante unos momentos.

Vuelve a los brazos y a los hombros y deja que tu conciencia se asiente en la nuca, la garganta y los lados del cuello. Nota que la cabeza te pesa, que se apoya en el cojín o el almohadón sobre el que descansa, y deja que la conciencia se asiente también en la cabeza y la cara.

¿Qué sientes en la cara? Si notas tensión, ¿la puedes liberar con naturalidad para relajar tu rostro a la luz de la conciencia: labios blandos, lengua blanda, mejillas blandas, ojos blandos…?

Permítete ahora relajar la parte posterior de la boca y la parte superior de la garganta, deja que la respiración fluya libremente, inspirando y espirando, y que la mandíbula se relaje, sin que los dientes se toquen. Te ayudará a relajar la zona y a estar más receptiva al flujo de la respiración.

Ahora, deja que la conciencia fluya hacia el tronco y las caderas, permite que las piernas se distancien de la articulación, apoyadas sobre la cama o en el suelo, tanto si las tienes estiradas como si estás acostada en posición semisupina. Abandona el peso de las piernas a la gravedad, deja que la conciencia fluya hacia tus muslos en todas direcciones. Y ahora permite que la conciencia fluya hasta las rodillas…, las pantorrillas, los tobillos, las plantas de los pies…, el puente de cada pie. ¿Puedes dejar que la conciencia se asiente en los dedos de los pies? ¿Qué sientes? Quizá la sensación es intensa, o puede que notes que tienes los dedos dormidos, que sientes muy poco en esa zona. No importa. Lo que importa es que seas consciente.

Y ahora amplía tu conciencia hasta que alcance todo el cuerpo: las piernas… el tronco (por delante, por detrás y por los costados)… los brazos…, el cuello… y la cabeza.

¿Notas la respiración en el cuerpo, notas cómo se expande con suavidad y retrocede al exhalar? Si te duele, si te sientes incómoda o tensa, permite que el ritmo suave de la respiración natural masajee con calma esta zona, y que tu respiración se sature de ternura y bondad.

Mientras estás acostada o sentada siguiendo el flujo continuo y natural de los movimientos de tu cuerpo de acuerdo con la respiración natural, te darás cuenta de que las sensaciones, los pensamientos y las emociones son cambiantes. ¿Notas que fluyen, como la respiración, mientras estás en reposo, a medida que va pasando el tiempo?

Conclusión

Ve terminando este escaneo corporal. Abre los ojos y empieza a mover tu cuerpo con suavidad. Te sugiero que dobles las rodillas en primer lugar y te dejes caer de costado, si te resulta cómodo, antes de levantarte con cuidado. Proponte conservar contigo esta conciencia más fluida y maleable al tiempo que vuelves a conectar con las actividades diarias. Deja que tu experiencia se sature con una respiración amable y suave, mientras haces tu actividad.

El diario de Claire

Semana 1: el escaneo corporal

Día 1

Son las nueve y media de una noche de principios de primavera. Stuart, mi marido, está de viaje y al final he conseguido que Amelie, mi hija de seis años, se haya ido a la cama (aprovecha cualquier oportunidad para alargar la hora de acostarse, y el hecho de que falte su padre es una excusa perfecta). Un día normal estaría pensando ya en acostarme (acostarme temprano es la única manera de soportar el ritmo frenético de mi vida), pero esta noche estoy un poco nerviosa y también paladeo en secreto el silencio de la casa. Pienso, con un sentimiento de culpa, en la promesa que le he hecho a Vidyamala de empezar mi viaje por el mindfulness, pero me obligo a dejar de pensar. Me siento frente a la televisión y, de repente, me decido (además, y voy a ser muy franca, no hay nada que me interese en la tele, y la idea de estar tumbada me resulta muy atractiva). Subo corriendo a mi cuarto para escuchar el audio de la meditación. Lo conecto y la voz tranquila y algo cantarina de Vidyamala llena mi dormitorio.

Me relajo de inmediato. Es mejor de lo que pensaba... Escucho durante unos segundos y me distrae un sonido del jardín. Es un gato, por lo que parece, que está trepando por el cobertizo. Resisto la tentación de levantarme para ir a echar un vistazo, pero me pregunto si habré cerrado bien la puerta. Tardo un rato en regresar a la meditación. Me encojo un poco cuando oigo la palabra «vientre». Odio esa palabra y, como la mayoría de mujeres, odio centrarme en mi vientre. Pero cuando noto que mi respiración resuena en el suelo pélvico y en las lumbares, empiezo a sentirme una alumna modelo. ¡Puedo hacerlo! Si digo que estoy satisfecha, me quedo corta. Oigo otro ruido fuera, esta vez en la parte delantera de la casa. Vuelvo a ponerme tensa y me pregunto qué será.

Cuando regreso a la meditación, me siento confundida al oír que debo saturar mi respiración de amabilidad. ¿Qué significa? Decido centrarme en respirar bien. A lo mejor sentiré esa amabilidad.

Vidyamala me pide que relaje la cara. Buf... Tengo la cara muy tensa, pero que muy tensa. La relajo: la mandíbula, los dientes, la boca... Cuando logro relajar una parte de la cara, noto tensión en la otra. Me distraigo pensando en la ironía de tener que hacer un esfuerzo para relajarme. Me obligo a reír, y entonces me doy cuenta de que me he perdido parte de la meditación. La próxima vez lo haré mejor.

Al terminar decido acostarme. Me siento mucho más relajada. A pesar de que Stuart esté de viaje, circunstancia que normalmente me pone nerviosa, duermo como un bebé.

Días 2-7

Alentada por los resultados de mi primera meditación, sigo los consejos de Vidyamala y pruebo en distintos momentos del día para ver cuándo medito mejor. Decirlo es muy fácil, pero hacerlo... Me levanto muy temprano para meditar antes de ir al trabajo, pero Charley (de tres años) se despierta mientras estoy meditando. Al día siguiente no consigo centrarme en la meditación porque no dejo de controlar la hora en el teléfono: no vaya a ser que llegue tarde. Y la mañana del día siguiente, en primicia desde que tengo hijos, me quedo dormida...

Alentada por el éxito que tuve en mi primer intento, vuelvo a hacer la meditación de noche. Subo a mi cuarto antes de la hora normal para meditar antes de acostarme. Stuart llega media hora después y me encuentra echada en la cama, vestida y dormida profundamente mientras el audio de la meditación sigue funcionando.

La próxima vez lo intento a la hora de comer, en el trabajo, sentada en mi despacho. Es una sensación fantástica, como echarse una siesta en secreto, hasta que alguien entra reclamando mi atención.

Habiendo agotado todas las opciones, hablo con Vidyamala y concluimos que la calidad es mejor que la cantidad, y que en lugar de machacarme intentando conseguir mi objetivo cada día, me centraré en los viernes, los fines de semana y las noches en que no esté completamente agotada (eso sí, alguna hay) para encontrar el momento de estar conmigo misma durante unos diez o quince minutos y para que me comprometa a meditar.

Y lo hago sin problemas. Al final no solo soy yo quien empieza a tomarle gusto a mi momento de meditación, sino también mi cuerpo. A grandes rasgos comienzo a ser más consciente, día tras día, de la conexión absoluta que existe entre mis extremidades y mis órganos. Me siento más completa. ¡Y es una sensación fantástica!

El día que hablamos, Vidyamala me dijo que era imposible hacer mal el escaneo corporal, que cada vez que estoy viviendo esa experiencia, incluso cuando noto tensión en mi cara, lo estoy haciendo bien, y que no necesito relajarme. En este sentido, el escaneo corporal no es un «ejercicio de relajación», sino un entrenamiento de la conciencia. La relajación es la feliz consecuencia.

Resumen del capítulo

- La vida moderna hace que te sientas alienada y desconectada de tu cuerpo. Ser más consciente de él a través del mindfulness te da un fundamento sólido y te ayuda a escapar del círculo vicioso de sentirte separada de tu cuerpo, de estar excitada, estresada e inquieta.

- Cultivar la conciencia del propio cuerpo activa el sistema nervioso parasimpático, que está relacionado con la calma y la tranquilidad. Te ayudará a cambiar el estado de «luchar/huir/paralizarse» por el de «descansar y digerir/tranquilizarse y conectarse».
- Tener conciencia de tu cuerpo y estar en contacto con tus sentidos es una manera perfecta de cortar por lo sano y desactivar el pensamiento inquieto, los hábitos emocionales y el estrés. Si tu conciencia está poblada de impresiones sensoriales, poco espacio queda para otras cosas, sean problemas o pensamientos obsesivos. Asentar la conciencia en tu cuerpo una y otra vez tiene un efecto tranquilizador.

Prácticas para la semana 1

- Liberador de hábitos 1: dedica tiempo a estar en contacto con la naturaleza (véase página 91).
- Liberador de hábitos 2: haz un inventario para tener conciencia de tus sentidos (véase página 93).
- Meditación: practica durante diez minutos el escaneo corporal centrándote en la respiración (véase página 96). Lo ideal es que lo hagas un par de veces al día durante, como mínimo, una semana.

5. Acepta tu cuerpo

Lynn es directora de desarrollo en el departamento de captación de socios de una organización benéfica. Es una mujer joven, muy consciente, por esa misma razón, de los desafíos que conlleva tener una buena imagen en nuestra cultura, tan obsesionada con la perfección.

Lynn, veintiséis años

Me crie en un entorno budista; a los quince años me animaron a que empezara a meditar para conservar la calma y disminuir el estrés. Sin embargo, durante la adolescencia padecí una colitis ulcerosa, y por desgracia no pude comprometerme con el mindfulness hasta cumplir los veinticinco.

A los diecisiete años me operaron de urgencia para extraerme el colon. Necesité una colostomía, y así estuve durante todo un año, hasta que a los dieciocho me operaron para revertirla. Fue muy estresante, y mi imagen y mi actitud se resintieron muchísimo después de la operación. Unos años después, cuando ya había cumplido los veinte, desarrollé intolerancias alimentarias a raíz de padecer varias infecciones intestinales. Tenía dolores cada día, a pesar de haberme sometido a esta «cirugía mágica» que debía terminar con el problema. A los veinticinco me salió un absceso junto a la bolsa interna, que, si empeoraba, significaría que necesitaría una colostomía permanente. Ese fue mi punto crítico.

Había probado de todo para controlar mi enfermedad, incluyendo diversas dietas, medicamentos y hierbas medicinales. La meditación fue mi último recurso. Esperaba que reduciría mis niveles de estrés y me ayudaría a encontrar una manera de poder gestionar el dolor. Si tenía que someterme a una operación de carácter permanente, quería ser capaz de mirarme al espejo y poder quererme. La meditación me ayudaría a aceptar lo que pudiera pasar.

Por suerte, el absceso desapareció, y aunque la meditación no ha conseguido librarme del dolor, ha cambiado mi manera de reaccionar ante él, y así, de algún modo, han disminuido las consecuencias de mis espasmos y mi manera de relacionarme con la enfermedad ha cambiado.

Si sigo la rutina de practicar con regularidad, descubro que no me siento tan negativa, que puedo manejar mejor el estrés, y que el dolor no me molesta tanto como cuando abandono mis costumbres. También soy más consciente del momento en que empiezo a acumular tensión, e intento liberarla de manera activa o analizar lo que me está causando ese estrés, para sentirme mejor. La meditación ha mejorado mi percepción interior y me ha ayudado a tener un punto de vista más equilibrado sobre la vida y mis limitaciones. Me doy cuenta de cuándo me hace falta practicar, y es bueno sentir que necesito volver a ponerme a ello. Antes, en cambio, caía en una espiral, me hundía y tocaba fondo, hasta que lograba aferrarme a alguna otra nueva «curación».

Hacer un escaneo corporal cada día me va muy bien, sobre todo si consigo hacer uno por la mañana y otro por la noche. Ahora estoy intentando hacer el escaneo corporal de las mañanas en el tren, de camino al trabajo, y si me sobra energía, hago el de la noche durante el camino de vuelta. He descubierto que es una buena manera de empezar a trabajar con la cabeza despejada y el cuerpo relajado, a pesar de la aglomeración que existe en las horas punta, y que también es una buena manera de relajarse tras la jornada laboral.

Espero que la meditación pueda beneficiar a las mujeres de hoy, porque consiste en contemplarte a ti misma con toda la honestidad posible y en ser capaz de aceptar quién eres, con todas tus imperfecciones. Consiste en despertar la conciencia de ti misma y sintonizarte más con tus emociones en un momento determinado. No se trata de sentarte en posición de loto y empezar a entonar el *om*, o decidir de repente que ser vegana es tu camino para, al cabo de un par de días, ir corriendo a comprarte un helado.

La meditación es una herramienta simple que nos ayuda a detenernos para tomarnos un respiro de lo que significa la vida diaria, esa vida que llevamos mientras estamos inmersas en un mundo frenético, obsesionado por la imagen, superficial e insensible. Todas buscamos encontrar algo único en la meditación. Y aquí no vale el cajón de sastre. La meditación es para todos. En mi caso, soy una mujer joven con tantas cosas de que ocuparme y tan determinada en intentar parecer y ser perfecta, cosa que realmente no soy, que en realidad me ha ayudado a abrir un nuevo cauce de conciencia y a anclarme y orientarme en esta existencia loca y frenética.

Empieza por tu cuerpo

Aunque no estés pasando por la misma enfermedad que Lynn, cuyo cuerpo se va debilitando, y sin determinar si tu malestar tiene una base real o es lo que tú percibes, probablemente sea acertado deducir que no acabas de sentirte a gusto en tu propia piel. Imagínate qué distinto sería estar contenta de tu propio aspecto y de cómo funciona tu cuerpo. ¡Muy bien! (redoble de tambores), pues puede que estés a punto de descubrirlo, y sin dietas ni tablas de ejercicios a la vista.

Anteriormente hablamos de la importancia de cultivar la conciencia corporal a partir de la respiración y su relación con el escaneo corporal. Vamos a llevar todo este proceso más lejos y aprenderemos a imbuir de amabilidad esa conciencia, de ternura e incluso de profunda aceptación.

Sabes ya que todos somos distintos. Quizá te habrán dicho, y quizá tú misma lo hayas dicho también, que tus imperfecciones son lo que te hace única, y tus defectos, los que te hacen hermosa. Pero el mismo hecho de que estas diferencias se consideren defectos e imperfecciones apuntan ya a un ideal predeterminado. A menudo le echamos la culpa a los medios de comunicación y a su obsesión por presentarnos beldades altas, flexibles, de radiante melena y largas piernas, pero también tiene mucho que ver nuestra manera de vivir y percibirnos a nosotras mismas. Los condicionantes culturales están muy arraigados en nosotras, y el ideal de un cuerpo perfecto varía mucho de una sociedad a otra. En las culturas en las que las personas trabajan físicamente a la intemperie y la comida es escasa, estar pálido y gordo se considera un símbolo de estatus. Significa riqueza, porque indica que la comida te sobra y no tienes que trabajar con las manos. En las naciones industriales del primer mundo, en cambio, en las que los trabajadores realizan sus tareas en oficinas o a puerta cerrada y tienen poco tiempo para hacer ejercicio, y en las que se puede elegir de todo para comer, estar bronceada y delgada implica que tienes mucho tiempo libre y eres disciplinada con la comida. Es evidente que no nos miramos los muslos llenos de hoyuelos ni la piel macilenta y decimos: «¡Mira, al otro lado del mundo sería considerada una belleza!». Es justo al revés: adoptamos las normas condicionadas por nuestra cultura y nos definimos a través de ellas.

El poder curativo de la meditación

Este condicionamiento cultural se inicia a una temprana edad. Solo tienes que mirar el contenido de las redes sociales que utilizan los jóvenes en la edad de la pubertad para comprender que sus expectativas no son en absoluto realistas, y para ver las consecuencias que esas ideologías culturales tienen en la vida diaria: las chicas más listas y divertidas no suelen tener demasiada confianza en sí mismas solo porque llevan aparatos en los dientes o piensan que son demasiado delgadas, demasiado gordas o que tienen demasiadas pecas... Esta falta de confianza va desapareciendo a medida que las chicas crecen, pero existe un número alarmante de jóvenes que desarrollan trastornos alimentarios con consecuencias devastadoras para sus vidas y las de sus familias.

El reciente incremento de trastornos alimentarios (se ha detectado un aumento de un 8% entre las jóvenes ingresadas en los hospitales) se suele atribuir al auge de las redes sociales y a la obsesión por la imagen que se cultiva en ellas. La mayoría de los pacientes ingresados que recibían tratamiento eran muy jóvenes (chicas de quince años y chicos de trece), pero también ingresaban a niños de entre cinco y nueve años, e incluso a menores de cinco. El tema es complejo, y el odio por uno mismo puede ser originado por factores ajenos a lo social. Cualquier cosa, sea una enfermedad, el acoso, las rupturas familiares o bien la rebeldía adolescente, puede llevar a las chicas (y a los chicos, por supuesto) a sentir que sus vidas entran en una espiral y que están perdiendo el control. El ritmo frenético de la vida moderna tampoco ayuda mucho que digamos. Entre tanta confusión, los jóvenes buscan controlar lo que parece que está en su poder, y a menudo suele ser la cantidad de alimentos que comen. Así es como terminan obsesionados con el cuerpo, y esa es una obsesión alentada por el odio y no por el amor.

Los trastornos alimentarios pueden superarse si las personas que los padecen aprenden a aceptar su cuerpo y a amarlo tal como es. Es un proceso profundamente sanador, y te anima a relacionarte mejor con tu cuerpo. A pesar de que no todas mantengamos una relación tan dañina con nuestro cuerpo, con los años nos influyen las expectativas que tenemos sobre nuestra imagen, sobre cómo nos gustaría vernos. Quizá no sea exagerado decir que la mayoría saldríamos beneficiadas mejorando la relación que tenemos con nosotras mismas y con el cuerpo que nos cobija. Si este punto de vista puede contribuir a superar padecimientos como los trastornos alimentarios, imagina las consecuencias que podría tener en asuntos de menor importancia. Mantener la práctica de la meditación diaria, sobre todo basada en la amabilidad y la compasión (como hemos comentado del escaneo corporal en este capítulo) mejorará de manera sustancial el modo de relacionarnos con nuestro cuerpo.

Sea cual sea tu motivación para meditar, si lo haces de manera constante, descubrirás que puedes llegar a amar tu cuerpo y a cuidarlo como algo milagroso y asombroso, porque así es, por muchas grietas e imperfecciones que tenga. Imagínate la sensación de libertad y alegría (o incluso de energía) que te puede aportar dejar de intentar ser lo que no eres. En esta reconexión es donde aparecen la conciencia y la amabilidad, que son complementarias. Entra, con la ciencia del mindfulness, al ámbito de la ciencia de la compasión. Un modelo fascinante que muestra los beneficios innatos que el equilibrio interior tiene para la salud es el de los tres sistemas de regulación de las emociones que ha desarrollado Paul Gilbert.[2]

Los sistemas de regulación de las emociones

La neurociencia actual afirma que los humanos tienen tres sistemas principales para regular las emociones:

- La amenaza (o, en otras palabras, «luchar/huir/paralizarse»).
- El logro (buscar la fuente/ el impulso... El subidón que obtienes de una satisfacción o gratificación).
- Reconfortar y contentarse o calmarse y conectar.

La amenaza

Cuando te sientes amenazada, surgen emociones como el miedo, la angustia, la rabia y la agresividad. Son desagradables, pero, como hemos subrayado antes, si han evolucionado ha sido para protegernos. Imagínate que vas a cruzar la calle en el momento en que un coche viene directo haca ti: estas emociones son las que te permiten actuar en una fracción de segundo para evitar ser atropellada. Por desgracia, podemos haber estimulado demasiado esa reacción o haber recurrido demasiado a ella, y eso conduce a la rabia crónica, los trastornos ansiosos y la paranoia. Cuando te sientes amenazada, el cerebro libera adrenalina junto con la hormona del estrés, el cortisol, que es útil para defenderte a corto plazo porque imprime energía al cuerpo y centra la atención. Sin embargo, si el nivel de cortisol sigue alto durante mucho tiempo, puede dañar tu sistema inmune y tu cerebro.

El logro

Estas emociones van vinculadas con el hecho de conseguir lo bueno que te puede dar la vida, a ti y a tus seres queridos; por ejemplo, encontrar la pareja adecuada, tener una carrera profesional satisfactoria o un buen hogar. ¡Las emociones implicadas en este sistema son fantásticas! Cuando las cosas te van bien y te diriges a conseguir lo que quieres, el cerebro te da un chute de la hormona dopamina. ¡Y eso sienta tan bien...!

El problema es que la dopamina se libera en picos de poca duración; no produce una satisfacción duradera. Y eso puede llevarte a experimentar anhelos e insatisfacciones inútiles. La dopamina puede volverse adictiva: como cada vez queremos más, vamos a la caza de esos picos de corta duración. En nuestra sociedad, esa carrera se está convirtiendo en un problema, y hay estudios que demuestran que la adicción a los juegos de ordenador, por ejemplo, es en esencia una adicción a la dopamina.[3]

Reconfortar y contentarse

El sistema de reconfortar y contentarse (o también llamado calmarse y conectar o descansar y digerir) está gobernado por la hormona oxitocina y un tipo de sustancias llamadas endorfinas. La oxitocina genera sentimientos «amorosos» de satisfacción y seguridad. Lo generan las mujeres que dan a luz, y los bebés cuando reciben abrazos o besos; de ahí su sobrenombre de hormona del amor. Cuando alguien nos conmueve, o nos sentimos amados y necesitados, se libera la oxitocina y tenemos un sentimiento de comunidad, de pertenencia, amor y seguridad. Las endorfinas del cuerpo completan el sistema, unos analgésicos naturales que trabajan de una manera muy parecida a opiáceos como la morfina y la codeína. Además de actuar como analgésicos, las endorfinas también generan una sensación de calma, contento y felicidad. Este contento es una forma de alegrarnos porque las cosas son como son, y de sentirnos a salvo: saber que no estamos esforzándonos ni queremos otra cosa. Es una paz interior, un sentimiento positivo que nada tiene que ver con una alegría exagerada o con el tener que esforzarnos para triunfar, y que correspondería al sistema de los logros.

Encontrar el equilibrio

Si estos tres sistemas están desequilibrados, puedes sentirte estresada. Cuando estás preocupada habitualmente, sientes fastidio o te notas acelerada, tu cerebro permanece en el mismo estado de excitación y amenaza de la mujer prehistórica cuando escapaba de un tigre (véase la página 88). Y cuando no estás estresada intentando cumplir con las exigencias de la vida, descubres que estás anhelando que suceda algo que te haga sentir bien, y eso sobreestimula el sistema de los logros. Necesitas una cierta motivación para sobrevivir, pero cuando los sistemas van sobrecargados eso equivale a ser infeliz.

La cultura actual tiende a encerrarnos en los dos primeros sistemas, y a olvidar el tercero la mayoría de las veces. La meditación compasiva del escaneo corporal de este capítulo te aportará el equilibrio calmando los sistemas de amenaza y logro y estimulando el sistema de reconfortar y contentarse, con todos los beneficios que comporta sobre la salud y el bienestar.

La ilustración de la página siguiente resume lo que puede hacer el mindfulness cuando se trata de reequilibrar los sistemas emocionales.

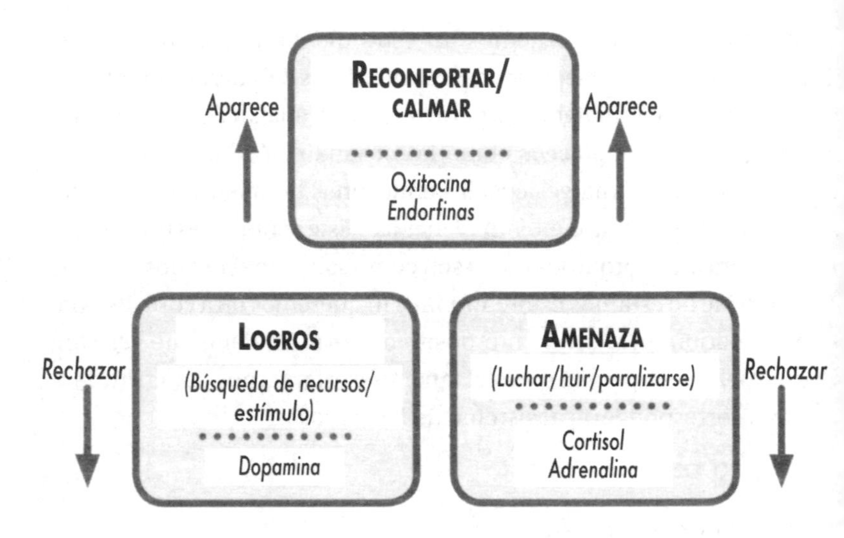

A medida que maduramos, sufrimos muchas presiones y cambios físicos, emocionales y ambientales. Si comprendemos cómo funcionan estos sistemas de emociones, podremos contribuir a regular y controlar su efecto en nuestras vidas, sea cual sea nuestra edad y situación.

Los cambios de tu cuerpo

El cuerpo femenino sufre unas transformaciones asombrosas a lo largo de la vida. Hay cambios sobre los que no tenemos ningún control, como la adolescencia y la menopausia, y otros sobre los que sí podemos ejercer control, como el embarazo, etapa en la que podemos influir, hasta cierto punto, sobre el lugar, el momento y la persona. Todas estas fases son épocas en las que sufrimos un cambio físico enorme, y nos vemos muy influidas por las hormonas.

Adolescencia

Desde la pubertad hasta los veinte años, de repente tomas conciencia de tu cuerpo como jamás lo habías hecho. Aparecen los pechos, por ejemplo, por no hablar de las reglas y de todos los inconvenientes y las incomodidades que conlleva. Ahora bien, tus emociones también empiezan a cambiar, y experimentas estados de ánimo que a veces están fuera de lugar. Es como un rito de iniciación en el que nos sentimos profundamente cohibidas ante un cuerpo que no queremos reconocer o no lo sentimos como nuestro, y podemos empezar a experimentar las primeras atracciones sexuales. Es un momento en el que las hormonas se precipitan por todo tu cuerpo y no te ayudan para nada, un momento en el que te salen granos donde menos querrías. Además, en unos momentos en que necesitarías más energía que nunca, te quedas descolocada con tantos cambios. No es fácil de explicar, ni a ti misma ni a los demás, cuando lo estás viviendo. Y además es fácil de olvidar, cuando ya eres madre o una adulta segura de ti misma, cuando ya lo has vivido y miras hacia atrás y contemplas la vitalidad aparente de la juventud.

Embarazo

Tener un bebé no solo anuncia un gran cambio en tu vida, sino que también implica unos cambios extremos en tu cuerpo, visibles e invisibles. Quizá incluso antes de ser consciente de que has concebido, tus hormonas ya han enloquecido, y puede que sigan por ese camino hasta que asumas física y mentalmente los cambios que está atravesando tu cuerpo. Hay cosas que nos esperamos como, por ejemplo, que nos crezca el vientre (y posiblemente que engordemos unos kilos), que vivamos con gran intensidad emocional, que tengamos náuseas y antojos... Pero también hay otras cosas que no esperamos sentir, como el cansancio, el movimiento constante que parecen estar sufriendo nuestros órganos internos, ver reducida nuestra movilidad, y a menudo que aparezca el insomnio. Incluso las mujeres que nunca han tenido emociones fuertes, pueden llegar a sentirlas en su cuerpo durante el embarazo: positivas, como el amamantamiento, la alegría por concebir y la expectación ante los cambios que van a vivir; pero también negativas, como el sentirse en baja forma, el verse limitada en cuanto a elecciones personales y actividades y el malestar que se percibe si la salud se resiente y se tienen problemas durante la gestación.

Marianne trabaja de profesora de mindfulness en un centro sanitario orientado a personas que padecen estrés, dolor, depresión leve y ansiedad. Practica la meditación desde los dieciocho años y ha querido contarnos su experiencia sobre el embarazo.

Marianne, treinta y nueve años

Cuando me quedé embarazada por primera vez, me di cuenta de las ventajas que me proporcionaba mi formación en mindfulness; me sentí agradecida por cada segundo que había dedicado a practicar. Me sirvió para vivir el proceso y disfrutar de él plenamente. Tenía treinta y ocho años en ese momento, y salía de una relación que había durado diez años, una relación con un hombre que no quería tener hijos. En cierto sentido pensaba que yo había elegido también vivir sin hijos, pero la idea me hacía sufrir. Mi segunda pareja deseaba ser padre, y cuando descubrimos que me había quedado embarazada, nos hizo mucha ilusión.

Mi embarazo duró catorce semanas. Me sentía agotada, pero inmensamente feliz. Luego tuve sangrados. Nuestro precioso hijo había muerto en su séptima semana de vida.

Cuando te sucede algo así, el cuerpo no quiere rechazar el embarazo y sigue produciendo hormonas, con lo cual tú te sientes embarazada, los pechos siguen creciendo y vas sintiendo todos los síntomas habituales.

Sufrí muchísimo, y al mismo tiempo el proceso fue curioso. Uno de los efectos secundarios de practicar el mindfulness, que les sonará raro a los que no lo practican, es que puedes estar viviendo algo dramático, terrible o muy doloroso, sentir las emociones y experimentar los sentimientos que eso comporta y, al mismo tiempo, y desde una cierta distancia, poder reflexionar sobre lo que te está sucediendo. Mi sufrimiento me quedaba claro, era simple. Para mí todo tenía sentido, comparado con las sensaciones de angustia y depresión. Yo no tenía ningún conflicto, y no me cuestionaba nada. Mi experiencia era física y tangible: mi cuerpo se condolía.

Cuando observas tu mente [y la vida en general] desde la perspectiva del mindfulness, ves que todo cambia, continuamente, desde lo más trivial a lo más importante. Ves que en muy contadas ocasiones las cosas resultan ser como tú esperabas que fueran, y que las fantasías sobre el futuro pueden crear mucho dolor o hacerte perder cosas maravillosas si te aferras a ellas. Cuando eres consciente de eso y sigues recordándote que la vida es así, la aceptación y la compasión aparecen junto con el dolor y el sufrimiento. La alegría y la felicidad que se sienten por las cosas buenas y bellas de la vida también salen beneficiadas porque terminas siendo consciente de que todo es muy frágil. No me gusta que la gente entone el aleluya al pensar en el mindfulness, porque le parece que todo es armonía y felicidad. Yo diría que el mindfulness es para expertos, que es vivir la vida tal y como es, y eso no tiene nada de armonioso.

Cuatro meses después de abortar, volví a quedarme embarazada. En esa ocasión fui más cauta con mis emociones. No me atreví a conectar con el bebé como la primera vez. ¡Pero era tan feliz! Volvieron los sangrados durante la semana catorce, y me sentí aterrada. Sin embargo, cuando descubrimos que el bebé estaba bien, mi pareja y yo lloramos de alegría y empezamos a conectar con él. Somos muy afortunados con la niña que ha nacido. Sabía que los bebés te absorbían, pero... ¡voy tan liada! Esta niña es lo más maravilloso que me ha pasado en la vida, y todo un reto. ¡Me encanta!

La menopausia

De la misma manera que tu cuerpo de repente pareció cobrar mente propia durante la adolescencia, en la madurez puede sentirse renegado; es ese momento en que el inicio de la menopausia puede presagiar la aparición de líneas de expresión y de arrugas en lugares donde nunca antes habían estado, acelerar el deterioro de la piel a una velocidad alarmante, provocarte sofocos incómodos por estar mal vistos en sociedad, hacer que te salga celulitis en lugares impensables y apagar la llama de la apetencia sexual en ciertas mujeres. Claro que no todo es negativo, y la menopausia aporta que nuestro humor no sea tan cambiante, que desaparezcan trastornos que son de por vida, como el asma, e incluso nos aporte una energía y un bienestar sin precedentes.

Cómo puede ayudarte la conciencia corporal

Durante la mayor parte de la vida, es inevitable que las hormonas fluctúen, y que generen un gran sufrimiento físico, emocional y mental (recuerda los dolores menstruales del período) debido a los cambios de humor. Volviendo al tema de la neurociencia que hemos abordado en este capítulo, eso puede conducirnos a quedarnos en el sistema que desarrollamos ante una amenaza para pasar al sistema del logro/buscar la fuente/el impulso que nos alivia. Puede que sea porque apuntamos alto en el ámbito laboral, por ejemplo, o porque nos estamos planteando un reto físico que precisa adrenalina. También podría ser que quisiéramos notar el subidón que nos da la comida basura, el alcohol o incluso los tranquilizantes. ¿Cuántas veces, por ejemplo, has ido a la nevera para distraer el hambre y, en el fondo, solo querías calmar los nervios provocados por los trastornos hormonales?

Es duro aceptar que nuestro cuerpo parece estar a merced de las hormonas y que, como tal, escapa a nuestro control (sobre todo si eres una de esas personas a las que les gusta ejercer el control sobre determinados aspectos de su vida). Sin embargo, no importa la etapa que estés viviendo, el tener conciencia de tu cuerpo te ayudará. Piensa que no solo vas a ser tú quien se beneficie de la calma interior que surge al ser conscientes de nuestro cuerpo. Aceptarse a una misma es uno de los primeros pasos que hemos de dar no solo para tolerar, sino también para poder aceptar a los demás. Después de todo, nuestra capacidad de ser amables, apoyar a tus semejantes y sentir empatía es mayor si no vives atrapada en un estado introspectivo de odio hacia ti misma. Y, como tal, tiene consecuencias, porque cuanto más amable eres con los demás, mejor se sienten ellos, y mejor van a tratar a otras personas, que a su vez actuarán de la misma manera. Es el efecto dominó que tiene el amor. Y no solo eso: tendrás un lugar seguro al que acudir, allí donde te encuentres y en compañía de quien estés, y vas a ser tú quien lo controle.

La aceptación de tu propio cuerpo

Mientras vives, tu cuerpo siente el movimiento de la respiración natural como un masaje. Piénsalo. Si has practicado el escaneo corporal en el capítulo anterior, sabrás lo que se siente al ver que la respiración avanza en ondas por todo tu cuerpo. Con la práctica incluso puedes sentir que tu cuerpo se expande al inhalar y se contrae un poco al espirar, en un flujo y un ritmo constantes. Para profundizar en la anatomía de la respiración, véase el apéndice 4 (página 349).

En la meditación de este capítulo vas a practicar cómo infundir bondad, ternura y atención a tu persona gracias a todos estos movimientos naturales de la respiración. Al respirar en el cuerpo, nos damos un baño de bondad y compasión.

Cada respiración repercute en las células de nuestro cuerpo. Del mismo modo que la inhalación toma oxígeno del mundo exterior y lo transmite al mundo interior, y la exhalación saca el dióxido de carbono del mundo interior y lo devuelve al mundo exterior, cada célula de nuestro cuerpo sigue su propio ritmo al dar y al recibir. Además, toma oxígeno al inhalar y libera dióxido de carbono al exhalar. Imagínate que este flujo constante de la respiración se saturara de bondad, e incluso de amor. Cada célula de nuestro cuerpo se vería mecida, acunada, en estas bellas cualidades.

A veces incluso cuesta pensar que tenemos que cuidarnos, y que hacerlo es una prioridad, porque crees que no te lo mereces. Vives atrapada en el odio hacia ti misma, estás demasiado ocupada y no tienes tiempo de cuidarte, como si hacerlo fuera un capricho, como si cuidarte a ti misma fuera un acto autoindulgente o estúpido. Pero si dedicas solo diez minutos al día a esta meditación verás que vas a conseguir más tiempo y energía de la que tienes que gastar. Después de unas cuantas sesiones, descubrirás que no muestras una actitud tan dura ante la vida, y que eso te convierte en una persona más agradable y dulce ante los demás.

No te preocupes si tu mente empieza a vagar; usa la imaginación mientras meditas. Podrías imaginar que estás descansando al sol, y que la bondad de cada respiración te va calentando, que calienta tu cuerpo por dentro y por fuera. También podrías pensar que tu respiración es una brisa cálida en un día de verano, que entra y sale de tu cuerpo, como si fluyera marcando ondas en un campo de hierba. Pero, aunque la mente te lleve por otros derroteros, tienes que procurar seguir en contacto directo con tus sensaciones mientras vas haciendo el escaneo corporal, y no te pierdas en fantasías. Los consejos que te damos sobre imágenes que pueden servirte solo tienen el objetivo de que te comprometas de corazón a practicar de una manera directa e inmediata. El poder del escaneo reside en que bases tu conciencia en el aquí y el ahora, para que puedas seguir viviendo de una manera más tranquila y fácil, en lugar de desear estar en otra parte.

Primero prepárate con un liberador de hábitos muy relajante.

Liberador de hábitos 3:
Date un baño de aire o de sol

Un baño de aire

Si te resulta fácil sentarte al aire libre cuando sopla la brisa, puedes tomar un baño de aire (puedes hacerlo vestida o en bañador, de ti depende).

Busca un lugar cómodo en el que instalarte y estar quieta.

Tienes que estar en una postura cómoda: sentada, echada o de pie. Reconoce las sensaciones y los movimientos de la respiración de tu cuerpo. ¿Sientes hincharse el vientre al inhalar y contraerse al exhalar? ¿Y en los costados? Siente el ritmo de tu respiración durante unos instantes.

Ahora fíjate en la brisa que te rodea. ¿Puedes dejar que acaricie y roce tu cuerpo? ¿Sientes el aire en tu piel?

Imagina que la brisa viene saturada de bondad y atenciones. Cada vez que roza tu piel, fluye por tu cuerpo llenándolo de bondad. ¿Puedes sentir tu cuerpo más poroso, flexible y abierto? En lugar de dejar que la brisa resbale por tu cuerpo, imagina que lo penetra y que, poco a poco, estando quieta, tu cuerpo se llena y satura de bondad y atenciones.

Un baño de sol

Si estás en un lugar soleado, puedes tomar un baño de sol. Es muy parecido a un baño de aire, pero en esta ocasión son los rayos del sol los que fluyen por tu cuerpo.

Encuentra un lugar cómodo y sé consciente del calor que el sol provoca en tu piel. Imagina que tu cuerpo es poroso y que absorbe la calidez y el brillo del sol, que es el conducto por el que tú y tu cuerpo recibís la bondad. Así es como el cuerpo se baña, se empapa de bondad, atenciones y ternura.

Si no puedes salir por alguna razón o si hace mal tiempo, puedes darte un baño de aire y de sol con la imaginación. Hay estudios que demuestran que visualizar una experiencia es casi lo mismo que vivirla.[4] Si dejas que tu mente imagine que la brisa o el sol inundan tu cuerpo de bondad, conseguirás un resultado positivo.

La meditación del escaneo corporal compasiva

La meditación que describimos a continuación está pensada para que te familiarices con la práctica antes de empezar. Léela primero, y luego haz la meditación mientras escuchas el audio correspondiente.

La meditación del escaneo corporal compasiva

Preparación

Acuéstate sobre una superficie cómoda, como la cama o el suelo. Si lo prefieres, puedes hacer el escaneo corporal sentada o incluso de pie. Dirigiré la meditación como si estuvieras echada, es decir, que tendrás que ir adaptando mis instrucciones si has elegido otra postura.

El escaneo

Abandona el peso de tu cuerpo a la gravedad; imagina que tu cuerpo se apoya y recuesta sobre la superficie en la que estás echada, y a cada respiración abandónate un poco más. Deja que tu cuerpo se acomode y que tu conciencia conecte con tu cuerpo a medida que pasa el tiempo.

Sé consciente de la respiración de tu cuerpo. Siente que tu cuerpo se expande un poco con cada inhalación y que se contrae al exhalar, que tu cuerpo se ve mecido, masajeado por la respiración.

Ahora vamos a concentrarnos un poco más en todas las partes del cuerpo. A medida que vaya nombrando cada una de sus partes, deja que tu conciencia se asiente en ellas y siente lo que estás experimentando. Si notas esa zona dormida, sé consciente de que no tienes ninguna sensación, pero no juzgues.

Deja que la conciencia fluya por todo tu cuerpo hasta llegar a los dedos de los pies, deja que se concentre en los dedos de tus pies, y sé consciente de que estás sintiendo los dedos. No son objetos, forman parte de ti. ¿Puedes sentir que tus dedos te interesan, que les prestas atención?

Deja que tu conciencia fluya hacia los pies, hacia las plantas de tus pies, el puente, los tobillos..., y mira si puedes conectar con tus pies y tus tobillos como si formaran parte de ti, en lugar de ser objetos desconectados de tu conciencia. Incluso puedes imaginar que la respiración baña tus pies y tus tobillos, que estos se expanden un poco al inhalar y se contraen al exhalar. Mira si puedes impregnar tu respiración de una actitud de atención y bondad hacia ti, y que bañas tus pies con una respiración bondadosa.

Ahora, mientras dejas que la conciencia suba por las pantorrillas, las piernas y los muslos de ambas piernas, mientras relajas las piernas sobre la superficie en la que están echadas, báñalas con una respiración bondadosa. Quizá te resulte útil pensar que cada célula de tus piernas se expande un poco al inhalar y se contrae otro tanto al exhalar. Sentirás que la respiración fluye suavemente por tus piernas o, si no, imagina que tus piernas reciben un baño de bondad y atenciones.

Subamos por las caderas, deja que ambas piernas se separen mientras sigues echada, siente que se ensanchan un poco al inhalar y se contraen al exhalar, que llenas tus caderas de bondad cada vez que respiras.

Entramos en la pelvis, en el suelo pélvico y las lumbares. Dejamos descansar el sacro y las nalgas en la cama o en el suelo, y sentimos ese peso sobre el suelo, la cama o la superficie sobre la que estés acostada.

Vayamos a las lumbares, a la suave curvatura de las lumbares. Permite que se masajeen con los movimientos y las sensaciones de una respiración atenta y amorosa. Quizá sientas que el ángulo de las lumbares cambia al inhalar y al exhalar. Quizá sientas que cambia un poco la forma de las lumbares para poder dejarse mecer y masajear por los movimientos y las sensaciones de tu respiración.

Permite ahora que la conciencia se centre en medio de tu espalda y en la parte superior; nota las costillas, los pulmones, los omóplatos y la columna vertebral. Deja que tu conciencia se desplace hacia la parte superior de la espalda, siente todos los movimientos y lo que experimentas al respirar. Siente cómo los pulmones se llenan al inhalar y se contraen al exhalar. Siente que las costillas se expanden en la parte superior al inhalar y se contraen al exhalar, siente que esta respiración va impregnada de atención, de amabilidad y de amor por ti misma. Se trata de tus pulmones, de tu espalda, de tu cuerpo. No importa lo que sientas, si es agradable o no. Mira si puedes recibirlo con ternura, calor y bondad.

Ahora, guía a tu conciencia para que se asiente en el vientre, el abdomen, el tronco, la zona que existe entre la pelvis y la base de las costillas; deja que tu conciencia penetre en todos los movimientos de tu respiración. Quizá sientas que se hincha un poco al inhalar, y que se contrae al exhalar. Recibe el masaje de los movimientos de la respiración en tus órganos mientras vas siguiendo estos movimientos, mira si puedes descansar con esa sensación de atención por ti misma, y acepta tu cuerpo tal como es con una respiración amorosa y tierna. Sube hacia las costillas, el pecho, los pulmones, los pechos... Inhala con calidez y bondad, exhala con calidez y bondad, deja que la respiración sea natural, deja que la respiración se respire a sí misma, a cada momento.

Ahora permite que tu conciencia fluya hacia los hombros, a ambos lados del torso, abandona los brazos para que los hombros se abran con la inhalación y se contraigan con la exhalación mientras tus brazos descansan sobre la superficie y sienten el peso de la gravedad.

Deja que la conciencia recorra tus brazos: antebrazos, codos, brazos, muñecas, manos, dedos y pulgares. Deja que ambos brazos se saturen de conciencia. Imagina que la bondad y las atenciones entran por tus brazos a cada inhalación y exhalación. Tus brazos no son objetos. Son tus brazos, y te estás ocupando de ellos en este momento, mientras estás descansando.

Ahora deja que la conciencia fluya hacia los brazos partiendo de los hombros, que atraviese la clavícula y vaya a la garganta, la nuca y ambos lados del cuello. Ahora comprueba si tu cuello está bien apoyado en el cojín o la almohada. A medida que vayas notando el peso de la cabeza, deja que el cuello se relaje.

Vayamos a la base del cráneo y dejemos que se relaje mediante una inhalación y una exhalación bondadosas y amables, deja que la conciencia se asiente en tu cabeza, por ambos lados, y que todo tu rostro se bañe de conciencia, de respiración, de bondad.

Relaja la cara y la garganta para que el aire de la respiración pueda llegar a tu cuerpo al inhalar y abandonarlo al exhalar, libre de obstrucciones y restricciones, deja que cuelgue tu mandíbula y relaja la lengua.

Ahora expande tu conciencia para ser más consciente de tu cuerpo, de las piernas, el torso, los brazos, el cuello, la cabeza y la cara. Deja que el cuerpo se bañe con tu conciencia, que todo tu cuerpo se bañe con la respiración. E impregna esa respiración de bondad, ternura y atenciones contigo misma, que se expanda al inhalar y se contraiga al exhalar, que se expanda al inhalar y se contraiga al exhalar, que todo el cuerpo y todas las células sigan este ritmo, este fluir, esta relajación.

Conclusión

Cuando te sientas lista, puedes empezar a moverte, balancea las piernas y los pies, y mueve los brazos estirándolos, si te resulta cómodo. Abre los ojos, sé consciente de tus movimientos y procura no añadir más tensión a tu cuerpo. Con mucho cuidado, ve incorporándote. Tómate unos minutos para paladear los efectos de la meditación antes de volver a retomar tus quehaceres cotidianos, y mira si, estés donde estés y hagas lo que hagas, puedes conservar la conciencia que has trabajado y mostrar atención y ternura a tu experiencia y a todo tu cuerpo.

El diario de Claire

Semana 2: la aceptación de tu cuerpo

Día 1

Estoy deseando empezar una nueva meditación, pero también estoy un poco decepcionada por no haber conseguido hacer el primer escaneo corporal cada día. Y decido que intentaré hacerlo diariamente.

Ahora que sé lo que me espera, mi cuerpo se muere de ganas físicamente de empezar la meditación. Mi mente no se distrae tanto como cuando empecé a meditar, y me relajo con más rapidez en esta ocasión.

A medida que voy siendo más consciente de mi respiración y de mi cuerpo, me siento agradecida y me doy cuenta de que he de protegerlo. Por todo lo que ha hecho por mí. Mi cuerpo me ha llevado muy lejos en esta vida, sin fallarme apenas. Incluso suelto una carcajada cuando me dicen que acepte que los dedos de mis pies son los dedos de mis pies. Me gustan. ¡Me encantan los dedos de mis pies! Y eso me lleva a encadenar pensamientos, y entonces pienso en todo lo que mis dedos han hecho por mí. ¿Por qué nunca había pensado antes en eso? Pienso en las partes de mi cuerpo que nunca había valorado, en eso que, como un todo, mi cuerpo fue gestando para dar a luz: las dos cosas más importantes de mi vida, mis hijos. Y entonces me voy por las ramas, y termino pensando en el día que Amelie se irá de excursión con la escuela y si necesita un disfraz.

Uy... Intento controlarme, pero me cuesta concentrarme si ya me he ido. Termino la meditación enojada.

Dispongo de muy pocas oportunidades para meditar. Y me lo estaba pasando bien. ¿Por qué no puedo concentrarme?

Día 2

Desde el mismo momento en que me levanto de la cama soy mucho más consciente de mi cuerpo y de todas sus partes. Me fijo en las piernas cuando bajo por las escaleras, en las manos cuando me preparo una taza de té. Cuando me maquillo, me siento agradecida por tener la tez clara, una nariz, unos oídos y unos ojos que funcionan (aunque no tan bien como antes). Es rarísimo. Y luego viene lo mejor: cuando me visto, no me da un vuelco el corazón como antes al abrir mi (rebosante) armario ropero por tratar de ponerme algo después de haber ganado algún kilo de más durante las Navidades. En lugar de machacarme intentando ponerme una ropa que me va estrecha, decido vestirme con alguna prenda que sé que me entrará. ¡Estoy siendo buena conmigo misma! Y de repente entiendo en qué consiste la respiración bondadosa. Consiste en darme un respiro, en celebrar lo que tengo, en lugar de quejarme por lo que me falta, y eso, hablando en plata, es toda una revelación.

Estoy impaciente por que llegue la noche y pueda ponerme a meditar otra vez. Deseo volver a sentir todo mi cuerpo (¡sobre todo los dedos de los pies!). De hecho, es como si mi cuerpo ya estuviera buscando físicamente las palabras de Vidyamala antes de oír su voz. Es algo parecido a la memoria muscular (¿una memoria de la meditación?). Vuelvo a distraerme, pero esta noche no me machaco; regreso a la meditación y sigo adelante.

Días 3-6

Mi semana de trabajo está resultando muy estresante. En los momentos tensos descubro que estoy deseando hacer el escaneo, y que eso mismo me viene a la mente en los momentos más difíciles, y me ayuda a salir adelante cuando las cosas van mal.

Sin embargo, por dentro me siento fuerte, poderosa y tranquila. No suelo beber alcohol durante la semana, solo alguna que otra copita por la noche para relajarme si he tenido un día estresante, pero es que esta semana, que ha sido tan tensa y difícil, me doy cuenta de que no me apetece. Tampoco como tanto, y lo que como es más sano. ¡No esperaba conseguir tantas cosas!

Día 7

Durante mi escaneo final veo que en realidad me siento tan embargada de amor por mi cuerpo como a veces lo estoy por mis propios hijos. ¡Es extraordinario! (No me juzguéis... Me resulta muy extraño escribir esto.) Pero es verdad. Cuando llevo un rato practicando la meditación, me embarga una avalancha de emociones y gratitud por mi cuerpo tan grande que casi se me saltan las lágrimas. De hecho, tengo ganas de llorar mientras estoy escribiendo. Ha sido una semana muy intensa. Y mi viaje solo acaba de empezar.

Resumen del capítulo

- A muchas nos disgusta nuestro cuerpo, y con tanta insatisfacción corporal y trastornos alimentarios como hay hoy en día, el mindfulness se necesita más que nunca.

- La ciencia de la compasión sugiere que tenemos tres sistemas principales para regular las emociones: la amenaza, el logro y el reconfortar, y la satisfacción.
- Como mujer, tu cuerpo sufre transformaciones increíbles durante toda tu vida. Los cambios hormonales y de estado de ánimo forman parte del paquete, son mayores durante la adolescencia, el embarazo y la menopausia. Profundizar en la conciencia corporal te ayudará a aprender a manejar las inevitables fluctuaciones hormonales y de estado de ánimo que derivan de ser mujer. Al hacer el escaneo corporal compasivo, puedes encontrar el equilibrio y la tranquilidad, asentarte en el sistema de reconfortar y satisfacer y darle a tu cuerpo la oportunidad de acomodarse.
- La conciencia de la respiración es fundamental. Asentar la conciencia en la respiración de todo el cuerpo te sitúa inmediatamente en el momento presente y en el cuerpo. Es así de simple.

Prácticas para la semana 2

- Liberador de hábitos 3: date un baño de aire o de sol (véase la página 123).
- Meditación: practica durante 10 minutos el escaneo corporal compasivo (véase la página 125. Si es posible hazlo dos veces al día durante al menos una semana.

Parte II: Encuentra la paz mental

6. Calma tu mente

Una mente disparada puede perturbar la vida más placentera. Debbie, una maestra de escuela de primaria que trabaja media jornada, ha descubierto que calmar la mente le sirve para que su vida no se vea gobernada por los sentimientos de culpa y sea más divertida, no solo para ella misma, sino también para su familia.

Debbie, cincuenta y un años

La primera vez que descubrí el mindfulness fue hace veintiocho años, cuando una amiga me dijo que me gustaría mucho seguir un curso de iniciación al budismo. Ella había viajado por la India y el Tíbet, y pensó que me interesaría. Me interesó, efectivamente. Me encantó, y me aportó una gran alegría. Pero quizá lo que me atrajo más fueron las personas y los rituales, y también la ética y los valores. El mindfulness vino después, cuando aprendí a meditar y, sobre todo, cuando me apunté a retiros de silencio, cuando fui consciente de los que me rodeaban, de sus necesidades y de las mías propias. En realidad, la meditación me costaba mucho, y sigue costándome, pero el mindfulness tenía mucho sentido para mí, igual que lo tiene ahora, porque me desacelera y permite que mi mente, siempre tan ocupada, se tome un respiro.

Ahora mi preocupación principal es la necesidad de descansar y centrarme más en mis hijos y mi vida familiar. He dedicado estos últimos tres años a irme retirando de la gestión y el liderazgo de grupos a los que me había unido voluntariamente, porque ser líder me dejaba exhausta. Tengo la tendencia a procurar ser perfecta, y el mindfulness me ha ayudado a aprender a interpretar mi propio cuerpo, a ser más consciente de mi mente, y a seguir un ritmo que no me deje agotada.

En general, soy más consciente de mis sentimientos gracias a la práctica del mindfulness y la meditación. En la actualidad, morderme la lengua es lo que mejor me sienta. En casa era muy brusca e incluso grosera, sobre todo con mi pareja, cuando estaba cansada (que suele ser a menudo) o iba estresada de tanto trabajo como tenía. Ahora, en cambio, la práctica del mindfulness me permite darme cuenta de cuándo voy a soltar una barbaridad, de detectarlo y no hacerlo. A veces, cuando estoy muy enfadada, me pongo a escribir y luego tiro lo que he escrito cuando mi estado de ánimo ha cambiado. Eso me ayuda también con mi hijo mayor, que a veces confieso que me saca de mis casillas.

Por otro lado, también soy consciente de que tiendo a interrumpir a los demás cuando hablan, sobre todo si participan varias personas en la conversación. No me siento orgullosa de ello, para nada; me da vergüenza y no me gusto cuando soy consciente de que acabo de hacerlo. El mindfulness me ayuda a ser consciente y a calmar mi sobreexcitación para que los demás también puedan ser escuchados.

> El mejor consejo que podría dar a las personas que entran en el mindfulness es que vayan despacio, respiren y se tomen alguna que otra pausa antes de pasar a la actividad siguiente. Como madre veterana y trabajadora, sé que la bondad y la relajación son cruciales para la felicidad de mi familia, y también para el mundo en el que vivimos. Lo que quiero decir es que antes solía imponer unas normas y unos límites muy estrictos a los niños (que tienen nueve y doce años) sobre el uso del ordenador, la televisión y otras cosas. Pero a medida que me he ido situando más en el presente, he aprendido a ser capaz de juzgar mejor lo que necesito, lo que ellos pueden necesitar, y a mantener un diálogo entre todos, con flexibilidad o fluidez, ahora que ya son mayorcitos. Me agotan los retos que me plantean el trabajo y la maternidad; ellos también van cansados, y yo necesito ser consciente de eso con bondad.

El poder de la mente

Considera este dicho budista. Es posible que te parezca pesimista, porque demuestra que nuestros pensamientos pueden convertirse en realidad si así lo permitimos. Pero también puedes considerarlo positivo, porque demuestra que puedes cambiar profundamente cuando aprendes a hilvanar tus pensamientos con bondad y conciencia plena.

El pensamiento se manifiesta en la palabra,
la palabra se manifiesta en la acción;
la acción se convierte en un hábito,
y el hábito se forja en el carácter.

Vigila el pensamiento y sus caminos con atención,
y deja que este surja del amor
que nace de la preocupación por todos los seres humanos.

Una versión más moderna de este dicho (que relatamos a continuación) es un recordatorio, para quien lo necesite, que dice que los patrones de pensamiento negativos habituales no solo te hacen sentir desgraciada, sino que tienen una influencia perniciosa en los acontecimientos y las personas que te rodean; que tu mentalidad gobierna tus actos, y que estos pueden influir en tu camino y tu éxito futuro. De la misma manera, los pensamientos positivos dirigirán el curso de tu vida hacia una mayor felicidad.

Vigila tus pensamientos, porque se convierten en palabras.
Vigila tus palabras, porque se convierten en actos.
Vigila tus actos, porque se convierten en hábitos.
Vigila tus hábitos, porque se convierten en carácter.
Vigila tu carácter, porque se convierte en tu destino.[1]

¿*Necesitas* estar más convencida? Practica con este breve ejercicio:

Ejercicio: vigila tu mente

Siéntate durante unos minutos y observa lo que pasa por tu mente. Al principio quizá notes que todo está en silencio o detectes algún pensamiento que te cohíba, como, por ejemplo: «¿Qué estoy pensando en realidad?». Luego quizá veas que tu mente se dirige automáticamente hacia algo que te preocupa, como «tengo que salir puntual del trabajo para ir al supermercado antes de recoger a los niños». Ya verás que eso te lleva a otra cadena de pensamientos sobre lo estresante que es tu vida, y el poco tiempo que tienes para terminar las cosas. Al cabo de un rato regresas, te das cuenta de que tu mente ha estado vagando por ahí... ¡y que no tienes ni idea de lo que has estado pensando!

De promedio tenemos entre 30.000 y 70.000 pensamientos al día, y un 98% de ellos ya los hemos tenido antes. ¡Es como un tremendo Día de la Marmota! Lo sorprendente es que entre un 70% y un 80% de estos pensamientos son negativos.[2] Eso se traduce en unos 35.000 pensamientos negativos al día. Si alguna vez has entrado en un bucle de preocupaciones, ansiedad e inseguridad, ahora ya conoces la razón. Por decirlo llanamente, tu mente se va quemando al ir recorriendo el mismo ciclo, día tras día. Para la mente humana eso es algo natural, al menos en lo que se refiere a la mente sin entrenar.

Imagínate, sin embargo, que pudieras cambiar la manera de relacionarte con esos pensamientos y transformar sus patrones; que no solo fueras capaz de obligarte a sentirte bien, fueran cuales fueran tus circunstancias, sino que también pudieras sentirte mucho más segura y creativa. Entrenar la mente para cambiar la relación que existe entre tu persona y tu manera de pensar es uno de los pilares centrales del mindfulness.

Los pensamientos, por su misma naturaleza, suelen estar conectados a las emociones. Prácticamente todos los patrones de pensamiento tienen un contenido emocional, las emociones van asociadas a pensamientos, y ambos se relacionan con sensaciones físicas. Por así decirlo, los pensamientos, las emociones y las sensaciones físicas están interconectados con la experiencia real.

En este capítulo aprenderás a manejar tus procesos de pensamiento directamente (y, por extensión, tu experiencia emocional y física) cambiando en profundidad tu perspectiva sobre ellos. Es inevitable vivir experiencias estresantes, pero a partir de ahora podrás gobernar tus pensamientos, tus emociones y las sensaciones físicas que se derivan de lo que te está sucediendo, y no al revés. Serás tú quien decida cómo reaccionar ante los acontecimientos de la vida con una conciencia plena centrada en lo que piensas y sientes en cada momento. En general, estarás más calmada, y sabrás cómo tranquilizarte.

Quizá, cuando has hecho el breve ejercicio que describimos en la página 140, te has sentido un poco cohibida o angustiada pensando si lo habrías hecho bien. Incluso puede que hayas sentido físicamente un cosquilleo en el estómago. Luego, a medida que tu mente se ha ido poblando de pensamientos sobre la cantidad de cosas que tienes que hacer, el poco tiempo de que dispones y lo estresante que es tu vida, puede que hayas terminado preocupada o incluso enfadada tras revisar ciertos aspectos de tu vida que te producen estrés o que no controlas. Todo eso influye físicamente en tu cuerpo, y puede que tenses la mandíbula, frunzas el ceño o incluso se aceleren los latidos de tu corazón y te suden las manos. No es muy halagüeño el panorama, la verdad...

> Tengo noventa y nueve problemas, y ochenta y seis son escenarios que mi cabeza se ha inventado, que me estresan y para los que no encuentro ninguna explicación lógica.[3]

Comprende tu mente

Algo crucial en el mindfulness es aprender a distinguir entre el contenido de nuestra mente (los pensamientos que notamos que están fuera de nuestro control) y la conciencia en sí misma, el contexto en el que nuestros pensamientos se desarrollan. Por decirlo de otro modo, nuestros pensamientos son como nubes que cruzan veloces un cielo tormentoso, mientras que el mindfulness o la conciencia plena es como el mismo cielo.

Metáfora de la conciencia plena: el avión

Imagínate que viajas en avión un día sombrío y nublado. El avión despega y asciende hasta perderse en las nubes. Las nubes te envuelven. Sigues ascendiendo, hasta que al final sales y te encuentras volando en un inmenso cielo azul. Ese cielo azul estaba allí, pero en tierra no eras consciente porque tu experiencia la mediatizaba la presencia de las nubes que tapaban el sol. En el momento en que tu perspectiva cambió por volar más alto, pudiste experimentar el mundo de un modo completamente distinto: brillante, claro e incluso radiante.

Tu experiencia diaria es muy parecida. Cuando estás deprimida o angustiada, es como si la brillante luz de la conciencia quedara apagada por las nubes, y puede que tengas miedo y te sientas perdida, que hayas perdido la perspectiva. Si aprendes a dar un paso atrás y dejas de identificarte con el contenido de tus pensamientos y con tu estado de ánimo, si dejas de creer que son algo sólido y verdadero y los contemplas desde la perspectiva del contexto y la conciencia en sí misma, tu experiencia será muy distinta.

Aprender a contemplar tus pensamientos y emociones desde fuera en lugar de hacerlo desde dentro te da el espacio mental que necesitas para examinar la naturaleza misma del pensamiento. Los pensamientos pueden parecer sólidos y reales, pueden llegar a ser tozudos, pero en realidad son acontecimientos mentales que fluyen a través de la mente, como esas nubes que cruzan el cielo. Esta capacidad de experimentar la vida como algo fluido, en lugar de estático, fijo e inamovible, se encuentra también en el núcleo de la práctica del mindfulness. Aprender a vivir con fluidez no solo es hermoso, sino que puede ser un gran alivio. La vida se convierte en un proceso continuo con el que vas sintonizando.

El mindfulness también te permite ser consciente de lo que suelen tapar las nubes turbias de la falta de conciencia. Piensa en lo compleja que es tu vida: ¿de cuántas cosas te das cuenta? ¿De cuántos estados mentales eres consciente? ¿A cuántos de esos pensamientos, que pueden ser del orden de 30.000 a 70.000 al día, prestas atención? Con el mindfulness, en lugar de no ser consciente del momento en que cambian nuestros pensamientos, vas despertando gradualmente a lo que va sucediendo a cada instante. Te detienes y haces un recuento. Y entonces ves los pensamientos como lo que son: solo pensamientos.

En relación con tus pensamientos se da un proceso llamado metacognición o defusión cognitiva. Y entonces nos damos cuenta de que:

- Los pensamientos solo son sonidos, palabras, historias, fragmentos de lenguaje que nos pasan por la cabeza.
- Los pensamientos pueden ser verdaderos o no; no tenemos que creer en ellos.
- Los pensamientos pueden ser importantes, pero no necesariamente; tenemos que prestarles atención solo si nos sirven.
- Los pensamientos no son órdenes; no tenemos por qué obedecerlos.
- Los pensamientos pueden ser sabios; no tenemos que seguir automáticamente sus consejos.[4]

Cultivar la mente como si fuera un espejo

Una mente «con plena conciencia» a menudo se parece a un espejo. Es capaz de reflejar lo que tiene delante, libre de distorsiones, como un observador imparcial. La conciencia consciente contempla la experiencia con precisión, sin emociones, puntos de vista, opiniones o juicios que la perturben. La vida se convierte en algo más sencillo y transparente, menos complicado y confuso.

Otra manera de describir esta característica de ser como un espejo que tiene la conciencia es decir que se encuentra a medio camino entre lo que sería bloquear y eliminar la conciencia de lo que pensamos y sentimos y dejarnos llevar por ello. Pregúntate lo siguiente: «¿Puedo reconocer mis pensamientos solo como acontecimientos mentales y dejarlos ir?». Por ejemplo, cuando estás meditando y te sorprendes pensando: «Tengo muchos correos electrónicos, no sé si podré con todo», en lugar de eliminar este pensamiento o dejarte llevar por él, ¿qué tal si reconoces que es un pensamiento y lo dejas pasar? «Hola, pensamiento; gracias, pensamiento. Adiós.» No vayas a decirlo en voz alta, tampoco se trata de eso, pero esta actitud de reconocer los pensamientos con bondad y dejarlos pasar es lo que tienes que cultivar.

Sintoniza con tu cuerpo

Has aprendido a cambiar la manera de relacionarte con tus pensamientos y emociones cambiando el centro de conciencia de tu cuerpo. Esta habilidad es determinante. En el capítulo cuatro viste que no es posible dejarse dominar por los pensamientos, las preocupaciones y las fantasías y a la vez ser consciente de las sensaciones físicas de tu cuerpo. Cuando te centras directamente en una sensación física, por ejemplo en la respiración, de repente despiertas, dejas de estar perdida en el pasado o el futuro y te centras en el momento presente. Quizá al minuto siguiente vuelvan esas fantasías o preocupaciones; es normal, pero si vuelves a centrar la conciencia en tu cuerpo repetidamente, poco a poco irás cambiando de hábito. Como dice Annie a sus treinta y nueve años: «Estaba en clase de meditación cuando me lo explicaron. Fue como si gritara: ¡Eureka, lo encontré! Es muy simple centrar mi atención en la conciencia corporal cada vez que me doy cuenta de que estoy preocupada, que pienso, planifico y no paro de dar vueltas a mis problemas. Funciona. De verdad. A mí me cambió tanto la vida que siento que hay que gritarlo a los cuatro vientos».

Pasar del modo hacer al modo ser

En el modo ser predomina el estar. En el modo hacer lo que domina es lo conceptual.[5] La capacidad de cambiar del modo hacer al modo ser con flexibilidad y sin problemas es uno de los beneficios clave de la práctica del mindfulness.

La distinción guarda un paralelismo con las ideas sobre las experiencias primaria y secundaria que introducimos en la página 187. El modo ser es la experiencia primaria de toda experiencia que sentimos, básica y directa, a cada momento. El modo hacer es la experiencia secundaria, el trampolín para todas esas reacciones que tenemos cuando no somos plenamente conscientes.

Si piensas en todos los pensamientos negativos que sueles procesar cada día, es fácil ver que tu experiencia primaria básica puede convertirse en algo más dramático cuando entra en juego la mente y se adueña del proceso con toda clase de supuestos y juicios (a menudo imprecisos). Esa es la experiencia secundaria en su máximo esplendor.

Imagínate, por ejemplo, que estás en un atasco. Es una experiencia real y directa que está sucediendo, y poco puedes hacer. Si reaccionas a esa experiencia, añades un estrés innecesario al panorama, y entonces emites juicios como «Vaya vuelta que he dado» (juicio sobre el trayecto) o «Sabía que no tenía que haber ido por ahí» (juicio sobre ti misma). Esta clase de reacciones tienden a ir subiendo de tono, un pensamiento lleva a otro, y entonces se generan más sentimientos y más juicios. En el budismo, esta proliferación secundaria de pensamientos se llama *panancha,* que a veces se traduce como «diálogo ridículo», algo que posiblemente hemos hecho todas.

El mindfulness te ayuda a manejarte en situaciones estresantes; te ayuda a recuperar la experiencia primaria una y otra vez para que te quedes en el modo ser. Quizá todavía sientas la presión de salir del atasco y llegar a tiempo a tu destino, pero puedes valorar con calma tus opciones, ver la situación en perspectiva y tomar una decisión sobre lo que hay que hacer (si es que hay que hacer algo) sin caer en ese «diálogo ridículo». Regresa a tus sensaciones corporales: deja que la respiración penetre profundamente en tu cuerpo, relaja las manos y siente el contacto del asiento contra tu cuerpo mientras te abandonas a la gravedad. Si permaneces en esta experiencia primaria, irás perdiendo el hábito de tener reacciones secundarias y terminar agotada de los nervios.

Es importante observar que el modo hacer también tiene cabida en la vida. Funciona fantásticamente bien en situaciones que pueden resolverse por medio del análisis, como arreglar el ordenador o establecer un horario para las actividades extraescolares de tus hijos. Pero se convierte en un problema cuando intentamos aplicarlo a situaciones que requieren un enfoque distinto. Si te sientes angustiada o tensa, intentar actuar para no sentir eso suele empeorar las cosas. Empiezas a experimentar más tensión porque te sientes tensa. A continuación, comienzas a juzgarte a ti misma porque piensas que tendrías que racionalizar las cosas y dejar de estar angustiada. El cambio interior requiere un estado mental muy distinto: uno que te permita vivir en silencio tus circunstancias físicas directas, y que corte con eficacia con todas esas capas extras de confusión que has ido añadiendo con tus propios pensamientos. Cuando el modo hacer está activo, orientado a los resultados y al futuro, el modo ser está receptivo, acepta y está orientado al presente.

De la ansiedad a la calma: la paradoja del mindfulness

En el núcleo de la práctica del mindfulness hay una paradoja: si quieres ir de A a B, tienes que estar en A. Pongamos por caso que quieres pasar de sentir ansiedad a sentirte tranquila. En lugar de obligarte a estar calmada, siente la ansiedad, explora tus sensaciones y muestra curiosidad. ¿Dónde se aloja la ansiedad en tu cuerpo? Quizá veas que tu respiración es superficial, tensa. ¿Qué notas? Cuando dejas de resistirte y, en lugar de eso, permites que todo pase, descubres que al cabo de un rato las sensaciones remiten. La frase «Aquello a lo que nos resistimos, persiste» se aplica tanto a la psicología como al mindfulness. La manera adecuada de calmar la ansiedad tiene que ser suave, abierta; tiene que aceptar lo que suceda en un momento dado. Y se basa, sin lugar a dudas, en el modo ser, que es lo contrario a la resistencia.

Elsa es una maestra retirada que entró en el mindfulness hace muchos años, cuando estaba atravesando una mala época en su vida.

Elsa, cincuenta y siete años

Mientras trabajaba de maestra a jornada completa en una escuela problemática, me separé de un marido maltratador y alcohólico sin llegar a perder la fuerte codependencia que sentía de él. Asimismo, intentaba como podía convivir con un hijo con un trastorno mental. Las cosas terminaron tan mal que este hijo incluso llegó a tenerme prisionera en mi propia casa. Después de eso desapareció durante siete años. Luego supe que se había convertido en un vagabundo, que vivía en un cuchitril y se inyectaba heroína. Mi hija, también adulta y con un padre alcohólico, era muy desgraciada. En pocas palabras, las cosas iban mal.

Un día, en la biblioteca de mi barrio, encontré un folleto de un centro budista de la zona en el que se ofrecía un curso de meditación de seis semanas. Me apunté y fui, pero no me funcionó a la primera. Lo odiaba, y deseaba con todas mis fuerzas que aquellas seis semanas terminaran. No sé cómo, pero me convencieron para que hiciera el curso posterior, y que luego fuera a una conferencia. Al final, terminé ofreciéndome al centro para ayudarlos. Los efectos beneficiosos empecé a sentirlos de manera progresiva.

Al mismo tiempo, leía libros e iba a conferencias. Fue entonces cuando oí hablar del mindfulness y de que no tenemos que estar a merced de nuestras reacciones, que podemos cambiar. Para mí fue una novedad pensar que era yo la que podía cambiar. Siempre había pensado que si cambiaban los demás, todo se arreglaría.

Un día encontré un librito escrito por un monje budista que se titulaba *The Heart of Buddhist Meditation* (El núcleo de la meditación budista). Este libro marcó el inicio de un cambio en mi vida. Decía que la conciencia plena es la conciencia clara y enfocada en lo que nos sucede a nosotros y lo que sucede en nosotros cada vez que percibimos algo. Y que no tenemos que reaccionar ante cada una de nuestras percepciones. Podemos liberar la mente y los hábitos mentales si somos conscientes de eso. Podemos empezar a erradicar nuestro propio sufrimiento.

Hasta que no fui consciente de lo que en realidad pasaba

por mi mente, no me di cuenta de lo amargada que estaba: estaba resentida con todo y con todos. Y eso me causaba un dolor físico. Ahora, cuando noto una sensación dolorosa, me ocupo de ella para que no termine convirtiéndose en una emoción intensa. Reconozco que tengo esa sensación, y me digo amablemente: «Ni se te pase por la cabeza entrar ahí». Me centro en la respiración como cuando medito. Y si eso cobra forma, y puedo sentir dolor físico, respiro en el dolor y lo trato con mucha amabilidad y suavidad. Lo cuido. Lo mantengo tranquilo y lo convenzo para que no se vuelva rabioso y vengativo. Creo que es el poder curativo de la respiración lo que impide que las emociones terminen siendo incontrolables.

Todo esto cuesta mucho. Hay que estar vigilando siempre la mente y observar cómo se comporta, y es muy fácil pensar que el mindfulness o la conciencia plena no está dando resultado. Pero no me preocupo. Si lo repito una y otra vez, puedo llegar a dominar la práctica. Me basta con ser sincera y esforzarme en cada momento.

Estoy pasando por muchas dificultades en la vida. Ahora me he quedado viuda, y todavía soy una extraña para mi hijo. Pero echo mano de mis estrategias cuando empiezo a preocuparme, y entonces siento que controlo más y que soy más positiva. La práctica del mindfulness nos puede ayudar a todas a gestionar lo que nos depare la vida.

Controla tus pensamientos

Pasar del modo hacer al modo ser también se describe como pasar del modo narrativo al modo experiencia. El modo narrativo es la red neuronal por defecto que usa la mente sin entrenar: preocuparse, reflexionar y planificar sin fijarse en la experiencia inmediata. El modo experiencia es experimentar de forma directa lo que perciben tus sentidos y tu cuerpo. Ambos modos están en relación inversa: cuanto más predomina uno, menos lo hace el otro.

La relación que existe entre esta conciencia del momento presente del mindfulness y el bienestar ha sido el objeto de numerosas investigaciones académicas. Norman Farb, de la Universidad de Toronto, descubrió que el entorno inmediato te permite cambiar un comportamiento perturbador para convertirlo en una conducta más constructiva.[6] Entre otras cosas, Farb propone que ser consciente del momento presente y poder permanecer en él centrándonos en las sensaciones corporales nos permite gestionar mejor los efectos colaterales del pensamiento negativo.

Imagínate que estás sentada en un parque esperando a un amigo después del trabajo. Es un atardecer de verano muy agradable, pero en lugar de estar sentada disfrutando del momento, ves que estás pensando en el trabajo y en un problema que tienes con el jefe. Le vas dando vueltas a la idea y te vas ofuscando con pensamientos repetitivos e imprecisos. Bienvenido seas, modo narrativo. Casi ni te fijas en el mundo que te rodea y en su belleza porque has caído por defecto en la charla interior, el soñar despierta y la preocupación. No pasa nada, tranquila, aunque no te servirá de mucho que esa sea tu única manera de contemplar el mundo.

Ahora volvamos a esa misma situación. Estás esperando a tu amigo ese mismo atardecer de verano, pero ahora estás en modo experiencia. Tu atención se centra en la hermosa sensación que experimentas cuando el sol de la tarde baña tu rostro de luz y calor, en el olor de las rosas, el sonido lejano de unos niños que juegan y el contacto de tu cuerpo, cómodo y relajado, en el banco. Sientes lo que estás experimentando.

Es como una balanza psicológica. Como hemos dicho antes, cuanto más utilices un modo, menos utilizarás el otro: sientes mucho menos cuando estás perdido en tus pensamientos, y sientes mucho más cuando te abres a la experiencia. ¿Recuerdas los frascos de la conciencia del capítulo cuatro? El modo narrativo es muy útil para planificar, establecer objetivos y crear estrategias. Pero el modo experiencia te permite vivir más el momento, que tus reacciones dirijan los acontecimientos a medida que suceden, en lugar de guiarte por expectativas y supuestos basados en el pasado.

Las personas que practican el mindfulness reconocen con facilidad la narrativa de la mente y los caminos de la experiencia, y son capaces de ir pasando del uno al otro con más facilidad.[7]

Pon tu mente en forma

Los estudios sobre el cerebro han demostrado que estar en contacto con tu experiencia del momento presente mejora tu estado de ánimo.[8]

El córtex prefrontal, una minúscula parte del cerebro que se encuentra tras la frente, desempeña un papel significativo en la experiencia global de nuestro estado de ánimo. La activación del córtex prefrontal derecho inhibe que nos movamos hacia los objetivos y va asociado a sentimientos de miedo, disgusto, aversión y ansiedad. Se conoce como el sistema de evitación por el modo en que te da la alerta sobre un castigo o un peligro potencial y te motiva a evitarlos (véase la página 113). Es como un alambre de espinos. Si temes las alturas, el rechazo o incluso el compromiso, da las gracias a tu sistema de evitación. Las personas que sienten más preocupación, ansiedad y tristeza tienden a tener una mayor actividad en el córtex prefrontal derecho. Y esa actividad incluso conlleva el riesgo de que la persona sufra una depresión.

El sistema de representación del objetivo, por otro lado, se relaciona con el córtex prefrontal izquierdo,[9] y te orienta hacia las recompensas potenciales. Se asocia con emociones positivas, como la esperanza y la alegría, y con anticiparnos a las cosas buenas que nos puedan suceder. La sensación de sentirte atraída por una persona o por un trozo de chocolate, por ejemplo, procede de este sistema. Las personas con una actividad intensa en la parte izquierda del córtex prefrontal son energéticas y entusiastas. Tienden a encontrar un mayor placer por la vida y a disfrutar más del bienestar.

Las investigaciones que se han realizado sobre la felicidad se han centrado en la idea de que existe un punto de partida de la felicidad. La idea es que, independientemente de cuáles sean tus circunstancias, en la edad adulta caes por defecto en tu punto de partida. Si tu punto de partida, pongamos por ejemplo, es un amago de felicidad, tenderás a ver el lado optimista de las cosas y a regresar a tu punto de partida de la felicidad con mayor rapidez. Si estás más predispuesta a la infelicidad, aunque tengas muchísima suerte, seguirás regresando a tu punto de partida de la infelicidad, sean cuales sean tus circunstancias.

El neurocientífico Richard Davidson investigó si con algunos ejercicios de práctica mental como la meditación se podía cambiar el punto de partida de la felicidad de manera permanente. Empezó estudiando a los monjes budistas, y descubrió que cuando se ponían a meditar, los más expertos mostraban un nivel muy significativo de ondas gamma (que reflejan el esfuerzo mental). Además, la actividad del córtex prefrontal inundaba de actividad el prefrontal derecho hasta un nivel sin precedentes, y eso sugería que las emociones podían cambiarse practicando el ejercicio mental.[10]

Una investigación posterior estudió a varios occidentales que no solían meditar tras haber terminado un curso de mindfulness de ocho semanas de duración. Se demostró que cambiar el punto de partida de la felicidad era posible, y que este podía orientarse positivamente. Se demostró también que la activación del córtex prefrontal cambiaba de forma significativa y pasaba de activarse el de la derecha (evitación) a activarse el de la izquierda (representación del objetivo) si se comparaban los escáneres cerebrales antes y después del curso. Estos mismos resultados se observaron asimismo al cabo de cuatro meses. Los participantes se sentían más sanos y positivos, y menos estresados. Las pruebas incluso llegaron a demostrar que los sistemas inmunológicos habían salido fortalecidos.[11]

Practicar el mindfulness es como ponerse en forma mentalmente: te sientes más en forma, mejoras la agudeza mental y la conciencia, y también mejora tu estado de ánimo. Para estar en forma físicamente puedes ir al gimnasio; con el mindfulness te sitúas en un lugar donde puedes pensar de manera clara y directa, y ese lugar es la meditación.

Quien sobrevive no es la especie más fuerte,
ni la más inteligente,
sino la que reacciona mejor al cambio.

CHARLES DARWIN[12]

Liberador de hábitos 4:
Observa un rato el cielo

Como hemos destacado anteriormente, los pensamientos y emociones pueden compararse con el tiempo, mientras que la conciencia es como el cielo. A veces hace mal tiempo y hay ventisca y otras veces, en cambio, está sereno, y el día es radiante y soleado. No importa el tiempo que haga: el cielo siempre está allí.

Una de las mejores maneras de comprender este concepto tan simple y, sin embargo, tan profundo es sencillamente observar el cielo un rato. Sal, o mira por la ventana, y observa el cielo durante unos quince minutos al menos. Si no puedes verlo por la razón que sea, imagínate unas nubes y visualiza que están cruzando el cielo.

No importa si el día es claro y hace sol o si es un día gris y el cielo está cubierto de nubes. Es cambiante, aunque al principio no lo parezca. Si está nublado, observa las nubes desplazarse por el cielo. ¿Se mueven con rapidez o con lentitud? ¿Las nubes se van agrupando a borbotones o se van evaporando? ¿Tienen los bordes redondeados o se extienden en largos filamentos? ¿Se agrupan en el cielo y forman montañas enormes o se alargan y adelgazan? ¿Cómo cambian de color según el lugar en el que aparecen, y también según el momento? Limítate a observar el cielo sin juzgar.

¿Tus patrones de pensamiento se comportan de manera similar? Espera unos segundos y observa cómo trabaja tu mente. ¿Tus pensamientos, sentimientos y emociones son poderosos y van a mucha velocidad mientras que en otras ocasiones sencillamente es como si desaparecieran sin que te des cuenta? ¿Pasan de ser felices y satisfactorios a ser angustiosos y deprimentes? Al volver la conciencia hacia el cielo, si está muy gris, observa si varía de color por momentos, y si varía también de un lado a otro del horizonte. No existe un solo cielo nublado que sea completamente gris. Siempre hay matices. Mira a ver si puedes distinguirlos.

Si el día es claro y soleado, observa el cielo y mira si se forman nubes. Síguelas y las verás desaparecer. Las nubes destacan, y son poderosas. Parecen suaves y ralas, pero algunas son tan fuertes que podrían quebrar las alas de un avión de pasajeros.

Si el cielo es azul y no hay nubes, ¿ves si hay aves que asciendan con las corrientes térmicas? ¿O ves polvillo y arena? ¿Puedes ver la luna, o alguna estrella? Es sorprendente la cantidad de veces que podemos ver la luna, incluso en el día más soleado.

Orienta tu conciencia hacia ti misma. ¿Se parece al cielo que has estado observando? Haz una pausa y embébete de esta conciencia expandida. No hay prisa por volver a la vida cotidiana. Puedes quedarte ahí el rato que quieras.

¿Cómo entrenas tu mente?

La meditación de este capítulo se conoce como el ancla de la respiración, porque usa de una manera intencional la experiencia de la respiración, lo que sientes al respirar, como un ancla para la mente, una y otra vez, sin que tengas que identificarte con el contenido de tu mente, y adoptando una perspectiva más amplia (el contexto) para que así puedas aprender a distinguir entre tener un pensamiento y observarlo.

Antes de hacer la meditación, intenta practicar con este breve ejercicio. Te ayudará a ver que hay una diferencia entre pensar los pensamientos y observarlos. Es un concepto que no siempre resulta fácil de asimilar, ¡hasta que se prueba!

Ejercicio: pensar y observar[13]

Cierra los ojos y date cuenta de lo que hace tu mente. Busca pensamientos o imágenes, como si fueras un aficionado a los pájaros y estuvieras observando, esperando que una extraña ave se posara en el estanque que está delante de ti. Si no aparece ningún pensamiento o ninguna imagen, sigue observando en silencio; tarde o temprano aparecerá alguno.

Observa dónde parecen localizarse tus pensamientos. ¿Están delante de ti, por encima de ti, detrás de ti, a un lado o dentro de ti? ¿Puedes sentir curiosidad por lo que experimentas al pensar?

Fíjate en que una parte de ti está pensando mientras que otra está observando ese pensamiento.

Estos son tus pensamientos. Y luego estás tú, observándolos.

La meditación del ancla de la respiración

En el ancla de la respiración practicamos la postura de observadoras en lugar de dejarnos llevar por nuestro modo narrativo interior. Y lo hacemos dándole a la mente un objeto de interés distinto a nuestros pensamientos, un objeto al que volver una y otra vez. La experiencia, lo que sentimos al respirar, es ideal. Esta meditación nos transmite una sensación de tranquilidad, así como la capacidad de centrar la mente en una sola cosa cada vez con una sensación de claridad y quietud.

Como hemos hecho con las anteriores meditaciones, lee las instrucciones que te damos a continuación antes de ponerte a meditar escuchando el audio.

La meditación del ancla de la respiración

Preparación

Adopta una postura muy cómoda. Lo mejor es hacer la meditación sentada, pero puedes hacerla en cualquier postura: de pie, acostada, sentada o incluso caminando. Aunque la meditación guiada asumirá que estás sentada, tan solo tienes que adaptar las instrucciones a la postura que hayas elegido.

Siéntate en una silla con la espalda recta y relajada, y deja que la columna vertebral siga su curvatura natural. Mira si puedes adoptar una postura digna, despierta y alerta, sin dejar de estar relajada.

Deja que tu cuerpo se acomode, que descanse abandonado a la gravedad, deja que el suelo lo sostenga, apóyate en él. Luego cierra los ojos con suavidad, si así estás más cómoda. Te ayudará a aquietar la conciencia, a dejar que se asiente, y a que disminuyan las distracciones externas.

La meditación

Permite gradualmente que tu conciencia capte las sensaciones que la respiración provoca en tu cuerpo. ¿Dónde sientes con más intensidad la respiración? Ten curiosidad por lo que estás experimentando, suelta cualquier pensamiento sobre lo que crees que tendría que estar pasando y conecta con tu experiencia sin emitir juicio alguno.

Ahora, y con mucha suavidad, asienta tu conciencia en el tronco. ¿Puedes sentir si se te hincha el vientre al inhalar y se deshincha al exhalar? ¿Puedes sentir los movimientos y las sensaciones que te provoca la respiración en los costados y en la espalda? Ve repasando tu cuerpo por dentro y siente una amable curiosidad por tu experiencia a medida que respiras. Recuerda que tienes que aceptar lo que está ocurriendo. Mira si puedes tener una conciencia precisa de las sensaciones y del movimiento que la respiración genera en tu cuerpo mientras van surgiendo, a cada momento, procurando no forzar ni tensar las cosas. Siente que tu conciencia es profundamente receptiva al asentarse en el movimiento natural de la respiración de tu cuerpo. Permite que tu respiración se llene de amabilidad y ternura mientras balanceas y acunas el cuerpo, calmando el estrés, el dolor o la incomodidad que puedas sentir.

Ahora sé consciente de los pensamientos y las emociones. Recuerda que la meditación no consiste en poner la mente en blanco o en vaciarla de pensamientos. Lo normal es pensar. La meditación es un ejercicio en el que cultivas la conciencia de lo que te está sucediendo en el orden físico, mental y emocional para, poco a poco, ir cambiando de perspectiva. ¿Puedes mirar tus pensamientos y emociones desde fuera en lugar de hacerlo desde dentro? ¿Puedes ser consciente de lo que estás pensando y sintiendo sin perderte, sin bloquear ni anular tu experiencia, por un lado, o sin verte abrumada o arrastrada por el otro?

No olvides que los pensamientos no son hechos, incluso aquellos que te están diciendo que sí lo son. A medida que vas desarrollando una mayor perspectiva sobre tus pensamientos y emociones, incluyendo las emociones y pensamientos reiterativos y los que te van socavando por dentro, ¿puedes dejar de estar atrapada en ellos? Observa que los pensamientos y las emociones van cambiando continuamente, de la misma manera que tu respiración también va cambiando. No son tan fijos y sólidos como creías.

Usa la conciencia del movimiento y las sensaciones que la respiración genera en tu cuerpo como un ancla para la mente, una y otra vez; sigue la respiración al inhalar y al exhalar. Y cada vez que la conciencia se distraiga, porque eso pasará, observa sencillamente el hecho y regresa al ancla de la respiración, una y otra vez, asegurándote de ser bondadosa y paciente contigo misma. Aunque tengas que empezar un centenar de veces, no pasa nada. En esto consiste la práctica. Y recuerda que cada vez que observes que te distraes, que te ausentas, estás en un momento mágico de la conciencia: un momento en el que despiertas de las distracciones. El momento de la elección. Por eso, si te das cuenta de que estás distraída, es que lo estás haciendo bien, no que te has equivocado. Asimismo, estarás haciéndolo bien cuando consigas seguir la respiración.

¿Qué pasa ahora? ¿Qué estás pensando? Toma nota, y guía tu conciencia de nuevo hacia la sensación que genera la respiración en tu cuerpo, una y otra vez.

Conclusión

Muy suavemente, vamos a terminar la meditación. Abre los ojos y sé consciente de los sonidos que te rodean, los que hay dentro y fuera de la habitación. Siente tu cuerpo y, poco a poco, con suavidad, empieza a moverte, dándote todo el tiempo necesario para pasar tranquilamente de la meditación a lo que tengas que hacer a continuación.

El diario de Claire

Semana 3: el ancla de la respiración

Días 1-4

Aunque me aconsejan que lo mejor es hacer esta meditación sentada, opto por acostarme, como suelo hacer habitualmente. ¡Qué error! Al cabo de unos segundos, me quedo frita. Y eso me pasa nada más y nada menos que cuatro veces.

Día 5

¡Hago la meditación completa, de principio a fin! Comparada con la profunda experiencia que había tenido la semana anterior, esta meditación me parece muy superficial. Sin embargo, no cabe duda de que es muy relajante. No me he sentido embargada de bondad como en la anterior. Esta meditación me ha parecido más intrigante, y la otra, la del escaneo corporal, me provocó una reacción física muy fuerte. Soy periodista, y soy de naturaleza curiosa, pero también me he acostumbrado a emitir juicios, a crearme una opinión sobre las cosas, a explorar distintos puntos de vista y a meterme en una espiral. Limitarme a ser solo curiosa es algo nuevo para mí.

También me divierte esta sensación de perspectiva que me da ver las cosas en plan gran angular. Es como si estuviera soñando, como si viviera una experiencia extracorporal y viera las cosas desde una cierta altura.

Pero lo más fuerte para mí es la idea de que puedo calmar el estrés con la respiración. Meditar sienta muy bien. Y respiro profundamente cuando me encuentro en situaciones estresantes, tanto en el trabajo como cuando estoy con los niños. Pienso entonces en lo poderoso que puede ser respirar si se combina con la idea de que te estás aliviando o incluso curando.

Doy marcha atrás y sigo meditando. Ahora ya soy perro viejo...

Días 6 y 7

Hago la segunda meditación completa del sexto día también de noche. Me resulta muy agradable, pero sigue siendo superficial para mí. El día 7, sin embargo (el tercer intento que termina con éxito), noto mi respiración profundamente. Me siento como un túnel de viento. Vivo una experiencia muy poderosa y, como comprendo mientras la vivo, es portátil, llevable a todas partes. Aunque estoy practicando en casa, y acostada, imagino que podría tener esta sensación en el despacho, y que sería muy transformadora. Me imagino practicando en el trabajo, sentada, y decido intentarlo a la mañana siguiente.

Día 8

Me he permitido alargar un día más el programa para poder meditar en el trabajo. Y aunque en realidad no me da tiempo a terminar mi meditación, a lo largo del día voy respirando profundamente. ¡Qué maravilla! No solo me recupero, sino que me siento reforzada. ¿Un cambio puede ser tan bueno como un descanso? Es posible. Pero también, tal como descubro, es muy buena la respiración.

Resumen del capítulo

- De promedio se tienen de 30.000 a 70.000 pensamientos al día. El 98% de ellos son recurrentes, y de estos, entre el 70 y el 80% son negativos.
- Es importante distinguir entre el contenido de la mente, que nos puede parecer fuera de control, y el contexto, que es la conciencia en sí misma. El mindfulness te enseña a contemplar los pensamientos desde fuera, en lugar de hacerlo desde dentro. Eso se conoce con el nombre de metacognición o defusión cognitiva.
- La conciencia plena ve la experiencia con precisión, como un espejo libre de emociones, puntos de vista, opiniones y juicios que distorsionan las cosas. La conciencia, si se interpreta como el reflejo de un espejo, se encontraría a medio camino entre lo que significa bloquear la conciencia ante lo que piensas y sientes y dejarte llevar o sentirte sobrecogida por los pensamientos y las emociones.
- La formación en mindfulness te ayuda a pasar del modo hacer (es decir, analizar y conceptualizar) al modo ser (que son las impresiones sensoriales directas que recibimos del cuerpo y del momento) con una facilidad y flexibilidad que aumenta con el tiempo. Eso te permite alejarte de las emociones y los pensamientos que te consumen y te provocan más estrés. Cultivar una conciencia corporal es fundamental para poder realizar este cambio.
- Para pasar de sentirte angustiada a estar en calma, lo único que hay que hacer es sentir esa angustia, explorar tus sentimientos y mostrar curiosidad en lugar de buscar la calma por obligación. Pasar del modo hacer al modo ser también se describe como pasar del modo narrativo al modo experiencia.

- El mindfulness te ayuda a activar el sistema de aproximación del objetivo de nuestro cerebro, que es capaz de cambiar tu punto de partida de la felicidad para que, de una manera natural, te sientas más energética, alerta, entusiasta y alegre.
- Del mismo modo en que para ponerte en forma físicamente vas al gimnasio, con el mindfulness te vas a un lugar donde los pensamientos son claros y directos, un lugar en el que mejorarán tu estado mental, tu agudeza, tu conciencia y tu estado de ánimo.

Prácticas para la semana 3

- Liberador de hábitos 4: observa un rato el cielo (véase la página 154).
- Meditación: practica durante diez minutos el ancla de la respiración (véase la página 158 y el audio 3). Lo ideal sería dedicarle un par de veces al día durante una semana.

¿Funciona?

A estas alturas es posible que estés practicando el mindfulness desde hace tiempo o que sigas intentándolo; y es posible también que te resulte más difícil de lo que esperabas. No te preocupes, es normal. No siempre es tan fácil como lo pintan. A la mayoría le cuesta mucho dedicar unos minutos al día a meditar, por no hablar de vivir con atención plena cotidianamente.

Las dificultades más comunes son:

- El aburrimiento, el enfado, la ansiedad y el estrés que sientes durante la meditación.
- La decepción cuando notas que la meditación no te hace sentir mejor.
- No consigues encontrar el momento para ponerte a meditar.
- Las personas con quienes convives no permiten que crees tu espacio para meditar.
- Piensas que no lo estás haciendo bien.
- Tu mente no para de dar vueltas.
- Sientes que estás perdiendo el tiempo.
- Intentas llegar a algún lugar y dejas de percibir las cosas tal como son (y luego te sientes decepcionada porque no has llegado a ningún lugar).

Cualesquiera que sean tus sensaciones, no abandones. Lo principal es practicar y darte cuenta de que vas teniendo pensamientos y sensaciones, y que emites juicios sobre la práctica sin llegar a tomártelo demasiado en serio. Acuérdate de los motivos que te llevaron a medicarte y cuáles eran tus objetivos o tus intenciones.

Como dice Jon Kabat-Zinn, que introdujo el mindfulness en la sanidad: «No tiene que gustarte, ¡tienes que hacerlo!». Es cierto que muchas personas que llevan años practicando el mindfulness dicen que no es fácil. Algunos consideran que les cuesta mucho comprometerse a meditar con regularidad, y otros, a pesar de que les gusta, caen en la trampa de no encontrar el momento. Sin embargo, todos están convencidos de su eficacia, y perseveran.

A continuación presentamos una ilustración para enseñar cómo sería el modelo de una meditación prototipo. Como verás, pensar es normal; la gracia está en cazar la mente al vuelo cada vez que se va y volver a asentarla en la respiración.

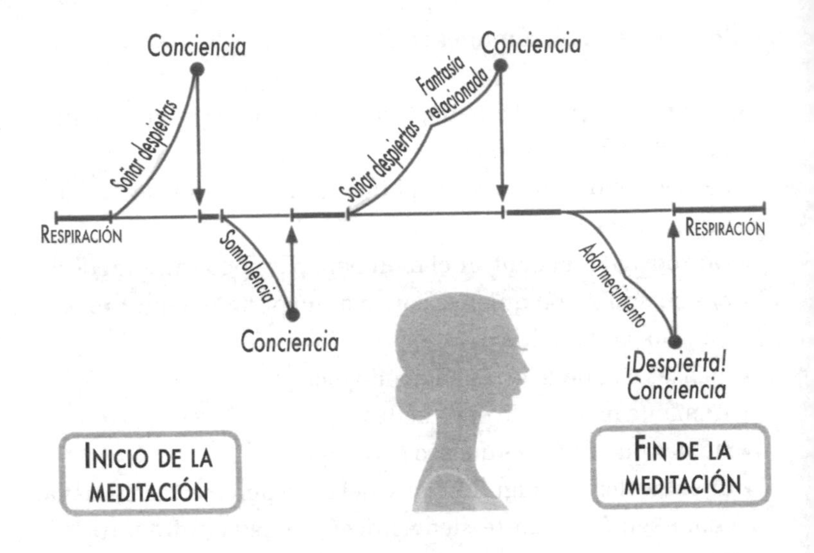

Si quienes viven en casa no te permiten que encuentres ni el tiempo ni la calma necesarios para meditar, pídeles que colaboren. Si descubres que no estás meditando aun cuando eso es lo que tú quieres, procura no juzgarte con demasiada severidad (recuerda que un aspecto importante del mindfulness es no juzgar). Basta con que te des cuenta, con que muestres curiosidad por el hecho de no estar practicando: «Es curioso... Intento practicar cada día, pero no lo hago». Sitúa tu conciencia en el hecho de que no estás practicando o que te muestras reticente a practicar y... ¡que esa sea tu meditación!

Cuando tengas que valorar lo que te aporta la meditación, fíjate en tu vida diaria, en lugar de hacer hincapié en lo que sientes durante las sesiones individuales. Quizá observes que:

- Tienes más paciencia.
- Duermes mejor.

- Eres más consciente de que tus procesos de pensamiento son acontecimientos mentales (y te identificas menos con ellos).
- No te agarras con tanta fuerza al volante de tu automóvil.
- Eres más consciente de tu respiración y has aprendido a sentir la respiración en la espalda, así como en el pecho.
- No estás tan dispuesta a discutir.
- Eres más consciente del mundo que te rodea.

Toma nota de los cambios positivos que has vivido desde que empezaste a meditar. Y si todavía no has empezado a meditar, vuelve a leer este apartado cuando tengas más experiencia.

El lugar que ocupa el pensamiento dirigido en la vida

Es importante recordar que no todos los pensamientos son inútiles. Como humanos que somos, tenemos la facultad de pensar con claridad, con inteligencia y sabiduría. Es posible que descubras que las mejores ideas se te han ocurrido meditando. ¡Fantástico! Pero piensa que si te dedicas a seguir este hilo de pensamiento, tu meditación consistirá en desarrollar una gran actividad mental. No es que sea malo, pero perderás la oportunidad que la meditación te ofrece de llegar a una mayor quietud y paz mental.

Por esta razón puede resultar útil dedicar un rato cada día a reflexionar, separando ese momento del de la meditación. De esta manera serás capaz de retomar la línea de pensamiento que descubriste al meditar o sencillamente podrás desarrollar tu capacidad de pensar con claridad sobre determinados temas de la vida, como, por ejemplo, hacerte preguntas sobre tu vida profesional, decidir si quieres hacer algún cambio en tu vida o elegir la escuela a la que enviarás a tus hijos.[14]

7. Ten compasión de tu mente

Natasha es una consultora en recursos sostenibles que encontró en el mindfulness la herramienta más eficaz para gestionar su depresión.

Natasha, veinticinco años

Debido a una combinación de temas familiares y de vivir en un entorno de muchísima presión en la universidad, mi salud mental se resintió. Siempre fui una triunfadora y nunca he dejado de esforzarme. En esa época tuve una mala experiencia con un amigo (o eso me pareció a mí en ese momento), y al terminar la universidad me sentía rara, no entendía qué estaba haciendo yo allí. Me había sentido motivada durante mucho tiempo, y luego fue como si la depresión se abriera camino en mi vida. Algo parecido a cuando estás todo el fin de semana trabajando y luego, al terminar, enfermas. Sabía que tenía que alejarme de todo y descansar, porque la situación me resultaba insostenible. Como no conocía a nadie que hubiera ido a un retiro o meditara, busqué en Google.

Mi intención era alejarme de casa sin tener que tomar un avión, y decidí ir a Escocia a hacer un curso de iniciación a la meditación combinado con largos paseos. Fue una semana preciosa, pero a mi regreso empecé a sufrir ataques de ansiedad. El mindfulness me ayudó a funcionar durante el día a día: ¡Menuda introducción! Fue de lo más intenso...

Descubrí que centrarme en mi cuerpo me iba muy bien. Durante un tiempo sentí aversión por la meditación y por todo lo estructurado. Nunca he sido una persona muy perseverante, y mi práctica fue muy errática. Trabajo mucho, y a veces me parece que meditar es una tarea más. Me va mejor ir despacito, gota a gota, y dejar que llegue. Es algo que intento trabajar en el momento, el sentarme cada día. Ahora lo hago de forma más libre: el contacto con el cuerpo, la respiración... Me sirve mucho durante el día pensar, por ejemplo, dónde tengo los pies.

Tuve que empezar a trabajar las emociones positivas porque en las meditaciones me desconecto y me quedo atascada. Eso me ha ayudado mucho con mi depresión. Cuando empecé, me encontraba muy aislada, metida en una espiral mental. Ser capaz de captar eso significó que, de repente, pude volver a hacer cosas normales. Tener más conciencia de lo que hacía me condujo a poder abandonar una relación de seis años que ya no funcionaba, dejar mi trabajo y tomarme un año sabático. Estoy volviendo a calibrar mi vida a través de la conciencia plena. He podido cambiar de vida porque soy capaz de centrarme en lo que importa y puedo tomar decisiones fundamentales sobre las cosas. Si me hubiera puesto catastrófica pensando en las cosas como solía hacerlo, no lo habría conseguido de ninguna manera. Y me ha ayudado a pasar de lo que clasificaría de depresión y ataques de ansiedad a ser feliz, tener salud, tirar adelante y tomar decisiones que atemorizan: una manera radical de cambiar de vida.

Ahora sé diferenciar entre lo que hago cuando entro en una espiral de ansiedad y lo que realmente quiero hacer. Es como hacer una valoración de la realidad. No seré una indigente ni me faltará el trabajo. Eso también ha cambiado la relación que tengo con mi familia, y me ha ayudado con la pregunta: ¿quién soy yo? Creo que como mujeres que somos no se nos educa para tener tanta confianza en nosotras mismas como los hombres. No tenemos tanta confianza en nosotras mismas. Ya me di cuenta en la universidad: los hombres eran más proclives que yo a ser los primeros en el ámbito de la ciencia política. Eran más de armas tomar, tendían a decir exactamente lo que pensaban, mientras que las chicas éramos menos decididas. El mindfulness me ayudó a decidir quién soy yo y lo que quiero, sin verme continuamente arrastrada en otra dirección o dominada por la ansiedad.

El mindfulness se aplica a todo lo que haces, tanto si es el trabajo como si son tus relaciones o tu familia. Ahora la vida transcurre con mucha rapidez. Y encontrar un espacio es algo asombroso. Trabajo en la City de Londres y no entiendo cómo la gente lo puede soportar.

Vivir con atención plena

Es importante recordar que la práctica del mindfulness no es un estado del ser maravilloso desde donde tomas distancia y puedes observarlo todo. De hecho, es justo lo contrario: es una conciencia plena infundida de calidez y atención no solo hacia los demás, sino también hacia ti misma. Atraer esta cualidad compasiva de la conciencia plena a tu vida te ayudará a tener una actitud bondadosa, abierta, atenta y de aceptación hacia tu vida como un todo.

El mindfulness no es solo una palabra de moda entre los practicantes, sino que los médicos de cabecera y de otras especialidades ya están recetándolo. Y la razón es que no solo ayuda a las personas en general, sino que científicamente está demostrado que es muy eficaz para contrarrestar enfermedades como la depresión, el estrés y la ansiedad. Una de cada tres personas (tanto hombres como mujeres) somos proclives a la depresión, la ansiedad o los problemas somáticos. Sin embargo, si se tienen en cuenta las estadísticas sobre la salud mental, sobre todo de las mujeres en particular, empezamos a encontrar atractivo el centrarnos en los beneficios del mindfulness.

Veamos qué nos dice la ciencia.

Sexo y salud mental

Aunque la mayoría de estudios demuestran que la prevalencia de los trastornos mentales es similar en ambos sexos,[1] las mujeres son particularmente proclives a los trastornos depresivos. Según las previsiones, estos trastornos se convertirán en la segunda causa de la carga de discapacidad global antes de 2020.[2] Los estudios demuestran que las mujeres sufren esta clase de trastornos el doble que los hombres (aunque como las mujeres tienden más que los hombres a buscar un diagnóstico, es difícil conocer la situación real).

En las depresiones mayores, la ratio suele ser de 3:1 o de 4:1, pero para el trastorno bipolar, el reparto entre hombres y mujeres es parecido.[3] La depresión no es solo el trastorno más común entre las mujeres, sino que los estudios más recientes indican que puede ser más persistente en las mujeres que en los hombres. Así como los muchachos son más proclives estadísticamente a vivir una depresión antes de la adolescencia, los índices más altos en las mujeres se dan a partir de la pubertad,[4] y se ha demostrado que existe una clara asociación con las fluctuaciones hormonales vinculadas a los ciclos menstruales (factor que no debería sorprendernos). Los problemas mentales principales en los ancianos son la depresión, los síndromes cerebrales de tipo orgánico y la demencia. En este caso también vemos que la mayoría de pacientes son mujeres. Y quizá sea debido a que las mujeres tienden a vivir más que los hombres.[5]

Hasta que las teorías de autoayuda como el mindfulness no empezaron a calar en la conciencia general, se desconocía el modo de potenciar y proteger la salud mental de las mujeres, y contribuir con ello a mejorar su resistencia al estrés y la adversidad. Parece increíble, si consideramos que los estudios más recientes demuestran no solo que las tasas de cronicidad de los trastornos psicológicos son mayores de lo que se había creído hasta ahora, sino que están aumentando y afectan a casi la mitad de la población.[6]

Sin embargo, no por ello se ha erradicado el estigma de las enfermedades mentales, como puede observarse en cualquier época y cultura y en todos los continentes.

El sesgo del sexo en la gestión de las enfermedades mentales

Abunda una gran bibliografía científica que documenta que en las sociedades tradicionales no existían los problemas mentales.[7] En la vida real, sin embargo, hasta el 20% de las personas que acuden a los centros de atención primaria de los países desarrollados padecen trastornos de ansiedad y/o depresivos. Son muchos los países en los que la comunicación entre el personal sanitario y las pacientes es de cariz autoritario, por decirlo suavemente, y a las mujeres les resulta difícil admitir un sufrimiento psicológico o emocional. Si lo hacen, corren el riesgo de que el personal sanitario las estigmatice por su sexo, al considerar que las mujeres son inherentemente inestables u hormonales, y eso conlleva a medicarlas en exceso o en defecto.[8]

A pesar del hecho de que los hombres tienen el doble de probabilidades de padecer una dependencia crónica del alcohol, reciben el triple de diagnósticos de trastorno de personalidad y tienen exactamente la misma posibilidad que las mujeres de sufrir trastornos como la esquizofrenia y el trastorno bipolar; en muchas sociedades (incluyendo la nuestra), las mujeres con una enfermedad mental siguen siendo consideradas hormonales, inestables o psicóticas.

Mientras es cierto que el estigma de la enfermedad mental afecta tanto a hombres como a mujeres, y que todos nos enfrentamos a muchos problemas cuando nos detectan un trastorno de salud mental, los médicos tienden más a diagnosticar depresiones en las mujeres que en los hombres, aun cuando ambos tienen síntomas parecidos.[9] Los estereotipos no se detienen ahí: ser mujer implica que tienes más posibilidades de que te receten fármacos psicotrópicos que alteren el estado de ánimo, y eso es una barrera que impide identificar y tratar con precisión los trastornos psicológicos.[10]

Por otro lado, no todo es biológico. Por desgracia, hay vínculos muy claros entre la enfermedad mental y las desigualdades sociales, la violencia de género, las rentas bajas, las desigualdades económicas, un estatus social bajo y la infatigable responsabilidad de cuidar de los demás.[11] Al menos una de cada cinco mujeres sufre una violación o un intento de violación a lo largo de su vida.[12] Sabemos que las personas que padecen problemas mentales relacionados con la violencia a menudo son reticentes a admitirlo, y eso provoca un círculo vicioso, porque cuando no se les diagnostica, o se les hace un mal diagnóstico, su dependencia del sistema sanitario del país es mayor y, a la larga, genera más costes.

No nos crían a todos de la misma manera

El control sobre tu propia vida, desde una perspectiva social o económica, puede tener mucho peso sobre tu fuerza y tu salud mental. La depresión, la ansiedad, los efectos secundarios físicos y las altas tasas de mortalidad van muy relacionados con los papeles en función del sexo, los factores de estrés y las experiencias y los acontecimientos negativos de la vida.[13] Las políticas sociales y económicas que producen cambios drásticos y repentinos que perturban el nivel de ingresos, el empleo y el capital social hacen que aumente de manera significativa la desigualdad y la tasa de trastornos mentales comunes.[14] Incluso las elecciones que en apariencia controla el individuo, como la educación y la trayectoria profesional, pueden convertirse en una fuente dañina de sentimientos de frustración y represión. En el Reino Unido, por ejemplo, las mujeres ganan 80 peniques por cada libra que gana un hombre en puestos de trabajo equiparables.[15] Las trayectorias de las mujeres en puestos veteranos con el potencial de ascender a niveles superiores y administrar el cambio fundamental desde arriba se ven muy comprometidas por la llamada «penalización por maternidad». Eso significa que cuando se retiran temporalmente del mercado laboral a menudo ven sus puestos comprometidos cuando regresan. Y eso si pueden volver; para la mayoría, el coste de cuidar de los hijos comparado con sus ingresos potenciales tras la maternidad hacen que volver a trabajar sea económicamente inviable. Y así los sentimientos de frustración y marginalización perviven y crean una incidencia mayor de trastornos mentales.

En cualquier parte del mundo, las catástrofes naturales y provocadas por el hombre pueden causar estragos en la salud mental, sobre todo de las mujeres. Aproximadamente, el 80% de los 50 millones de personas que sufren situaciones de violencia, guerras civiles, catástrofes y desplazamientos son mujeres y niños.[16] Como sucede en Occidente, la depresión, la ansiedad, los trastornos psicológicos, la violencia sexual, la violencia doméstica y el creciente consumo de sustancias afectan mucho más a las mujeres que a los hombres.[17] Por otro lado, las presiones generadas por los distintos papeles que asumen las mujeres, las discriminaciones de género y los factores asociados a la pobreza, el hambre, la desnutrición y la sobrecarga de trabajo también contribuyen a una pobre salud mental.

Es obvio que si se reduce el número de mujeres que tienen depresión no solo mejorará la calidad de su vida en todo el mundo, sino que también contribuirá a reducir significativamente la carga global de la discapacidad que generan los trastornos psicológicos. Tener una autonomía suficiente para controlar tu reacción ante las cosas graves que pasan en la vida puede ayudar a prevenir el desarrollo de los problemas mentales, sobre todo de la depresión. Y una de las cosas que está en manos del individuo, sea cual sea su clase social o económica, es el mindfulness. La sensación de tener autonomía interior (para no sentirte víctima de estados mentales transitorios) te ayudará a tener más confianza y a buscar los recursos materiales que estén a tu disposición, así como a ayudarte a creer que eres digna de recibirlos. A la larga favorecerá tu capacidad innata de establecer contactos y amistades. En resumen, el mindfulness nos puede ayudar a funcionar mejor como mujeres, y a mejorar nuestra situación en el mundo. La neurociencia moderna está demostrando que incluso puedes llegar a cambiar la estructura de tu cerebro practicando mindfulness.

Un poco de ciencia

Durante las últimas décadas la neurociencia ha avanzado muy rápidamente gracias a los avances tecnológicos en el campo de los escáneres cerebrales y de los descubrimientos que se han hecho sobre nuestro mundo interior.

En estos descubrimientos es crucial la idea de que la neuroplasticidad depende de la experiencia; en otras palabras, el cerebro puede reestructurarse a partir de tu experiencia. Aunque parezca que el cerebro es algo estático, en realidad está en un estado continuo de flujo. Siempre está activo, y el modo en que pensamos y nos comportamos puede cambiar. En otras palabras, el mindfulness y la meditación pueden cambiar nuestro cerebro y mejorarlo.

A medida que los niños crecen, las conexiones cerebrales se vuelven más complejas y están más interconectadas. Las transformaciones del cerebro serán enormes durante estos primeros estadios de desarrollo cognitivo, y las redes neuronales seguirán formándose a lo largo de la vida. Cuanto más a menudo se activen las vías neurales, más fuertes serán las conexiones y se establecerá la base de la formación del aprendizaje y la memoria. De ahí se infiere que las neuronas que se activan juntas se conectan juntas.[18]

Si tu cerebro cambia basándose en tus experiencias, cambiando las experiencias puedes remodelar tu cerebro de una manera activa. Si eres más consciente de tu experiencia presente, empezarás a tener mayor flexibilidad de reacción (que es la capacidad de detenerte antes de actuar); el mindfulness crea un espacio entre el impulso y la acción que te permite ser más flexible en tus reacciones.

Si eres más flexible en tu toma de decisiones y, por lo tanto, en tu elección de las experiencias, podrás tener un cerebro más plástico. De hecho, tan solo ocho semanas de práctica de mindfulness pueden crear cambios significativos en las zonas de tu cerebro asociadas a la atención, la memoria, el estrés, la conciencia de ti misma y la empatía.[19]

Tener conciencia plena es todo lo contrario a dejarse llevar por la reacción de «luchar/huir/paralizarse» que vimos anteriormente (véase la página 86). Por desgracia, este mundo tan atareado y trepidante en que vivimos nos ha condicionado para que activemos esta reacción ante cosas que en realidad no representan una amenaza o un peligro, como, por ejemplo, un proyecto inesperado que haya surgido en el trabajo, un tren que se retrasa o un artículo de la lista de la compra por internet que hemos olvidado. Tener conciencia plena -tener calma, no ser impulsiva y sentirse a salvo- libera tus recursos mentales y te permite utilizarlos con más eficacia en temas como el aprendizaje y la resolución de problemas, y, en último término, puede mejorar tu vida.

Para más información sobre la estructura del cerebro, véase el apéndice 3, (página 343).

Tus pensamientos no son culpa tuya

Un aspecto determinante de ser una mujer en el mundo actual parece ser la capacidad de culparte por..., en fin, por casi todo. Tanto si eres una maniática del control, y tu mundo termina y acaba con las cosas que supervisas o finalizas, como si eres todo lo contrario, te limitan tu situación doméstica, económica o cultural; y aunque seas una persona empática y compasiva, es muy fácil que cargues con situaciones que consideres que son responsabilidad tuya. Un psicólogo como Paul Gilbert, uno de los mejores investigadores sobre la compasión, ha estudiado hasta qué punto el sufrimiento y la confusión que experimentamos son el resultado de culparnos de nuestros estados mentales, sentimientos e incluso circunstancias de la vida: el hecho de que pensemos que deberíamos ser distintos y nos sintamos unos fracasados porque no nos ajustamos a la noción idealizada que tenemos de cómo deberíamos ser. Observó que en un momento dado somos el resultado de millones de años de evolución y de nuestro condicionamiento social, y que tendremos ciertas propensiones, preferencias y aversiones que están fuera de nuestro control inmediato: que son lo que son.[20]

Y tiene razón. No sirve de nada culparte o desear que las cosas hubieran sido de otra manera. No eres responsable de tener un cerebro humano que tiende a crear una cierta clase de emociones, pensamientos y deseos que evolucionaron principalmente para ayudarte a sobrevivir en un mundo lleno de peligros.

Sin embargo, cuando ya has entendido el legado evolutivo que has heredado, y sabes que tienes el potencial de tener conciencia de ti misma, que procede de tener un córtex prefrontal, puedes aprender a trabajar, libre de toda culpa, con tus procesos de pensamiento internos. Sabiendo que tu cerebro se encuentra en un estado constante de flujo, puedes cambiarlo y mejorarlo cultivando la conciencia plena y la compasión con el objetivo de promover tu bienestar y ayudarte a florecer y a prosperar.[21]

Fiona, coordinadora de un centro de rehabilitación, recurrió al mindfulness para combatir su ansiedad y calmar su mente. Al final incluso consiguió liberarse de una adicción que tenía desde hacía años.

Fiona, cuarenta y cuatro años

No exagero cuando digo que mi vida era un desastre. Iba regularmente a Bienestar Social, salía con un camello y bebía sin parar. Al cabo de un tiempo empecé a asistir a un programa de formación patrocinado por el gobierno para encontrar trabajo. Durante el curso me dijeron que me iría bien recibir asesoramiento psicológico. Me pusieron un terapeuta y, con su ayuda, pude terminar el programa y encontrar un buen trabajo.

Poco después me mudé a una gran ciudad, pero bebía mucho durante los fines de semana. Una noche que estaba borracha y colocada hasta las cejas, mi novio me insultó y le di un puñetazo. Nunca había hecho algo así; me sentí avergonzada. Me había convertido en una indeseable. Busqué otra terapeuta; y lo primero en que ella se fijó fue en un tic nervioso que tenía en la cara, y luego comprobó que mi sistema nervioso estaba muy dañado.

Trabajamos juntas durante diez años. El tic nervioso desapareció y empecé a sentir confianza en mí misma y una sensación de bienestar como nunca antes había experimentado. Sin embargo, a pesar de mis progresos, vivía la vida como una lucha continua y siempre acababa pasando del conflicto a la vergüenza como si fuera una montaña rusa.

Como un milagro, me apunté a un programa de doce pasos y conseguí dejar las drogas y el alcohol. Mi vida volvió a mejorar y el apoyo de un grupo de recuperación me ayudó a volver a tener confianza en mí misma y a dotarme de nuevas herramientas con que tratar mis problemas. Me propusieron que fuera a una reunión especial para la meditación. Sentí curiosidad por aprender, y fui con una amiga. Estaba nerviosa porque no había meditado nunca y no sabía qué me esperaba, pero cuando llegué y empezaron con la primera meditación guiada, me di cuenta de que muchas de las técnicas que mi primera terapeuta me había enseñado para tratar mis trastornos nerviosos se basaban en la meditación y el mindfulness. Fue una alegría redescubrir los beneficios de esas técnicas de conciencia plena e incorporar ese aprendizaje a mi recuperación.

Cada día me esfuerzo intentando usar las técnicas del mindfulness y la compasión, pero, la verdad sea dicha, solo lo hago cuando ya no puedo más. Hace poco me he unido a un grupo de meditación que se reúne una vez a la semana, y eso al menos me ayuda a practicar. Y aunque solo sea un día, la práctica regular tiene un gran efecto en mi bienestar. Soy de las que permiten que su ajetreada vida les impida practicar la meditación, y comprometerme con un grupo me ha ayudado mucho a no desviarme de la práctica. Cuanto mejor me siento gracias a esa meditación semanal, más fuerzas tengo para incorporar las técnicas a mi vida cotidiana.

Como mujer, tiendo de manera natural a ser muy organizada, a programar y planificar y, en esta sociedad tan caótica, a menudo acabo sintiéndome abrumada. Siempre procuro terminarlo todo, apoyar a los demás y tener éxito, y esto hace que me sienta desbordada física y emocionalmente. Las técnicas del mindfulness me permiten detenerme, escuchar mi cuerpo, cuidarme y navegar por el caos con una actitud realista; mejor aún, con una sensación de alivio y alegría.

Marissa lleva viviendo con ansiedad crónica desde hace décadas.

Marissa, cincuenta y tres años

Por causas ajenas a mi voluntad, durante mi infancia tuve unas experiencias muy dolorosas. Ahora que soy adulta, y en determinadas circunstancias, de repente empiezo a sudar y voy corriendo al baño a vomitar.

Pasé varios años practicando una meditación para concentrarme hasta que mi consejera me propuso hacer un curso de terapia basado en la compasión, que, junto con varias lecturas que hice sobre las ciencias cognitivas, fueron el gran catalizador que me permitió hacer un cambio. Fui capaz de enfrentarme a mi propio sufrimiento al darme cuenta de que, simplemente, todo aquello no era culpa mía. Aprendí que mi cerebro estaba programado evolutivamente para protegerme de esa amenaza, pero que podía aprender a usar la calidez y la atención para calmarme.

Gradualmente, aprendí a prestar atención a mi experiencia con mucha amabilidad, y a reaccionar de una manera más abierta: a ser tierna con mis emociones (como lo serías con un bebé que estuviera intranquilo), en lugar de ponerme a analizar, planificar o pensar. «Ya me vuelve a dar... y, claro, eso significa xyz... ¡Ya nos hemos metido en la espiral! ¡Ya nos hundimos!»

Creo que lo que faltaba a mis primeras prácticas de mindfulness era amabilidad, la capacidad de condolerme ante mi propio sufrimiento y sentir auténtica compasión por mí misma. Había utilizado el mindfulness para ignorar mi dolor o para ser más consciente de él y luego criticarlo. Desarrollar la ternura fue crucial.

Aprender a tener compasión por mí misma ha tenido grandes consecuencias en mis niveles de ansiedad y en mi capacidad para vivir con ello. Está claro que a lo largo de mis cincuenta años he ido estableciendo unos hábitos mentales, y por eso aún tiendo a sentir ansiedad, pero he mejorado un 75% más que el año pasado, y eso es asombroso.

Por qué la autocompasión en lugar de la autoestima[22]

La autocompasión y la autoestima se confunden habitualmente, o se consideran lo mismo, cuando, de hecho, son muy distintas.

La autoestima se basa en la evaluación que hacemos de nosotras mismas, en describir cómo nos consideramos y percibimos; en si nos gustamos, por decirlo de alguna manera. La autoestima es casi moneda de cambio en el mundo occidental, donde a menudo va asociada a la confianza, la popularidad, el éxito y la felicidad. Tener la autoestima alta, en muchas culturas, indica que somos diferentes de los demás, que sobresalimos o que somos especiales. La única manera de sentirte realmente bien contigo misma, según decretan las normas de la autoestima moderna, es sentirte mejor que la media.

La baja autoestima genera problemas, sin duda alguna, y puede conducir a la depresión y a una falta de motivación. La ironía, por supuesto, radica en que intentar aumentar la autoestima puede ser contraproducente, y puedes terminar sintiendo exactamente lo contrario de lo que te habías marcado. Puede nublar tu punto de vista sobre los demás, despertar en ti una extrema competitividad, e incluso puedes terminar menospreciando a los demás para sentirte mejor contigo misma. También conduce al ensimismamiento, a tener una visión distorsionada de ti misma y de tus defectos (si tú no los ves, a lo mejor los demás tampoco) o a encolerizarte con alguien porque no te hace sentir superespecial y única. Incluso podemos aplicarlo a las circunstancias, y entonces tu autoestima se medirá en función de los éxitos y los fracasos de la vida, que, en el mejor de los casos, cambia constantemente y, en el peor, te ofrece cosas sobre las que tienes un control mínimo o sobre las que careces de control.

La compasión por una misma, por otro lado, no tiene que ver con evaluarnos. Todas merecemos compasión y comprensión solo por el hecho de ser nosotras mismas, no porque seamos guapas, listas, tengamos talento o incluso suerte. La compasión por una misma no te pide que te sientas mejor que los demás para sentirte bien contigo misma. Tener compasión por ti también significa que puedes aceptar tus defectos personales con bondad. Y siempre la tienes al alcance de la mano, sobre todo después de haberte dado un buen golpe. Los estudios indican que, comparada con la autoestima, la compasión por una misma se asocia con una mayor resistencia o fortaleza emocional, con tener ideas más precisas sobre ti misma, con comportarte cuidando más las relaciones y con tener menos narcisismo y reaccionar con menos rabia.[23]

Cómo meditar en estados mentales y emocionales difíciles

No hay duda de que ponerte a practicar mindfulness cuando te sientes razonablemente en calma está muy bien. Pero ¿cómo meditas cuando tus pensamientos están embargados de emociones, cuando, por ejemplo, te encuentras en un estado de máxima angustia, de celos, preocupación, rabia o deseo? ¿Cómo es posible sentarte y quedarte quieta, por no hablar ya de meditar, en esos estados?

En realidad, la meditación no siempre es aconsejable en estas ocasiones. Si estás muy inquieta, a veces es mejor descargar toda la energía desatada de una manera gradual, yendo a pasear o a correr, o incluso limpiando la casa, siempre y cuando no lo hagas como una posesa. Cuando hayas expulsado parte del exceso de energía, puedes dejar que tu cuerpo se calme con un calentamiento o haciendo una actividad que te relaje, como el yoga o el taichí. Asimismo, puedes intentar practicar los movimientos del mindfulness (véase «Recursos», p. 371), que son movimientos suaves y secuenciales de veinte minutos, muy eficaces para pasar del estrés o la intranquilidad a la meditación.

Cuando empieces a meditar, quizá te verás asaltada por los pensamientos y las emociones que antes te ponían histérica, por no mencionar que puedas sentir tensión física, náuseas o dolor de cabeza. Es algo tan común que... ¡bienvenida seas a la raza humana!

Empieza con los métodos que aprendiste en el capítulo anterior, para asentar la mente en el cuerpo y la respiración, y ve practicando. Quizá empieces a sentirte más anclada y tranquila, en cuyo caso lo habrás hecho bien. Lo más probable, sin embargo, es que si te sientes desbordada emocional o mentalmente sigas volviendo a tu estado de inquietud. Si tienes una sensación de fracaso, sientes tensión y rabia por el hecho de meditar, detente. No tienes que odiar la meditación, y la meditación tampoco te tiene que odiar a ti. Lo que necesitas es probar otro método; un método que consista en trabajar con la mente, en lugar de resistirte a ella y tratar de combatirla. Te volverás una experta reconociendo y aceptando las emociones fuertes si respiras con ellas y guías tu conciencia de manera progresiva, para que descanse en la parte baja de tu cuerpo y contribuya a darte una sensación de estabilidad y enraizamiento.

En las páginas siguientes te ofrecemos tres métodos para que compruebes si cuando meditas te ves asaltada por emociones fuertes y por la inquietud.

1. Deja que tu mente divague libremente: conviértete en una mujer que susurra a la mente

Imagina que tu mente (tus pensamientos y emociones) son como un toro salvaje y fuerte que lleva una cuerda atada floja en el cuello. Cerca hay una estaca clavada en el suelo que representa la respiración de tu cuerpo. Cuando cambias la conciencia y pasas de los pensamientos (el toro) a la respiración (la estaca), es como si ataras la cuerda a la estaca y el toro quedara junto a ella o unido a ella. Cuando tu mente está tranquila, el toro (tus pensamientos) se tranquilizará de manera natural y se quedará junto a la estaca. Se echará, descansará y estará tranquilo. Sin embargo, cuando tu estado emocional está cargado, el toro (los pensamientos) está embravecido, inquieto, es fuerte y poderoso, y va tirando de la estaca sin parar para tratar de arrancarla. Cada vez que atas la cuerda, el toro sacude la testuz, arranca la estaca y echa a correr.

Ergo, no funciona.

Imagínate ahora que el toro está en un campo muy grande. En este espacio abierto puede campar a sus anchas. Todavía tiene la cuerda en torno al cuello, pero en lugar de intentar atarla a la estaca que está clavada en el suelo, tú tienes la estaca en la mano y vas largando rienda al toro (tus pensamientos). Allí donde el toro va, tú le sigues. Si corre, te pones a correr junto a él; si camina despacio, caminas despacio a su lado.

Cuando a una criatura salvaje nadie se le opone ni intenta domesticarla, poco a poco se tranquiliza. Tu mente también. Si no te opones a ella cuando se comporta como un toro salvaje, se irá tranquilizando bajo la influencia de la conciencia y la respiración.

El toro salvaje, por supuesto, no está solo. Lleva la cuerda y la estaca, por eso cuando se queda en silencio por voluntad propia, el toro (tus pensamientos), la cuerda y la estaca (tu respiración) terminan siendo lo mismo.

En otras palabras, respira con esos pensamientos cargados emocionalmente y con esas emociones en la sesión de meditación y no te opongas a ellos o intentes calmarlos a fuerza de voluntad.

Reproduzcamos las palabras de Annie: «Una vez, en una sesión de meditación me sentí muy molesta. Había discutido con un colega y me sentía furiosa porque me había criticado sin razón. Cuando intenté olvidar mi enfado y centré la conciencia en mi respiración, me enfadé tanto con la meditación como con mi colega, y terminé muy tensa. En lugar de ponerme a pensar que tendría que olvidar mi enfado y centrarme en la respiración, me permití sentirlo y dejar que pasara a formar parte de mi experiencia mientras yo seguía respirando. Me quedé sentada, inhalando y exhalando muy enfadada, sin juzgarme a mí misma por si hacía mal el ejercicio o me equivocaba. Al cabo de un rato, se me fue pasando, y empecé a sentirme en calma. Poco a poco fui capaz de trasladar mi conciencia y pasar de la idea de que odiaba a mi colega a mostrar curiosidad por las sensaciones que me provocaba la respiración y la manera en que mi cuerpo se veía mecido y acunado suavemente por ella. Me fijé en los movimientos de la espalda, los costados, el vientre y, al final de la sesión, me sentí como nueva y con mucha más perspectiva que si hubiera pasado la sesión entera luchando contra mi mente y mi experiencia».

Rebeca también se dejaba llevar por las emociones cuando meditaba: «Me cuesta admitirlo, pero me obsesionaba la idea de practicar el sexo con el amante perfecto. No podía dejar de pensar en ello. Cada vez que meditaba, me venían imágenes, sentía deseo, y me sentía frustrada, porque me parecía que nunca conseguía a la persona adecuada. Empecé a odiarme a mí misma. Cuando pensaba que tendría que ser capaz de detener mis pensamientos y centrarme en la respiración, descubría que mis fantasías tomaban cuerpo. Decidí entonces dejar de luchar con la mente y respirar en compañía de esas fantasías, en lugar de intentar suprimirlas. Me sorprendí mucho al ver que cuando les permití asomar la cabeza, y dejé de oponerme a ellas, fue como si perdieran el poder que tenían sobre mí. Yo quería meditar, no fantasear, y esta primera intención me permitió guiar ese interés con suavidad hacia la respiración y el cuerpo».

Este método es muy parecido al que usaban los hombres que susurraban a los caballos para domarlos. Durante muchos años los domadores de caballos solían forzar a los caballos, por muy salvajes que fueran, por la fuerza bruta hasta que los sometían y los volvían sumisos. Eso fue así hasta que el hombre que susurraba a los caballos, Monty Roberts, se hizo famoso al aplicar un método mucho más eficaz en la doma de caballos; en concreto, lo dejaba correr en libertad hasta que el animal se calmaba y se detenía por voluntad propia. Luego llamaba la atención del caballo y se ganaba su confianza con amabilidad. Utiliza este método si tu mente es tan activa como un caballo salvaje y conviértete en tu propia susurradora de caballos. En lugar de intentar dominarla por la fuerza y tirar de las riendas, puedes dejar que deambule sin dejar de ser consciente de lo que haces. Poco a poco, tu mente se aquietará, porque no te opones a ella, y entonces podrás guiarla con delicadeza hacia la estructura de la práctica de la meditación.

2. Comprende que las experiencias son cambiantes y fluidas

Deberías estar familiarizada con el concepto de que los estados del ser cambian y son fluidos, y con el hecho de que cambiar tu perspectiva sobre la experiencia es crucial para el mindfulness. Eso es muy importante cuando tus problemas se deben a un estado emocional y mental complicado, porque estos estados pueden parecer muy sólidos y reales.

Sin embargo, como hemos destacado muchas veces, cuando miras profundamente las cosas de este mundo (por dentro o por fuera), descubres que son fluidas y cambiantes. En el budismo dicen que sufrimos porque no vivimos en armonía con esta verdad. Percibimos las cosas como algo estático y fijo, y entonces reaccionamos. Pero esta noción fija la crea nuestra mente. Las cosas no son así. Aprender a vivir con sabiduría significa examinar continuamente la naturaleza misma de la experiencia y pasar de un modo cerrado y estático a otro que es fluido, abierto y receptivo.

Si te obsesionas con un estado mental y emocional, pregúntate: ¿Puede cambiarse? ¿Es estático y sólido? ¿Puedo considerar mis pensamientos como si fueran nubes que cruzan el cielo, en lugar de como objetos inamovibles? Recuerda que los pensamientos no son hechos, incluso los que dicen serlo.

3. Descubre dónde sientes físicamente los pensamientos y las emociones en tu cuerpo

Localizar dónde sientes físicamente en tu cuerpo tus pensamientos y emociones puede ser de gran utilidad. A veces es más fácil trabajar directamente con el físico que con los estados mentales, que son resbaladizos y engañosos. Pongamos por caso que estás muy enfadada: ¿dónde sientes tu enfado en tu cuerpo? A lo mejor sientes mucha tensión en el estómago. Vuélcate en estas sensaciones y sitúa ahí la conciencia, en lugar de guardarla en tu cabeza y luchar contra la rabia. Pregúntate si esa sensación de tensión en el estómago es estática o cambiante: deberías darte cuenta de que hay un movimiento sutil en lo que podría parecer una zona muy congestionada. Respira suavemente con estas sensaciones y deja que se vayan apagando. Verás que tu rabia también empieza a disminuir.

Liberador de hábitos 5:
Haz las paces con la gravedad

Piensa, durante un minuto, en lo asombrosa que es la gravedad. En la Tierra todo se sostiene gracias a esta fuerza invisible que ejerce la cantidad justa de atracción: demasiada atracción y no podríamos movernos; poca atracción y acabaríamos flotando. Hemos evolucionado para funcionar en armonía con la gravedad. Pero si tus problemas te provocan tensión, lo más probable es que te estés resistiendo a la gravedad. No solo estás luchando contra la vida y la mente, sino que también luchas contra la gravedad.

Este liberador de hábitos consiste en abandonarte a la gravedad sintiendo aceptación y compasión por ti misma. Puedes hacerlo mientras conduces el coche, estás haciendo cola, sentada en un sillón, acostada en la cama, o cuando quieras. Fíjate en si te alejas sutilmente (si estás procurando evitar la experiencia) y abandónate a ella. Abandona todo tu peso a la gravedad y deja que tu cuerpo entero se sienta acogido por esta fuerza invisible. No necesitas resistirte; deja que sea la gravedad la que te acoja. Confía en ese peso que sientes y sincronízate con el momento. ¡Qué alivio vivir con la gravedad, en lugar de luchar contra ella!

El poeta Rainer Maria Rilke describe la gravedad como una corriente del mar que «acoge incluso aquello que es más fuerte y lo atrae hacia el centro del mundo» y nos pide «que confiemos y nos abandonemos a la gravedad con paciencia».[24]

Si ves que la idea de abandonarte a la gravedad te resulta difícil, intenta inventarte algunas palabras o un acrónimo para acordarte. En el Reino Unido, los niños aprenden mindfulness en la escuela, y una de las máximas que usan es FOF BOC[25] (del inglés, Feet On Floor, Bum On Chair, que significa «con los pies en el suelo y el culo en la silla»). Te servirá para acordarte de que tienes que abandonarte a la gravedad durante el día, sobre todo cuando te sientes estresada.

Liberador de hábitos 6:
Haz algo que no sea conceptual

A veces, cuando estás luchando con alguna experiencia mental o emocional intensa, te puede ir bien hacer algo que no sea conceptual. Intenta desconectar la mente y concéntrate en la actividad que vas a empezar.

Dedica un rato cada día (lo ideal sería que lo hicieras al menos durante una semana) a hacer algo que no requiera ningún esfuerzo mental. Puede ser cualquier cosa, desde hacer punto a decorar un álbum de fotos, dibujar, hacer esbozos o montar un rompecabezas. No importa la actividad. Lo importante es elegir de manera consciente y encontrar el tiempo de hacerlo.

La meditación del ancla de la respiración compasiva

Esta meditación, que pone el énfasis en la bondad y la aceptación, es especialmente útil cuando nuestros pensamientos y las emociones que sentimos son difíciles. En esta versión de la meditación del ancla de la respiración, exploraremos cómo meditar cuando nuestra mente o nuestras emociones son turbulentas. Te ayudará a calmar la mente y a sentir paz y tranquilidad.

Es mejor que primero te familiarices con la meditación antes de empezar a practicarla. Lee las instrucciones de la meditación que hemos transcrito antes de ponerte a practicar mientras escuchas la grabación.

La meditación del ancla de la respiración compasiva

Preparación

Siéntate en una silla con la espalda recta pero relajada y deja que la columna vertebral siga su curva natural. Mira si puedes mantenerte en una postura digna, despierta, alerta y lo más relajada posible. También puedes hacer la práctica acostada o incluso de pie.

La meditación

Deja que tu cuerpo se acomode, que descanse en la gravedad, que lo sostenga, que el suelo lo aguante. ¿Puedes sentir el contacto de tu cuerpo con la superficie sobre la cual descansa? Puede que lo notes en las nalgas, los pies o la espalda. Mira si puedes descansar en estos puntos de contacto. Cada vez que sientas que tu cuerpo tira de ti porque está nervioso, vuelve a abandonarte a la gravedad, una y otra vez.

Y cierra los ojos con suavidad si así te sientes más cómoda. Te ayudará a asentar mejor la conciencia y a aquietar la mente porque disminuirán las distracciones externas.

Ahora, mientras permites poco a poco que tu conciencia se asiente en la experiencia de sentir la respiración en tu cuerpo, piensa dónde notas con más fuerza la respiración ¿Puedes sentir los movimientos y las sensaciones de la respiración en tu cuerpo, por delante, por detrás y a cada lado? Ten curiosidad por lo que estás sintiendo, abandona la idea de lo que crees que debería estar pasando y permanece en tu experiencia, sin juzgar.

Ahora, estate atenta a tus pensamientos y emociones. ¿Qué piensas y sientes en este momento? Intenta no juzgarte con mucha dureza y decide si puedes sentir amor y bondad por ti misma sin importar lo que estés experimentando. Mira si puedes observar tus pensamientos desde fuera, en lugar de hacerlo desde dentro. Por ejemplo, ser consciente de que estás enfadada es algo muy distinto a dejarte arrastrar por la rabia. Dedica unos instantes a observar lo que te está pasando en este momento con una conciencia curiosa y bondadosa y mira si puedes tener más perspectiva.

Si tus pensamientos te intranquilizan, son negativos o te perturban, deja que pasen, que vayan pasando... como si fueran un río. ¿Sabes determinar si tus pensamientos son fluidos o estáticos? Observar la naturaleza cambiante de la experiencia es un aspecto fundamental del mindfulness. Dejar que las cosas surjan y pasen en el terreno amplio, abierto y bondadoso de la conciencia nos ayuda a sentirnos más estables, confiados y fuertes.

¿Qué pasa en tu cuerpo? ¿Notas el eco de tus pensamientos y emociones en tu experiencia física? Quizá adviertas que tu respiración es superficial y desinhibida a causa de tus estados emocionales o mentales. Cuando te des cuenta, deja que tus exhalaciones sean largas y profundas, y permite que la respiración cale profundamente en tu cuerpo y se instale en él. Quizá notes las manos agarrotadas o la mandíbula prieta. Cada vez que notes que tienes contracturas a causa de tus emociones y tus pensamientos, mira si puedes calmar tu cuerpo para que se suelte. Calmar el cuerpo también es una buena manera de calmar la mente.

Dedica un rato a notar lo que estás sintiendo. Da cancha a tu mente. No te opongas ni luches con ella, observa sencillamente tu experiencia y respira con ella. Permite que los pensamientos y las emociones vayan pasando frente a ti, no te dejes llevar ni los censures.

Sigue procurando asentar tu conciencia en los movimientos y las sensaciones de la respiración en tu cuerpo, una y otra vez, como si fuera el ancla estable y delicada de tu mente; descansa en tu cuerpo, descansando en la respiración y permitiendo que tus pensamientos y emociones se calmen y se asienten. Impregna tu respiración de bondad hacia ti misma.

¿Qué sucede? No juzgues, tan solo observa; atrapa tu mente, atrapa tus emociones y fíjate en lo que está pasando. Sé curiosa y bondadosa, invita a tu conciencia a que descanse en las sensaciones y los movimientos de la respiración en todo tu cuerpo, una y otra vez; que tu respiración sea bondadosa, delicada. Si tienes que decirle un centenar de veces a tu mente que regrese a ti, hazlo, no pasa nada. Es normal.

Si descubres que tu mente se precipita hacia el pasado o hacia el futuro, reclámala para que regrese al momento presente. Cuando lo que sientes directamente en tu cuerpo es la respiración, estás en el momento presente.

Conclusión

Empieza a prepararte para terminar la meditación. Abre los ojos si los has cerrado, sé consciente de los sonidos que te rodean, tanto en el interior de la habitación como en el exterior, y toma conciencia de la luz que hay en ella. Empieza a mover despacio el cuerpo, y asegúrate de que tienes tiempo de pasar suavemente de la meditación a la actividad que vayas a hacer a continuación. Retoma la idea de la capacidad de usar la respiración compasiva en el cuerpo como un ancla para la mente mientras vas retomando las actividades de tu vida diaria.

El diario de Claire

Semana 4: la respiración compasiva

Día 1

¡Vaya momento de empezar una meditación! Esta semana ha sido una de las más estresantes en el trabajo y, por si fuera poco, las obras en casa están todavía por terminar, paradas. Mi marido, además, va muy presionado con la empresa. Si alguna vez he necesitado tranquilidad mental, es ahora.

Comprobar que tengo estrés y observarlo mientras medito tiene un curioso efecto: es como si notara que cada vez influye menos en mi mente (y pudiera reconocer sus causas). Descubro que desvío la atención varias veces, y que mi mente se va hacia el día siguiente y lo que tengo que hacer en el trabajo, hacia lo que ocurrirá. El impacto que tiene en mí volver al momento presente es casi como un descanso, como una forma de recuperarme.

Día 2

Estoy impaciente por terminar mi velada (que valoro muchísimo) para poder volver a retomar esta meditación. No salgo decepcionada. Como el día anterior, me siento descansada y en calma, más centrada y, sin duda alguna, contemplo el día siguiente de manera positiva.

Día 3 y siguientes

Ya no vuelvo a meditar en toda la semana. No encuentro el momento. Como necesito adrenalina, centro mi mente en esos puntos de mayor clarividencia que he tenido durante la meditación mientras corro un par de veces. No dejo de repetirme que el estrés pasará, que es como el flujo de un río, y me obligo a relajar los hombros, la mandíbula, las manos (hasta que me cae el teléfono al suelo y me doy cuenta de que me he pasado). Durante el proceso, siento como si se me encogiera un poco el cerebro y se relajara. (Aunque suene extraño, no descartes la experiencia hasta haberla probado. Verás lo que quiero decir...)

Resumen del capítulo

- Las enfermedades mentales siguen siendo un estigma, y según las estadísticas, las mujeres tienen el doble de probabilidades que los hombres de sufrir una depresión. Entre las causas, hay factores biológicos, como los cambios hormonales, el entorno social, el estatus económico, las presiones culturales, la desigualdad social, la violencia de género, las rentas bajas y la desigualdad de salarios, la clase social baja, los empleos poco cualificados y una extrema responsabilidad por el cuidado de los demás.
- El mindfulness favorece la aparición de tres factores principales que contribuyen a impedir el avance de los trastornos mentales, sobre todo el de la depresión. Son los siguientes:

    - La sensación de tener autonomía interna (para no sentirte víctima de estados mentales pasajeros).
    - Aumentar tu confianza para poder buscar los recursos materiales que hay a tu disposición, así como para ayudarte a creer que eres digna de recibirlos.
    - Cultivar tu capacidad innata de establecer contactos y amistades. En resumen, el mindfulness nos ayuda a funcionar

mejor como mujeres y a mejorar nuestro posicionamiento en el mundo.

- La neuroplasticidad: la ciencia ha demostrado que el cerebro cambia sin cesar. Practicar el mindfulness y la compasión puede contribuir a que mejoren el cerebro y nuestros sistemas nerviosos.
- Necesitamos tener compasión mientras nos reconciliamos con nuestras tendencias mentales y emocionales. La clave para el mindfulness es que, aunque no podamos controlar lo que experimentamos, podemos aprender a reaccionar con bondad y delicadeza. La compasión por una misma se basa en amarte y comprenderte a ti misma, y eso es lo que necesitamos en el mundo actual.
- Para intermediar con estados mentales y emocionales complejos, intenta la siguiente estrategia: deja que tu mente vague libremente, en lugar de luchar con ella para lograr que se vaya aquietando; comprende que las experiencias son cambiantes y fluidas; descubre en qué parte de tu cuerpo notas los pensamientos y las emociones.

Prácticas para la semana 4

- Liberador de hábitos 5: haz las paces con la gravedad (véase página 189).
- Liberador de hábitos 6: haz algo que no sea conceptual (véase página 191).
- Meditación: diez minutos del ancla de la respiración compasiva (véase página 192 y el audio 4). Lo ideal es hacerlo dos veces al día durante una semana al menos.

Parte III: Que la bondad te haga feliz

8. Descubre lo que hay de bueno en ti

«Mi religión es así de simple: los templos no son necesarios;
la filosofía no tiene que ser complicada.
El cerebro y el corazón son el templo;
y la filosofía es la bondad.»
DALAI LAMA[1]

La bondad de la que habla el Dalai Lama es un complemento esencial en el mindfulness, que, junto con la bondad, son como dos alas de pájaro, perfectamente equilibradas. No puedes ejercitar la atención plena sin ser bondadosa y estar conectada emocionalmente a lo que sientes; y, a su vez, no puedes ser bondadosa sin ser consciente y estar atenta.

Por esta razón hemos dedicado la tercera parte del libro a procurar que cultives la bondad contigo misma y con los demás, y a que aprendas por tu propio bien a transformar tu vida y tus relaciones.

Louise es secretaria de dirección y cuidadora. Su viaje particular hacia el mindfulness la llevó a enfrentarse a su yo más negativo y a aprender a amarlo como si fuera un viejo amigo.

Louise, cuarenta y ocho años

Mi trabajo como directora de recursos humanos en una empresa del sector financiero hizo que me interesara por el mindfulness y la meditación como un medio para relajarme y ayudarme a superar la sensación de agobio que tienes cuando te encuentras en un entorno empresarial en el que hay que trabajar bajo presión. De tanto agobio como sentía, no sabía establecer mis prioridades, y dudaba de mí, de si estaría haciendo un buen trabajo. Quería sentir que controlaba. Pensé que el mindfulness me haría funcionar mejor, y que me ahorraría tener que trabajar hasta las tantas de la noche.

Me cambió la vida. Al principio me sentía molesta con el contenido de mis pensamientos y mis puntos de vista negativos, pero eso mismo me permitió darme cuenta gradualmente de que mis procesos mentales no tenían ningún peso, que eran como un disco rayado, y que había olvidado lo que hay que escuchar: la canción entera. Solo escuchaba el estribillo. Esa experiencia me permitió juzgar con mayor imparcialidad lo que era capaz de hacer durante mi jornada laboral, y así también conseguí confiar en mí y pude gestionar las expectativas de mis colaboradores.

Desde que empecé a practicar el mindfulness y la meditación, y de eso hace ya unos cuantos años, mi vida personal ha cambiado mucho. Y para bien. Tengo más salud. Tenía una enfermedad sin diagnosticar: vértigos posicionales, y unas náuseas muy desagradables, dolor de cabeza y problemas para dormir. Esos síntomas físicos desencadenaron mi ansiedad y sufrí una depresión. El mindfulness me ayudó a centrarme en el momento y me permitió asentar la mente, alejarme de los pensamientos, las angustias, etc., y descubrir lo que tiene de agradable el momento presente: oír música buena, paladear un refresco en un día caluroso, sentir la brisa en la cara, la fragancia de las flores del jardín... Tenía que centrarme en la atención plena, estar abierta a lo que me estaba sucediendo, sin juzgar ni pensar, y relajarme viviendo esa experiencia. El mindfulness me salvó al fin de sabotearme a mí misma. La práctica me permite ver mi yo negativo como si fuera un viejo amigo, y también me permite comprender que, aunque a veces es inevitable recibir a ese amigo que siempre está de mal humor, hay que saber cuándo es mejor no ofrecerle un té... e invitarlo a marcharse.

Cuando hago algo, sé lo que hago: lo experimento, lo siento, lo noto y lo huelo. En la vida normal y corriente, eso es el trajín de la vida humana, y eso me hace sentir conectada, relajada y sin ninguna clase de presión.

Antes de vivir con atención plena, y sentía que mi vida estaba desestructurada, que llevaba una vida frenética, porque creía que nunca era capaz de ir por delante de las cosas, de avanzarme. El mindfulness me ha ayudado a priorizar lo que es importante en la vida y a dedicarle tiempo. He incorporado nuevos hábitos, más positivos, porque me di cuenta de que quería vivir y disfrutar de la vida, ¡y no solo terminar la jornada de una pieza!

El conflicto entre la cara positiva y negativa de nosotras mismas no se limita a Occidente o a nuestra cultura actual. La historia demuestra que trasciende las barreras físicas y espirituales a lo largo de los siglos. Una vieja leyenda cheroquí cuenta que unos niños preguntaron a un anciano de la tribu cómo había zanjado una pelea entre dos hombres.

–¿Por qué se pelean las personas? –preguntó el más pequeño.

–Todos llevamos dos lobos en nuestro interior que siempre están peleando –respondió el anciano–. Hay un lobo blanco y un lobo gris. El lobo gris está muy enfadado, y siente rabia, amargura, envidia y celos; es codicioso y arrogante. El lobo blanco siente amor, paz, esperanza, valor, humildad, compasión y fe. Y los dos lobos siempre están luchando.

–Pero, al final, ¿quién gana? –preguntó otro niño.

–Aquel al que damos de comer –respondió el anciano.

A pesar de que te parezca que no ves las cualidades del lobo blanco en tu día a día, puedes aprender a alimentarlas cultivando sentimientos positivos y mostrando buena voluntad contigo misma. Es la base perfecta a partir de la cual descubrirás el bien que hay en ti y serás más feliz. A lo mejor no eres consciente de que no te gustas... ¿Cuántas veces eres consciente de que te gustas? Piensa en las personas que quieres y en el trato que mantienes con ellas: intentas que se sientan especiales, que su vida sea un poco más fácil, por ejemplo. O a lo mejor solo les das un abrazo. ¿Cuántas veces te tratas a ti misma con la misma bondad? El bien está en ti, y tienes que alimentarlo. Dedicaremos las páginas siguientes a este concepto. Es el primer paso para acercarte a los demás con bondad y compasión (aunque tendrás que esperar a llegar al capítulo nueve).

Si todavía te sientes escéptica al respecto, piensa en lo siguiente: necesitas actuar con bondad contigo misma y amarte para ser capaz de amar verdaderamente a los demás. De otro modo, sería como intentar conducir un coche sin gasóleo o trabajar todo el día sin tener nada en el estómago. Es agotador, molesto, y puedes llegar a convertirte en una resentida. Por otro lado, el amor no solo te hace más feliz, sino que también te convierte en una persona más sana. Es un proceso en el que todos ganan.

La fuerza de la bondad

Es muy conveniente saber lo que quieres conseguir, qué duda cabe. Bondad significa estar atenta y preocuparte por el bienestar propio y el de los demás. Es importante incluir ambas cosas en la ecuación. Si eres buena con los demás, pero no lo eres contigo misma, o eres bondadosa contigo misma, pero no con los demás, eso no es bondad al cien por cien (¡aunque por algo se empieza!). La bondad incluye ser compasiva o preocuparte por tu propio bienestar y por el de los demás, y además tener voluntad para actuar. Es decir, el sentimiento va unido a la comprensión, y a la acción pertinente que se basa en esa comprensión.

En un mundo gobernado por las prisas, en el que el progreso y la determinación se consideran virtudes y si uno se detiene, por la razón que sea, es etiquetado de débil, ir más despacio para ser más bondadosa contigo misma y ser más consciente de ti y de los demás porque somos seres humanos y no objetos no es algo que se dé con mucha frecuencia. Son muchas las personas, aunque nos duela decirlo, porque particularmente son mujeres, las que seguirán las estrategias que explicamos a continuación creyendo que son buenas cuando, en realidad, distan mucho de serlo.

La bondad no es...

- **Evitar plantar cara a la gente o a las circunstancias** (incluyendo no defenderte a ti misma). Ser bondadosa significa plantar cara a las situaciones difíciles, aunque eso pueda exigir mucho valor. Por ejemplo, si una mujer se defiende cuando su pareja la agrede fingiendo y comportándose bien con ella porque cree que, en cierto sentido, se lo merece o por miedo a sufrir otra agresión, no estaremos hablando de bondad, sino de una falta de bondad hacia sí misma.

- **Actuar de manera bondadosa de una manera generalista**, sin reconocer las necesidades de la persona con la que tienes que ser buena. La sabiduría y la transparencia están presentes en la auténtica bondad. Y eso requiere juicio y discernimiento. Es importante que consideres las necesidades de la otra persona y no actúes basándote en supuestos sobre lo que tú crees que necesita.
- **Actuar de manera aparentemente bondadosa** cuando en realidad lo hacemos en beneficio propio. La manipulación puede parecer bondad cuando lo que interesa es lo que puedas conseguir. Lo que sí puedes hacer es ser consciente de que la manipulación está haciendo mella en ti y dar los pasos necesarios para no comportarte de esa manera. No nos engañemos: aquí no hay santos. Hay muchas razones que justifican el comportamiento humano, pero de lo único que se trata es de mantener el equilibrio y de la intención general.

La auténtica bondad es el polo opuesto a la debilidad o al comportamiento servil. Ser bondadosa significa tener intuición y una comprensión inherente de lo que está pasando en realidad; y tener el valor de actuar con ese conocimiento. Si ese es un rasgo femenino, ¡incorporémoslo a nuestras vidas!

Para poder mostrarte bondadosa contigo misma y con los demás, necesitas conocerte, conocer tus talentos y creer lo bastante en ellos para comprender que el mundo te necesita. La modestia o la timidez no sirven para nada, y a ti, aún menos.

Evita fingir que eres bondadosa

El budismo (que ha potenciado muchísimo la bondad y la compasión) reconoce la existencia de estos, digámosles, enemigos de la bondad cuando se enfrentan al sufrimiento ajeno. Son emociones que pueden confundirse con la bondad pero que, en esencia, son contrarias. Eso significa, por ejemplo, que en lugar de experimentar la bondad, se puede experimentar el sentimentalismo o la piedad, o bien sentir ansiedad y terror, que son los principales enemigos de la bondad.

El sentimentalismo es un exceso de emoción. Se parece mucho a la bondad, pero no se traduce en una acción útil. La piedad adopta una posición de superioridad. Ese «Ay, pobrecita...» que decimos nos mantiene a distancia de los problemas de los demás, porque acercarse más podría ser incómodo. La piedad por una misma, asimismo, es una manera de no enfrentarte a lo que te está pasando y de aferrarte a la consternación. Si abres un periódico sensacionalista, te verás abrumada por la marea de noticias que parten de estas posiciones.

La ansiedad mezclada con un sentimiento de terror es el polo opuesto a la piedad y el sentimentalismo, pero tampoco sirve de nada. Es como clamar: «¡Dios mío!» o reaccionar con espanto a las dificultades, y eso a menudo empeora las cosas.

En contrapartida, la auténtica bondad es el deseo genuino de lograr lo mejor para ti y para los demás, y tener la voluntad de cumplir ese deseo. Actuar ante lo que te preocupa no es tarea fácil, y a veces tendrás que ser valiente si quieres decidir cómo abordarlo. También necesitarás ser prudente y comprender cuándo es apropiado ayudar o rescatar a alguien que está sufriendo; y entender también que la bondad se demuestra mejor siendo capaz de soportar el sufrimiento de esa persona y reaccionando de la manera adecuada, en lugar de entrar al trapo y, sin darte cuenta, empeorar aún más las cosas.

Cómo ejercer la bondad

Cuando practiques la meditación bondadosa y el ser buena con los demás en tu vida diaria, ten presente los siguientes puntos:

- Sé consciente de que existen ideas equivocadas sobre la bondad que podrían impedir que entraras en la práctica abierta de espíritu.
- Asegúrate de que no caes en la piedad y el sentimentalismo, o en la ansiedad y el terror, para mantenerte a una distancia prudente del sufrimiento de la otra persona.
- Mantén un equilibrio entre la actuación y la perspectiva. Resulta muy fácil presionar demasiado, intentar extraer la bondad de ti como quien aprieta un tubo de dentífrico que prácticamente está vacío. En lugar de eso, sé más prudente, y deja mucho espacio para mostrarte receptiva. Escucha con atención la meditación guiada de este capítulo (véase la página 224), y fíjate que el equilibrio que existe entre la acción sabia y el saber estar es muy delicado.

Cultivar la compasión

El neuropsicólogo Rick Hanson resumió lo que significa vivir de manera compasiva y con atención plena en tres pasos: que sea, que pase, que entre.[2]

Que sea

Es permitir que la experiencia sea, estar y mostrar una atención plena y presente sin reaccionar de manera automática. Alejarte de lo que no te gusta y atraer lo que te gusta causa el sufrimiento emocional que padecemos en la vida. Como una bola de billar que impacta en las bandas de la mesa, vas rebotando de manera reactiva de una experiencia a la siguiente, apartándote de las dificultades y tirándote de cabeza a tus deseos y anhelos. Si puedes aprender a asentarte en una conciencia más receptiva y estable, habrás conquistado lo primero que necesitas para aprender lo que es la atención plena. Imagínate que eres un jardinero: ese «que sea» significaría que estás observando el jardín, que estás ahí, de pie y contemplándolo, sencillamente.

Que pase

Significa que reconozcas las experiencias difíciles y que, gradualmente, consigas que disminuya su influencia en ti. Eso incluye un elemento activo en la práctica del mindfulness. Eres consciente de la dificultad sin negarla ni apartarla de ti, pero decides no estancarte en eso. Tomas la decisión consciente de cambiar tu conciencia y situarte en unas emociones, unos pensamientos y unos sentimientos que sean más positivos y te nutran. Haces el esfuerzo de recurrir a la sabiduría para elegir dónde situar tu atención utilizando las técnicas del mindfulness que has desarrollado a través de la conciencia corporal y aprendiendo a no identificarte demasiado con tus emociones y pensamientos. Cuando estás en el estadio «que pase», te sientes más responsable de tu propia mente y la utilizas con sabiduría. Volviendo a la analogía del jardinero, sería como arrancar los hierbajos que amenazan con tragarse tu jardín y tirarlos.

Que entre

Significa buscar lo bueno que hay en ti y decidir que tu conciencia se asiente ahí para que pueda crecer y convertirse en una emoción positiva más fuerte. Ya se sabe que «Cuidado con lo que piensas, porque puede convertirse en realidad». Los estudios sobre la neuroplasticidad que afirman que esta depende de la experiencia (véanse las páginas 176-177) y demuestran que actuando como el dicho anterior estás literalmente estableciendo nuevas conexiones en tu cerebro y tu sistema nervioso. Te conviertes en una persona más acostumbrada a lo positivo que a lo negativo, y eso puede cambiar tu vida y la de los que están contigo. Si te centras en las emociones positivas, serás más feliz y resistente. Volvamos a la imagen del jardín; en este caso consiste en plantar semillas sabiendo que, a su debido tiempo, crecerá una planta que dará hermosas flores. De esta manera, y con este último paso, tu jardín se transforma.

El poder de la bondad amorosa

Los estadios «que pase» y «que entre» se trabajan mucho en las meditaciones de la bondad amorosa (MBA). Hasta ahora nos hemos centrado principalmente en trabajar la conciencia, pero en este capítulo introduciremos el otro sector principal del trabajo mental: cultivar la emoción positiva y el bienestar.

En el budismo la formación de la conciencia precede a la sabiduría, y las MBA son las precursoras de la compasión. La sabiduría y la compasión son dos aspectos clave para disfrutar de una libertad emocional y mental completas, y eso se consigue trabajando con la mente y el corazón. Tomada por sí sola, la conciencia o atención plena puede ser un poco fría, incluso parecer clínica, y puede generar en ti una sensación de alienación o aislamiento de ti misma. La bondad amorosa, por sí sola, puede conducir al sentimentalismo y a que te comportes de una manera demasiado emocional. Sin embargo, la sensación de totalidad, integración, calma y alegría que aportan las dos juntas es completa y redonda, y te enriquece.

La MBA se ha convertido en el objeto de muchos estudios psicológicos y científicos de Occidente. Las primeras reuniones que se celebraron entre el Dalai Lama y varios científicos empezaron centrándose en disfunciones documentadas como la depresión y la ansiedad. Sin embargo, el científico Richard Davidson, animado por el Dalai Lama, decidió tomar la alternativa y se puso a estudiar los efectos de cultivar las emociones positivas.

El resultado fue que se abrió un campo de investigación

emergente. Hay estudios que demuestran que las personas con una baja puntuación en mindfulness, y a las que les resulta difícil tratarse a sí mismas con compasión y bondad, tienen una salud física y mental más deficiente, e incluso padecen dolores físicos más intensos.[3] Se ha descubierto que cultivar la bondad amorosa a través de la meditación puede reducir sustancialmente el dolor y la inflamación, y potenciar el sistema inmune;[4] que si te tratas con un poco más de bondad y compasión serás capaz de sentir más amor, compromiso, serenidad, alegría y diversión; resumiendo, podrás ser capaz de vivir las cosas buenas que tiene la vida.[5]

Ámate de una manera más sana

La catedrática Barbara Fredrickson, psicóloga social de la Universidad de Carolina del Norte, también se ha dedicado a investigar los beneficios de la MBA, y ha identificado ciertas maneras fundamentales en las que mente y cuerpo se ven afectados biológicamente por el amor. Estas vías son las siguientes:

- El nervio vago, el décimo nervio craneal que pasa la información del tronco encefálico a la mayoría de los órganos internos, incluyendo el corazón.
- La oxitocina, que se libera en el cerebro y el cuerpo.
- La plasticidad del cerebro y las células. [6]

Su estudio demostró que generar amor por medio de la MBA aumenta el tono vagal, componente central del sistema nervioso parasimpático (SNP), que hace que aumenten las sensaciones de calma y relajación y permite que el cuerpo se recupere solo.[7] La fuerza del nervio vago puede medirse sencillamente controlando tu ritmo cardíaco junto con el ritmo de tu respiración, y eso se conoce como la variabilidad del ritmo cardíaco (VRC).

Si el tono vagal es alto, el ritmo cardíaco aumenta un poco al inhalar y disminuye al exhalar con un ritmo suave y regular. Tu sistema nervioso funciona como un motor muy bien ajustado. Un tono vagal alto mejora los niveles de glucosa, hace que disminuyan los latidos del corazón después de estar sometido a una gran presión y estimula el modo de tranquilizarse y conectar (véase la página 87). También contribuye a fortalecer el sistema inmune.[8]

A las mujeres con un tono vagal alto se les da mejor impedir que aumenten los sentimientos negativos, y en general tienen emociones más positivas. Si tienes emociones positivas durante un período de tiempo, o meditas, tu tono vagal subirá.[9]

El poder del abrazo

Los niveles de oxitocina, conocida también como la hormona del amor o del abrazo, aumentan de nivel en las mujeres durante el parto y la lactancia, época en que las madres necesitan establecer vínculos con sus hijos. También aumenta con la intimidad física a través de experiencias como el abrazo y las caricias. Cuando la oxitocina está alta, la parte del cerebro que percibe la amenaza queda en silencio, y la parte que sintoniza con las conexiones sociales positivas aumenta. Unos altos niveles de oxitocina te permiten gestionar mejor las situaciones sociales de estrés, y eso reduce la producción de la hormona del estrés: el cortisol. Esta, a su vez, baja la tensión sanguínea y el ritmo cardíaco si la causa es el estrés, hace que disminuya la sensación de depresión e incluso eleva el umbral del dolor.

Como hemos visto, la neuroplasticidad en dependencia de la experiencia significa que el cerebro puede cambiar y desarrollarse en función de lo que hagamos con él y de aquello a lo que prestemos atención. El amor y la compasión provocan cambios extraños en el cerebro, y lo vuelven más sensible a la influencia calmante de la oxitocina. A medida que el cerebro va cambiando, se vuelve más receptivo a los hábitos saludables y a los vínculos sociales sanos. En fin, es un círculo de virtudes que vale la pena cultivar.

Siéntete más conectada

El amor, o la falta de él, también puede afectar a la estructura celular con el tiempo, porque las células están inundadas de sustancias bioquímicas. Si te sientes sola y desconectada de los demás, los niveles altos de cortisol enviarán una señal a tu sistema inmune para que altere la forma en que los genes se expresan en los glóbulos blancos de próxima generación. Y eso puede conducir a estados inflamatorios crónicos. Es notorio que sentirse aislado o desconectado de los demás provoca más daños en nuestro cuerpo que el aislamiento real,[10] y eso sugiere que las emociones dolorosas y de aislamiento son dañinas en sí mismas, con independencia de las circunstancias físicas en las que te encuentres. Pero ahora viene lo bueno. Aunque estés aislada físicamente por circunstancias ajenas a tu control, como una enfermedad o una ruptura sentimental, puedes seguir sintiéndote conectada y amada a través de la meditación, la atención plena y la bondad amorosa. No solo te sentirás mejor, sino que además será bueno para tu salud.

Dado que tu cuerpo está formando estructuras neurales y celulares continuamente, si en tu actividad mental y emocional cultivas la sensación de sentirte positiva, como consecuencia estarás moldeando tu cerebro y tus células. Por eso es tan importante que despiertes a lo que está sucediendo en tu mente, y des los pasos necesarios para guiar tus pensamientos y emociones en una dirección positiva.

Crea un hábito positivo

Los estudios demuestran que cuanto más alargues una experiencia positiva, más probable es que te afecte profundamente. Por eso es importante fijarte en las experiencias agradables, para que puedan permear tu mente y tu corazón y traigan aparejado un cambio duradero.

Atendiendo a esta idea, la meditación y el liberador de hábitos que presentamos en este capítulo se convierten en formas sencillas de incorporar experiencias positivas. En lugar de considerar lo positivo como una experiencia fugaz, terminará convirtiéndose en tu nueva configuración por defecto.

Según el neuropsicólogo Rick Hanson, el aprendizaje (es decir, cambiar la estructura y la función neural) pasa por tres fases:[11]

- **De un estado mental a una característica duradera:** es la diferencia que existe entre un estado mental que fluye a través de la mente y el corazón (como el viento cuando sopla entre los árboles) y una tendencia emocional y mental que ha arraigado en ti como un hábito.
- **De la activación a la instalación:** una cosa es algo que ilumina brevemente tu cerebro, y otra, una iluminación estable y constante. Piensa en cuando, por ejemplo, enciendes una vela: al principio prendes una cerilla y la mecha se enciende, pero la llama es débil y parpadeante, y puede que se apague con facilidad. Sin embargo, al cabo de un rato, la llama prende bien y la vela ya ilumina. Lo mismo sucede cuando una característica mental se instala en tu sistema nervioso y en tu mente. Si no se instala, si el paso de los estados mentales no se convierte en una estructura neural permanente, no hay aprendizaje ni cambio alguno en el cerebro.

- **Desde una memoria intermedia a corto plazo a un almacenamiento a largo plazo:** es la distinción entre lo que necesitamos recordar brevemente (por ejemplo, un número de teléfono que estás a punto de escribir) y algo que tienes grabado en la memoria y puedes recordar en cualquier momento. Cuando lo que se ha grabado en tu memoria se archiva a largo plazo, puedes relajarte y dejar de preocuparte por si te acordarás, porque siempre estará a tu disposición cuando tu mente se plantee ese tema. Imagina que una cosa es almacenar algo en una tarjeta de memoria que guardas en un cajón y la otra guardarlo en una carpeta permanente del disco duro de tu ordenador.

Cúrate a ti misma

¿Cómo registrar experiencias positivas en la conciencia y el sistema nervioso para que se conviertan en características y hábitos que perduren? Puedes hacerlo si reconoces que vives experiencias divertidas y positivas a cada momento, y si eliges seguir sintiéndolas y centrándote en ellas el máximo de tiempo posible. Aprendes a captar las energías para poder interesarte de verdad en las experiencias positivas. De esta manera es más fácil asentar la conciencia, en lugar de reaccionar cayendo en distracciones. El acrónimo HEAL [CURA], que inventó Rick Hanson,[12] y que aquí hemos alterado a nuestra conveniencia, es muy útil para ayudarte en lo siguiente:

- Concédete una experiencia positiva. Fíjate en los acontecimientos o los encuentros que desencadenen en ti una emoción positiva. (La meditación y el liberador de hábitos de este capítulo te ayudarán.)
- Usa esta experiencia y estate atenta a ella, sin desviar tu aten-

ción. Intenta conservarla al menos durante cinco segundos y, si puedes alargar el momento, mucho mejor.
- Regístrala, y que tus sistemas de memoria sean más receptivos. Mientras tienes esta experiencia positiva, imagínala y siente cómo te embarga. Puedes usar la imagen de una esponja que absorbe el agua o la de una luz que ilumina cada célula de tu cuerpo. Relájate mientras estás viviendo esta experiencia.
- Ama y conecta a partir de lo positivo. Si refuerzas el músculo de lo positivo en tu conciencia con los tres pasos anteriores, creas una base fuerte y determinada para que aumente tu conciencia y ames y conectes con los demás.

Todas las meditaciones y los liberadores de hábitos de esta tercera parte del libro te ayudarán a hacer esta CURA.

Deja de sudar la gota gorda

Sería fantástico que centrarnos en lo positivo viniera de una manera natural y que no necesitáramos desarrollar esta capacidad con unas meditaciones específicas. Sin embargo, si contemplas tu corazón y tu mente, y las personas que te rodean, te darás cuenta de que, como especie, tendemos a ser negativos. Piensa, si no, en ese millar de pensamientos negativos que tenemos al día (véase la página 140). Para complicar aún más las cosas, nuestra negatividad nos hace ser muy críticas con nosotras mismas cuando nos juzgamos por nuestra tendencia negativa. Y así empieza el círculo vicioso.

Los seres humanos somos muy astutos e inteligentes. Hemos desarrollado la capacidad de anticiparnos al peligro y evitarlo, pero, como consecuencia, hemos desarrollado también unos sistemas cerebrales que se centran, por defecto, en información negativa. Sintonizamos mejor con las amenazas, probablemente porque si nos perdemos una recompensa, posiblemente tendremos otra oportunidad, pero si ignoramos una amenaza, podríamos no vivir para contarlo (volvemos a ese tema de lucha, huye o quédate paralizado o bloqueado). Ese inherente sesgo negativo se asegura no solo de que tendamos a ver amenazas por todas partes, sino de que también nos perdamos todo lo bueno que nos rodea.

Los estudios demuestran que tardamos cinco veces más en aceptar un comentario o una experiencia positiva que una negativa. Es como si en el cerebro tuviéramos un velcro que retuviera las experiencias negativas y teflón para que no se adhirieran las positivas.[13] Es más, esto también se refleja en los sistemas hormonales. Las hormonas del estrés que están conectadas a las experiencias negativas (el cortisol, la adrenalina y la noradrenalina) actúan con rapidez y tienen un efecto muy poderoso sobre el cuerpo. Las hormonas homólogas en positivo (la oxitocina, por ejemplo) no tienen la misma potencia ni la misma urgencia (aunque sí poseen unos efectos poderosos a largo plazo y potencian la salud, la curación y el bienestar general).

Cuando estás captando el sesgo negativo, parece que, de repente, muchas cosas cobran sentido: si tienes una avería en el coche, piensas que todos los coches de esa marca son malos; si discutes con un pasajero del tren que está enfadado, piensas que todos los habitantes de esa ciudad son unos maleducados. Y aunque eso tenga sentido considerado en su sesgo evolutivo, vivir así es una desgracia. Volvemos a lo mismo, en lo que atañe a la naturaleza: es mucho más importante sobrevivir que ser feliz.

Refuerza el músculo de lo positivo

Como ya hemos dicho, la buena noticia es que el sesgo negativo no es culpa tuya. Es decir, en lugar de machacarte, entiéndelo y cultiva, en su lugar, un sesgo de «responsividad»: aprende a abrirte a la experiencia sin reaccionar de manera automática.

El primer paso es la fase «que pase»: calmar suavemente las redes neurales que mantienen el sesgo negativo y provocan que nos sintamos atascados y estresados mentalmente. Puedes empezar a reforzar los circuitos neurales que potencian lo divertido de la vida y lo valoran (la fase «que entre»), te ayudan a reequilibrar el cerebro y a ver con mayor claridad, a actuar con más eficacia y a no distraerte ni estresarte tanto en la vida diaria. Como efecto secundario, te verás embargada por una sensación de generosa calma, de amor por la vida, y por la sensación de que estás haciendo un descubrimiento. A medida que se vaya forjando en ti esta sensación de calma, notarás que se disipan la ansiedad, el estrés, la infelicidad y el agotamiento.

Desviar la conciencia de la atención plena a los placeres de la vida diaria, por muy pequeños que sean, te permitirá conservar una sensación de equilibrio. Haz la meditación de la compasión por ti misma, o de la autocompasión, que verás al final de este capítulo e intenta vivir tu jornada con esta conciencia generosa.

Ahora bien, no esperes milagros; esta sensación positiva puede tardar a calar en tu mente. Lo más importante es que te acuerdes de que tienes que centrar la conciencia en la multiplicidad de aspectos que tienen las experiencias agradables, y que lo hagas durante el máximo de tiempo posible. Si, por ejemplo, estás disfrutando de un día soleado, en lugar de centrarte en la sensación de sentir el sol sobre tu piel, intenta embeberte de los sonidos y los aromas que te rodean. Absorbe la experiencia durante el máximo de tiempo posible. Toma nota mentalmente y anímate a incorporarla a tu vida de manera consciente.

Cómo volverte positiva si te sientes negativa

¡Qué fácil es decir que tienes que sentirte bien cuando estás destrozada, estresada, angustiada o sientes desprecio por ti misma! Lo difícil es conseguirlo. La felicidad se nos antoja muy difícil de alcanzar en esas circunstancias, y la motivación para encontrarla, todavía más. Cuando empieces a practicar la meditación de la compasión por ti misma de la página 224, descubrirás que sus objetivos parecen contrarios a la tendencia manifiesta de tu experiencia presente. Recuerda que debes dejar de forcejear con esa experiencia en particular. Descubrirás que si abres la mente a la posibilidad del placer, lo encontrarás. Solo necesitas estar receptiva.

¿Cómo vas a hacerlo? ¿Cómo pasarás de estar preocupada porque vives en un estado negativo, que es lo que nos sucede a la mayoría, a desarrollar poco a poco un estado mental y anímico positivo y expansivo? ¿Cómo vas a dar vida a algo que parece que no exista?

El primer paso es estar presente sencillamente en lo que está sucediendo, ahora mismo. Es un acto de bondad hacia ti misma. A menudo nos persigue el pasado, o nos preocupamos por lo que pasará en el futuro. Nos perdemos en esta experiencia secundaria, que, retroalimentada, puede hacerte caer en un sufrimiento mental y emocional insoportables. No hay duda de que ese estado conlleva una tensión física y un sufrimiento que quizá se manifiesten en un dolor de cabeza, en problemas estomacales o en fatiga.

Cada vez que te vuelcas en tu experiencia presente, la que estás viviendo en este momento, cortas con estos hábitos. Asentando tu conciencia en las sensaciones y los movimientos de la respiración en tu cuerpo, estás presente, y todo se volverá mucho más simple. Estarás despierta.

El tema es cómo mantienes el interés por estar presente, cómo te ocupas más de la experiencia del momento presente que de tus fantasías y preocupaciones, tu rabia o tus celos. La clave es prestar atención a tu experiencia en general y asegurarte de que no la censuras bloqueando las emociones peliagudas o los sentimientos que te desagradan o no deseas. Esta eliminación inconsciente nos hace estar en las nubes y perder la concentración, y terminamos perdidas en un mar de distracciones mentales o bien muertas de aburrimiento.

Para superar esta tendencia, entra en contacto con lo que tu cuerpo siente con mucha sensibilidad y cariño. Quizá estarás incómoda o incluso notarás dolor. Puedes notar un dolor físico causado por una herida o una enfermedad, o quizá ese dolor sea el reflejo físico de una emoción. Por ejemplo, aprietas la mandíbula cuando estás enfadada o respiras superficialmente si sientes angustia. Eso es normal. Comprueba si puedes aceptar estas sensaciones con amabilidad y apóyate en ellas con calidez y cariño. Comprueba si eres capaz de reaccionar con la naturalidad que expresarías con alguien a quien quieres y que está sufriendo. A menudo somos tan duras con nosotras mismas... que terminamos siéndolo mucho más que con los otros. Deja que esta reacción automática se calme. Respira con todo el cuerpo; inhala y exhala... con suavidad... con suavidad. Esta es la primera fase de la meditación de la compasión por una misma.

Practícala durante un rato, y luego desvía la atención hacia algo agradable. Elige soltar conscientemente mientras te centras en la dificultad, y luego pasa a la fase «que entre» lo bueno que hay en ti, sobre todo dándote cuenta de las sensaciones agradables que notas en el cuerpo. Al principio quizá des por sentado que tu experiencia no va a resultar agradable, pero cuando te fijes con mayor atención, te darás cuenta de que tus manos están calientes, y tu cara, relajada, o de que notas una dulzura en el corazón que te hace ser más honesta y auténtica contigo misma. Advierte esta sensación de placer y apertura en tu cuerpo, no importa si te parece muy sutil o normal y corriente, con toda la bondad de que seas capaz. Permite que tu conciencia se asiente y se aquiete.

A medida que vayas trabajándolo, empezarás a sonreír. Tu corazón se sentirá henchido, en expansión. Por medio de la sensibilidad, deja que crezcan estas experiencias positivas. Imagínate que soplas las brasas de un fuego hasta que la llama prende. Si soplas con demasiada fuerza, el fuego se apagará. Si no soplas lo suficiente, el fuego se extinguirá. Si soplas con toda tu suavidad y sensibilidad, las llamas irán aumentando hasta crear un gran resplandor. Cultivar una emoción positiva es algo parecido. Asentando la conciencia en la simiente de la felicidad de tu cuerpo (en esa sensación de expansión), la simiente florecerá, y de manera natural dará paso a un estado positivo, a la felicidad y a la alegría.

La práctica consiste en mostrarte alerta, interesada y curiosa. En disfrutarlo.

Así provocas el cambio. Así puedes reconectar tus pensamientos, literalmente, tu cerebro y tu sistema nervioso, a cada momento, con el principio de «Si insistes dándole vueltas a algún pensamiento, terminarás por ser como piensas». Puedes terminar familiarizándote más con el amor que con el odio, con la generosidad que con la mezquindad, con la calma que con la ansiedad. No es magia ni superstición. Solo te estás alineando con el flujo y la naturaleza cambiante de toda experiencia y, gradualmente, vas guiando este flujo de cambio hacia lo bueno.

Es importante no confundir esta actitud con un pensamiento positivo superficial. No queremos que cures lo negativo de tu vida pegándote una tirita de pseudofelicidad. La base de este auténtico estado positivo es mostrarte consciente con honestidad y tener la voluntad de reconocer tus sentimientos dolorosos con ternura y bondad. Comprueba si te resistes a lo desagradable o intentas evitarlo. «Que sea», reconoce lo que te pasa, y solo entonces suéltalo y centra tu atención en lo agradable. Es el momento de dar paso a la simiente de lo positivo y dejar que esta arraigue y crezca con naturalidad mientras asientas tu conciencia haciendo un delicado y equilibrado esfuerzo.

SANA

En el budismo hay una enseñanza que se llama los Cuatro Rectos Esfuerzos, que podríamos resumir con el acrónimo SANA:

- **S**ilencia la mente. Evita las emociones y los estados mentales negativos procurando no alimentar enfados y problemas pasajeros. Podrás hacerlo con los métodos que te ofrecemos en este libro, como, por ejemplo, contemplar los estados mentales negativos desde fuera y no desde dentro, o ver los estados mentales negativos como si fueran nubes que cruzan el cielo, fluidas y carentes de sustancia (por muy oscuras o sólidas que puedan parecer).
- **A**nula los estados mentales negativos de los que seas consciente con la conciencia equilibrada. Que pase.
- **N**utre y domina las emociones y los estados mentales positivos asentando tu conciencia en la simiente de lo positivo para permitir que esta florezca y crezca. Básate en el principio de «Si insistes en darle vueltas, terminarás por ser como piensas». Que entre.
- **A**limenta tu bienestar: conserva las emociones y los estados mentales positivos de los que eres consciente prestándoles atención y disfrutando de ellos.

Acordarte de la palabra SANA en tu vida diaria te aportará más herramientas para ser bondadosa y amable contigo misma, pero con firmeza y resolución, porque irás sustituyendo gradualmente lo negativo por lo positivo y empezarás a florecer.

Liberador de hábitos 7:
Recopila los 10 principales de la conciencia

La vida puede ser tan frenética que a menudo cuesta hacer un alto en el camino, por no hablar ya de lo que cuesta apreciar las cosas buenas y darse cuenta de que son agradables. Y a menudo, a pesar de lo que los medios de comunicación nos hacen creer, son las cosas pequeñas las que nos hacen felices.

Empieza a darte cuenta de lo especiales que son las pequeñas cosas que son positivas. Cuando seas consciente, detente y empápate de la alegría de esa experiencia, que no tiene por qué ser magnífica ni intensa. Puede ser el aroma de la lavanda, la risa de un bebé, unas sábanas limpias de hilo en contacto con tu piel, la luz del sol entrando por la ventana, hablar con un amigo, el trino de los pájaros...

Al final del día escribe de manera consciente al menos diez cosas que te hayan hecho feliz o te hayan dado placer. (Sí, diez. No pares si has escrito solo cuatro o cinco.) Traer a la memoria las pequeñas experiencias que normalmente se nos escaparían y seríamos incapaces de recordar es el objetivo del ejercicio. No pasa nada si las repetimos día tras día. Y además puedes escribir distintas cosas sobre una experiencia: los sonidos, los aromas...

Recuerda que «Si insistes en dar vueltas a un pensamiento, terminarás por ser como piensas». Si insistes en los aspectos agradables de la vida y aprendes a valorarlos prestándoles una atención plena cada día, empezarás a valorar de manera habitual la cara agradable y amorosa de la vida.

No olvides que tu día puede cambiar gracias a esas pequeñas cosas que son hermosas. Detente de vez en cuando, al cabo de una hora, y haz algo que te resulte agradable. A lo mejor es reconectar con tu respiración, tomarte un breve descanso en la actividad que estés haciendo o sencillamente tomarte una taza de té. ¿Qué actividad positiva podrías hacer que transforme tu experiencia?

La meditación de la compasión por ti misma

En la meditación de la compasión por ti misma aprenderás a considerar tu experiencia, tanto la mental y la emocional como la física, con una actitud amable y amorosa, y a cultivar gradualmente la emoción positiva.

Recuerda: es mejor que te familiarices con la meditación antes de ponerte a practicar. Lee las instrucciones transcritas de esta meditación antes de ponerte a practicar con el audio.

La meditación de la compasión por una misma

Preparación

Adopta una postura para meditar que te resulte cómoda: sentada, acostada o en cualquier otra posición que te permita estar lo más cómoda posible mientras practicas.

Mientras asientas tu conciencia suavemente en el cuerpo, abandona tu peso a la gravedad, nota los puntos de contacto que hay entre tu cuerpo y la superficie sobre la que te apoyas... ¿Puedes dejar que tu cuerpo repose en estas zonas un poco más?... Corrige y relaja la posición de tu cuerpo, una y otra vez... Quizás necesites una inspiración más profunda, y en cada exhalación te vas relajando un poco más... Permite que tu conciencia penetre en los movimientos y las sensaciones que la respiración aporta a todo tu cuerpo. Siente la respiración por delante, por detrás, por los costados, en el interior de tu cuerpo y en las células de tu cuerpo... Déjate mecer y acunar por la respiración natural mientras tu cuerpo se expande en todas direcciones al inspirar y se contrae del todo al espirar. Permite que la respiración siga su ritmo natural sin alterarla ni forzarla.

Relájate sintiendo tus experiencias y asegúrate de que estás abierta a todo mentalmente, emocionalmente y físicamente, buscando en particular cualquier resistencia o contracción que notes... Hay aspectos contra los que una se resiste o intenta evitar. Si este es el caso, que es algo muy normal para la mayoría, acéptalo con amabilidad. Mira si puedes incluir estos elementos de manera gradual en tu conciencia con una actitud abierta. Deja que la resistencia se diluya con la respiración mientras dejas que la experiencia aflore a tu conciencia sin preferencia alguna. Usa la respiración para calmar la experiencia y suavizarla mientras te abres a un sentido de totalidad.

Y ahora deja que los aspectos más difíciles de tu experiencia se sitúen en un segundo plano y advierte las sensaciones agradables que se manifiestan en tu cuerpo. ¿Puedes dejar que penetre en tu conciencia alguna sensación que parezca que lleva en sí misma la semilla de la expansión, por muy sutil que sea?... Quizá notes las manos relajadas, y sea una sensación agradable... Quizá notes el vientre blando, y sea agradable... Quizá sientas la cara relajada, o esa calidez y suavidad se manifieste en alguna otra parte de tu cuerpo...

Dota tu conciencia de una curiosidad bondadosa y amable, y aprende a prestar atención no solo a las experiencias sutiles y silenciosas, sino también a las poderosas.

Quizá pienses que tu experiencia no es nada agradable a primera vista pero, a medida que vas siendo más consciente, quizá descubras que hay dimensiones más agradables en tu conciencia de lo que habías imaginado... Es posible que te parezcan normales. En ese caso, perfecto... por ejemplo, sentir la calidez de tu cuerpo. No solo estamos buscando grandes emociones y sentimientos, sino que también nos fijaremos en las cosas pequeñas que nos resulten agradables... A medida que vayas depositando tu conciencia en estos sentimientos, permite que estos se expandan y crezcan, y deja que tu corazón se abra. Sucederá, y con mucha naturalidad, si sigues el principio: «Cuidado con lo que piensas, porque puede hacerse realidad». Prestando atención a las simientes de la bondad o de la renuncia que hay en ti, acusarás sensaciones positivas y de apertura con toda naturalidad, sin ninguna necesidad de tener que forzar las cosas...

Si te resulta útil, puedes imaginar que lo positivo brilla en ti como las brasas de un fuego: si te esfuerzas demasiado soplando las brasas, todo ese esfuerzo terminará por apagar el fuego, y si no te esfuerzas lo suficiente para retener esos sentimientos sería como si no soplaras las brasas y dejaras que el fuego se apagara... Pero si asientas la conciencia en estos sentimientos con la actitud que compete a la conciencia, será como soplar con mucha suavidad y delicadeza sobre las brasas y el fuego aumentará de intensidad hasta que la llama resplandece. Deja que tus sentimientos se iluminen y se vuelvan más fuertes, poco a poco.

Y ahora, llenando tu respiración de bondad y atención hacia ti misma, cada vez que inhales y exhales imagina tu cuerpo, tu corazón y tu mente, bañados de bondad... Mira si puedes tener contigo misma la actitud que tendrías con un ser querido cada vez que respires, y deja que el amor fluya por toda tu experiencia al respirar, una y otra vez.

Si en algún momento ves que empiezas a ponerte tensa, relájate y abandónate otra vez a la gravedad. Y si ves que empiezas a distraerte, mira a ver si puedes volver a centrarte y reconducir tu interés en expandir tu cuerpo y tu corazón. ¿Qué sensación te provoca eso? Sé muy precisa en lo que respecta a tu conciencia.

Dedica un tiempo a asentarte en una conciencia abierta, deja que todo suba y baje como si fueran las olas del mar, y siente que todo fluye y se abre cuando las cosas llegan y se van. Disfruta de lo simple que es estar aquí a cada momento, sin ninguna necesidad, tan solo la de respirar, abrirte y amar... ¿Qué sucede ahora? Si ves que la mente se te va, recuerda que es normal, así es como se comporta... Cuando te das cuenta de que te vas, despiertas a un momento mágico, un momento de atención plena. Ama los momentos en que te despiertas de ese viaje mental, y vuelve a la práctica con suavidad...

Así como te abres a la conciencia, deja que el peso de tu cuerpo pase a un primer plano: su forma, su respiración, los sonidos y los olores. Luego empieza a moverte, abre los ojos... y procura conservar esta conciencia que valora el amor y la bondad a medida que te incorporas a tus actividades cotidianas. Ten la precaución de concederte el tiempo suficiente para poder pasar de la meditación a la actividad. Puedes quedarte unos minutos sentada para integrar mejor la experiencia.

El diario de Claire

Semana 5: la compasión por una misma

Día 1

Una parte de esta meditación me resulta familiar, como si fuera una continuación del escaneo corporal compasivo que se explica en el capítulo «Acepta tu cuerpo», y me siento transportada. Me gusta ser consciente de que estoy sintiendo cosas agradables: las manos, la cara, incluso el vientre (aunque de una manera instintiva todavía lo rechace). La idea de prestar atención a las experiencias suaves y sutiles me sienta bien, es algo íntimo, ¡como confeccionado a mi medida! Como escritora y editora, me centro en comunicar sutilezas; como persona, soy muy consciente, me doy cuenta de las necesidades y los deseos de los demás y procuro satisfacerlos, pero cuando se trata de mí misma, me planteo las cosas a lo grande. Tiendo a los gestos grandilocuentes y a fijarme en las grandes experiencias, en lugar de prestar atención al detalle. Cuando mis hijos eran unos bebés, mi marido me llamaba Mamá A Todas Horas, porque me centraba más en terminar todas las cosas que tenían que hacerse, en lugar de vivir cada experiencia; a veces lo que hacía era un «ir a por todas», sin prestar atención a los detalles intermedios. Quizá los únicos detalles en los que me fijo son esas pequeñas cosas que hacen los niños. Stuart, por el contrario, siempre se fija en el detalle, en las cosas normales y corrientes que resultan agradables: un capullo a punto de florecer, por ejemplo.

Todas estas cosas me vienen a la mente mientras Vidyamala dice: «Cuidado con lo que piensas, porque

puede convertirse en realidad». Por eso apago el reproductor del audio y empiezo a procesar esa información antes de volver a meditar. (No vivo la experiencia como una debilidad por mi parte ni como una interrupción del hilo de la meditación, sino como una experiencia que me fortalece y me instruye.)
A medida que la meditación progresa, aparecen más contradicciones. Me considero positiva y abierta, pero ¿lo soy también conmigo misma? Vuelvo a interrumpir la meditación y me lo planteo. Creo que soy positiva y abierta con los demás y con sus experiencias, pero ¿lo soy también conmigo misma y con mis propias experiencias? ¿Estoy tan centrada en los demás que no tengo tiempo para mí misma? (No intento mostrarme como una mártir, pero esta experiencia, a pesar de que me ilumina, la siento como una tortura. Después de todo, soy una mujer...)

Días 2 a 7
Esta semana la vivo como otra revelación. Me dedico a meditar todas las noches, menos un día que tengo que salir y no me da tiempo a hacerlo. Todo eso tiene consecuencias en mi jornada: en el tren, de camino al trabajo, en lugar de responder como una posesa a todos los correos que aparecen en mi iPad, me pongo a reflexionar sobre lo que estoy aprendiendo. Siempre he sentido fascinación por las personas más allegadas a mí (pienso en si se sentirán felices, y qué puedo hacer para que se sientan así, cómodas, amadas y valoradas), y también por los desconocidos (quiénes son, cómo deben ser sus vidas, cuáles son sus sentimientos). Y empiezo

a darme cuenta de todo lo que tiene que ver conmigo, de la naturaleza potencialmente destructiva de la visión de «o todo o nada» que me aplico, y que también aplico a las personas que me rodean. Me doy cuenta de que el equilibrio no solo consiste en buscar tiempo para las personas que amo, para las cosas que tengo que hacer, sino también en ver las ventajas que eso entraña para mí como madre, esposa, hija y hermana. Creo que no estoy tomando en consideración mi propia salud, mi energía y mi tiempo, y pienso que si soy más bondadosa conmigo misma, lo seré también con las personas que conforman mi círculo íntimo (mis hijos, mi marido, mis padres y mi hermana), con los colegas del trabajo y con la gente que me rodea. Me doy cuenta de que me pierdo los momentos agradables por mi tendencia a ocuparme de lo que hay que hacer, y entonces me permito soltar eso. Que pase.

Esta sensación de tener que protegerme a mí misma también tiene un profundo efecto en el trabajo. Siempre he sido muy directa, y muy terca, pero ahora veo que no solo doy mi opinión o comunico una idea con pasión, sino que lo hago con la convicción y la confianza de saber que soy buena persona, y que tengo experiencia y perspectiva de las cosas.

Esta semana me sirve para cobrar fuerzas, y resulta inspiradora para mí.

Resumen del capítulo

- Cultivar el amor y la compasión por nosotras mismas es esencial; es un trampolín para que podamos amar a los demás con mayor intensidad.

- La bondad incluye tener compasión por ti misma, preocuparte por ti y por el bienestar de los demás, y tener la voluntad de querer actuar de acuerdo con eso. Incluye sentir con conocimiento, y actuar basándote en este conocimiento.
- El sentimentalismo y la piedad, y la ansiedad y el terror de perder tu propio bienestar y el de los demás, a veces se nos aparecen en forma de bondad, pero no se traducen en una acción útil. Vigila eso, y encuentra el valor para cultivar la auténtica bondad.
- Una nueva vida basada en la atención plena y compasiva puede resumirse de la siguiente manera:
  - Que sea: estar con atención plena y presente sin reaccionar de manera automática.
  - Que pase: reconocer las experiencias difíciles que hemos vivido para que disminuya el efecto que tienen en nosotras, eligiendo cambiar la conciencia y pasar a unos pensamientos, emociones y sentimientos más positivos y edificantes.
  - Que entre: buscar el bien que hay en ti y decidir asentar ahí la conciencia para que esta pueda crecer y convertirse en una emoción positiva más potente («Cuidado con lo que piensas, porque puede convertirse en realidad»).
- Los estudios demuestran que sentirse más positiva y conectada renueva los circuitos neurales de tu cerebro. Además, cambia el equilibrio de las hormonas que impregnan tus células, favoreciendo las que tienen propiedades curativas y más saludables.
- Permaneciendo arraigada a las experiencias positivas, insistiendo en ellas, puedes desarrollar una nueva configuración predeterminada que sea más compasiva, bondadosa y generosa.
- Recuerda el acrónimo CURA: concédete una experiencia positiva; usa esta experiencia estando atenta; regístrala, y que tus sistemas de memoria sean más receptivos; ama y conecta a partir de lo positivo.

- La evolución ha imprimido en el ser humano un sesgo hacia lo negativo: es como si usáramos cinta velcro para retener las experiencias negativas y teflón para que resbalaran las positivas. Practicar la bondad amorosa a través de la meditación de la compasión por ti misma es un método que demuestra que se puede cambiar el sesgo negativo y generar un sesgo de receptividad más positivo y feliz.
- Las emociones positivas empiezan con una sensación física en el cuerpo, pero en general no nos damos cuenta de estas sensaciones fugaces porque quedan desplazadas por las emociones negativas, que suelen percibirse antes. Sin embargo, podemos aprender a reconocer las simientes de lo positivo y elegir asentar ahí nuestra conciencia para permitir que de ellas brote una felicidad completa.
- Acuérdate cada día del acrónimo SANA (véase la página 222). Te ayudará a madurar y a ser más hábil y amable contigo misma, sin que olvides la firmeza y la resolución. Aprende a sustituir de manera gradual las experiencias negativas por las positivas.

Prácticas para la semana 5

- Liberador de hábitos 7: recopila de los 10 principales de tu conciencia y anota (como mínimo) diez experiencias positivas cada día.
- Meditación: diez minutos practicando la meditación de la compasión por una misma (véase la página 224). Lo ideal es hacerlo dos veces al día durante al menos una semana.

9. Ama a otras personas

La atención plena y la bondad amorosa pueden aportarnos una mayor felicidad interior, y eso ¿a quién no le gusta? Pero también te pueden aportar mucho más. Si permites que el amor por ti misma que has cultivado en el capítulo anterior fluya a tu vida, transformará tus relaciones y las mejorará.

Karen es una publicista autónoma que lleva ocho meses practicando el mindfulness, a pesar de que trabaja más de setenta horas a la semana.

Karen, treinta y tres años

Son muchas las cosas que me llevaron a empezar a practicar mindfulness. Mi entorno laboral era muy divertido, y el equipo, brillante, pero a menudo teníamos mucho estrés y mucho trabajo. Y no solo trabajaba duro, sino que además era muy fiestera.

Pasé una crisis familiar muy traumática antes de los treinta, y luego caí en una depresión. Sobre el papel, mi vida era fantástica: tenía un trabajo de ensueño, viajaba por todo el mundo y me alojaba en hoteles de cinco estrellas. Mi sueldo era muy bueno, mis amigos, fabulosos, tenía una casa magnífica y un buen novio. En el trabajo tenía éxito, pero cuando salía con mis amigos me sentía como en una burbuja y pensaba que nadie me entendía, que no tenía a nadie con quien hablar. Iba agotada, me sentía mal, y eso duró mucho tiempo. Mis patrones de pensamiento negativos eran recurrentes. Además, desde la adolescencia me costaba gestionar la rabia.

Había leído un poco sobre las meditaciones y me apunté a un grupo para aprender el mindfulness de la respiración y la meditación Metta-Bhavana (bondad amorosa). Recuerdo perfectamente un día, cuando regresaba a casa después de una sesión, en que mi compañera de piso me dio un abrazo y me dijo que me veía mucho más relajada de lo normal.

Al principio iba a clases de mindfulness esporádicamente. Un par de años después me empezaron a salir cosillas sin importancia, como infecciones urinarias, acné, dolores en los hombros y molestias en los brazos y la pelvis. Fui al médico preocupada, temiendo que se me estuviera manifestando alguna enfermedad... ¿Sería una enfermedad hepática? Me preocupaba estar mal del hígado. El médico me explicó que mis síntomas eran provocados por el estrés, porque mi trabajo era muy exigente, y me recomendó que practicara yoga y meditación.

Descubrí los primeros efectos de la meditación al poco tiempo. Me sentía menos estresada, y la cháchara mental que solía acompañarme disminuía después de meditar. Pero el efecto más profundo lo viví unos años después, cuando ya meditaba cada día, en grupo o en casa. En esa época me di cuenta de que mi bla, bla, bla mental había desparecido, y que sentía, y todavía siento, más compasión hacia los que me rodeaban. Me concentraba mucho mejor en el trabajo, y mis colegas ya no me sacaban de mis casillas. Los ataques de rabia habían desaparecido, y mis relaciones eran mucho mejores. La meditación me ha ayudado mucho, y de muchas maneras. He decidido renunciar a este trabajo tan bien pagado para ser autónoma, y estoy dispuesta a asumir otra clase de retos.

Creo que es como un paquete: no puedes practicar solo la atención plena de la respiración, la bondad amorosa o el escaneo corporal. Aprender mindfulness es como aprender a tocar un instrumento o aprender un idioma: tienes que practicar, y cuanto más lo sigas a rajatabla, mejor te saldrá. La bondad amorosa fue mi meditación favorita al principio, porque se adecuaba más a mi personalidad. Soy una persona muy cálida y sociable, y he tenido la inmensa suerte de disfrutar con mis relaciones a lo largo de toda mi vida. Por eso, practicar la bondad amorosa fue algo creativo para mí, una delicia. Como no soy muy buena concentrándome en una sola tarea, al principio me aburrí mucho con la meditación mindfulness; pero he cambiado mucho, y ahora me encanta y lo paso genial concentrándome en la respiración.

El consejo que te doy para estar atenta es que te fijes en todas las caras de las personas que encuentras en el metro o en el autobús y te preguntes cuál es su historia: de dónde son, a qué se dedican... Con eso siento que tan solo somos seres humanos intentando hacer las cosas de la mejor manera posible, sean cuales sean nuestras circunstancias. A mí me gusta hacerlo, porque siempre me ha fascinado la vida de la gente.

El mindfulness puede ayudarte a entender lo que realmente importa, sobre todo teniendo en cuenta la variedad de opciones de que disponemos. Aunque eso no quiere decir necesariamente que sea fácil.

El *Metta Bhavana*

Antes de pasar a contemplar la ciencia del amor y la compasión por ti y por los demás, puede irnos muy bien contar con una cierta experiencia. La meditación de la conexión que presentamos en este capítulo (página 256) es una forma abreviada de la *Metta Bhavana* o meditación de la bondad amorosa, una meditación budista tradicional muy conocida. Nosotras hemos creado una forma abreviada para poder acceder al punto central de la meditación con una sesión de diez minutos. Para los que quieran practicar durante más rato, explicamos la meditación *Metta Bhavana* completa en la página siguiente. Intenta hacerla por ti misma, después de haber leído la explicación, o con la versión audio que encontrarás en la página web www.mindfulness4women.com (véase «Recursos», página 371).

Tradicionalmente, la meditación se divide en cinco fases para que puedas cultivar la bondad amorosa hacia ti misma y hacia los demás. Cada fase o estadio se centra en un tema distinto, a saber:

- En ti misma.
- En una amiga.
- En una persona neutra (alguien a quien solo conoces de vista).
- En alguien con el que te resulta difícil relacionarte.

- En toda la humanidad, y procura ser imparcial (es decir, desentiéndete de lo que te gusta, lo que te disgusta y de cuáles son tus preferencias).

Durante miles de años las personas han entrenado sus corazones y sus mentes con esta meditación, y se han convertido en individuos más felices, sanos y amorosos.

Ejercicio: empieza a amarte a ti y a los demás

Siéntate en silencio y dedica un momento a asentar la conciencia en tu cuerpo y tu respiración. Siente los suaves movimientos del vientre, de los costados de tu cuerpo y de la espalda mientras te relajas con los movimientos y las sensaciones que notas al respirar. Observa si puedes sentir la respiración en todo tu cuerpo.

Sé consciente de tus pensamientos. ¿Qué pasa por tu mente en estos momentos? Sé consciente de tus emociones, de tus estados de ánimo. Sin juzgar, fíjate en tu experiencia mientras la estás sintiendo y cuando desaparece, a cada momento. Mira si puedes descansar en el flujo de tus sentidos y de tu mente.

Ahora imagina que expandes tu conciencia y que invitas a una amiga. Puedes visualizar una imagen de ella o visualizar que viene a sentarse contigo, o puedes rememorarla de otra manera, sintiendo su presencia... Lo que te vaya mejor. Comprueba si notas que estás con tu amiga. ¿Puedes integrar a tu amiga en esta experiencia? ¿Qué te parecería ser como ella? Mira si puedes desentenderte de lo que piensas y opinas sobre ella y dale la bienvenida por primera vez, en este momento.

Considera durante unos instantes vuestras diferencias. Por

ejemplo, vuestra imagen, vuestro gusto por la ropa y por la comida. Quizá vuestras familias sean distintas, quizá incluso seáis de culturas diferentes o de países diferentes, o puede que no tengáis la misma edad.

Ahora rememora todo lo que tienes en común con esta amiga. Las dos respiráis, inhalando y exhalando a cada momento de manera parecida. Vuestro cuerpo procesará el aire para daros vitalidad y que continuéis con vida de una manera muy parecida. A medida que reflexiones, te darás cuenta de que a ninguna de las dos os gusta sufrir, y que tendéis a reaccionar ante lo desagradable de forma muy parecida, intentando bloquearlo y haceros las distraídas, sintiendo que estáis abrumadas o incluso deprimidas. Las dos preferís las experiencias agradables frente a las desagradables, más o menos de la misma manera. Ambas tendéis a aferraros a las experiencias agradables en un intento de prolongarlas. A veces funciona, pero a veces sencillamente entráis en un bucle de intenso deseo; queréis lo bueno, y solo lo bueno, y os aferráis a ello con tanta fuerza que terminaréis sintiéndoos insatisfechas e inquietas si no os andáis con cuidado.

Mientras sigues sentada, mira si puedes dejar atrás lo que te diferencia de tu amiga, y céntrate en todo lo que compartís. Deja a un lado las diferencias y céntrate en lo que tenéis en común. ¿Qué notas?

Ahora permite que esta imagen de tu amiga, o la sensación de estar con ella, se disipe. Respira tranquilamente durante unos minutos.

Expande la conciencia de nuevo e invita a un conocido con la imaginación, alguien que conoces de vista, pero de quien no tienes una opinión formada: ni te gusta ni te disgusta. A lo mejor se trata de alguien que has visto en el autobús o en una tienda del barrio, o quizá es un vecino. Descubrirás que al principio te relacionas con esta persona como si fuera una desconocida. Quizá parezca muy distinta de ti, porque no sabes casi nada sobre su vida, pero, a medida que reflexiones, fíjate en todo lo que tenéis en común. Respiráis de la misma manera; en su vida habrá cosas agradables y desagradables, como te ocurre a ti. Esta persona se resistirá a reconocer los aspectos desagradables de su vida casi como haces tú. Ten por seguro que estará anhelando amar y ser amada como te ocurre a ti. Quizá esa persona ya no te resulte tan extraña ahora, y pase a convertirse en un ser humano de tu misma condición, un compañero de viaje. Quizá veas que compartes con él/ella muchas más cosas de las que os separan. Y tu percepción quizá sea muy distinta de la que tenías al principio del ejercicio.

Y ahora, de nuevo, deja que la imagen de esa persona o lo que sientes por ella se disipe y dedícate unos instantes a respirar con calma.

Expande tu conciencia de nuevo e imagina a una persona complicada. Para el propósito de este ejercicio, elige a alguien con quien tengas diferencias; por ejemplo, alguien que te moleste en el trabajo o te resulte insoportable. Haz que esa persona te acompañe mentalmente. Imagina que está sentada contigo y que abres tu conciencia para incluirla. Al principio quizá la notes separada de ti, como si hubiera una pared entre vosotras creada por tu enfado o tu rabia. Quizá prefieras ver a esta persona de otra manera distinta a ti, porque no te gusta pensar que sois parecidas. Pero, sin moverte de tu sitio, imagina todas las cosas que compartís: la respiración, las experiencias desagradables a las que os resistís, de las que escapáis o termináis desbordadas, las experiencias agradables que las dos perseguís y que durante el proceso no logréis disfrutar. Ambas habréis comprobado que la vida es estresante en un momento dado, y las dos estaréis deseando no ir tan estresadas. Sentiréis el anhelo de conectar con otros seres humanos de una manera parecida. Mira si puedes permitirte que el imaginario muro de separación creado por vuestro enfado o vuestra rabia se disuelva lentamente. En lugar de relacionarte con esta persona basándote en vuestras diferencias, mira si puedes quedarte con la sensación de que compartís muchas cosas y conecta con ella en tu imaginación.

Ahora expande tu conciencia todavía más para incluirte a ti misma y a estas tres personas: tu amiga, la persona desconocida y la persona que es complicada. Imagina que las cuatro estáis sentadas en círculo. En lugar de adoptar tu punto de vista habitual, basado en el prejuicio, el sesgo, lo que te gusta y lo que te disgusta de ellas, mira si puedes relacionarte con ellas basándote en el hecho de que compartís vuestra humanidad. Te habrás dado cuenta ya de que, como seres humanos, hay entre nosotros muchas más cosas en común que diferencias (y estas, además, son relativamente superficiales). Fíjate en lo que sientes cuando dejas de pensar en las personas basándote en las diferencias y céntrate en lo que tenéis en común.

Para terminar este ejercicio, deja que tu conciencia se expanda en todas direcciones e incluye a todas estas personas en tu imaginación. Reposa en silencio, concienciada de todo lo que compartes con los siete mil millones de personas que hay en este mundo; deja de lado si os gustan o no las mismas cosas y quédate con la sensación de que es mucho lo que compartís. Descansa sintiendo que existe una conexión amorosa.

Cuando te sientas preparada, puedes ir terminando el ejercicio.

El poder de la conexión

Aunque el ejercicio anterior puede parecer muy simple, en realidad es muy profundo. Dedica tiempo a cultivar esta nueva manera de ver la humanidad compartida, y descubrirás que transforma tus relaciones y hace que tu vida parezca más armónica. Desarrollar por defecto una afinidad natural con los demás, en lugar de considerarlos unos extraños, «los otros», o verlos como una amenaza, puede ser liberador, incluso un alivio. No estamos diciendo que dejes de discernir como has ido haciendo durante toda la vida. Hay personas de las que tienes que protegerte, claro está, pero no es necesario que te separes completamente del mundo que te rodea.

La idea de que todo está interconectado, básica en el mindfulness y la compasión, ha sido defendida por las religiones y la espiritualidad desde hace siglos, pero es un principio que para muchos de nosotros ahora empieza a ser comprensible. La vida, la experiencia, los pensamientos, las emociones, las sensaciones y la respiración son elementos del mismo flujo, intrincado y natural. Los científicos y los psicólogos de hoy en día empiezan a reconocer esta verdad, sobre todo en el reino de la física cuántica.

Este capítulo da cuenta de los datos científicos que avalan esta interconexión, te mostrará lo que eso implica en tu vida diaria y cómo puedes cambiar tu configuración por defecto y establecer otra en la que los márgenes entre tú y los demás se difuminen suavemente sin que pierdas la confianza en ti misma y tu autonomía personal.

Vironika Tugaleva, escritora galardonada, *coach* vivencial y brillante oradora, lo resume de la siguiente manera:

> ¿Y si todos dejáramos de luchar por la sensación de pertenencia y nos diéramos cuenta de que todos pertenecemos? ¿Y si reconociéramos, cada vez que interactuamos con nosotros mismos y con los demás,

> la eterna y hermosa energía que está interconectada y fluye entre nosotros? ¿Y si reconociéramos nuestra igualdad y celebráramos nuestras diferencias? Imaginaos cómo sería el mundo...[1]

Vivir desde esta perspectiva no implica que vayas a complicarte la vida, que de por sí sola ya es complicada. De hecho, probablemente descubrirás que tu vida es más fácil, que tienes menos conflictos internos y sufres menos decepciones. Y eso es porque pones en práctica corazón y mente para fluir con la vida, en lugar de resistirte a ella y sentirte mal, incómoda. El budismo describe este fenómeno como estar alineado con las cosas tal como son. No es necesario tener una fe ciega; solo necesitas mirar el mundo que te rodea, y mirar en tu interior para observar, de cerca, lo que está pasando. Lo que descubrirás es que todo está cambiando continuamente, y que nada permanece ni es exactamente igual a cada momento. Con el «que sea», puedes dejar «que pasen», aspectos de ti misma que están atascados y no te sirven para nada, y dejar «que entre», la posibilidad de guiar este flujo de cambio para beneficiarte de él, como hiciste en el capítulo anterior. En este capítulo, ampliaremos este punto para que en nuestra noción de conexión y de sentirnos positivas incluyamos a los demás.

La buena noticia es que, como mujer, ya te has puesto en marcha. Te relacionas con naturalidad con las personas sencillamente por el hecho de ser mujer. La conexión y la cooperación forman parte esencial de tu persona. En la era de los cazadores-recolectores, las mujeres formaban comunidades para protegerse a sí mismas y proteger a sus familias del peligro. En la actualidad, la mayoría dedicamos nuestro tiempo y energía a cultivar y mantener amistades profundas que puedan aportarnos cosas.

La amistad y las relaciones entre nosotras no solo forman parte de nuestra herencia femenina, sino que además son básicas en nuestra herencia genética, y gracias a haber desarrollado la capacidad de trabajar en grupo, los humanos se han convertido en la especie dominante del planeta. No se trata tanto de la supervivencia del mejor como de la supervivencia del más bondadoso. De hecho, en *El origen del hombre,* Darwin usó la palabra «amor» noventa y cinco veces y «supervivencia de los más aptos» solo dos, indicando con ello que nuestra capacidad para cooperar era más importante que nuestras relativas debilidades físicas, y que sobrevivíamos y luchábamos como especie. El orden natural de las cosas, por lo que parece, es la cooperación y la democracia.

Del aislamiento a la empatía

Alineada a este principio, te sentirás feliz e intrínsecamente satisfecha.

Por eso, el aspecto bondadoso y compasivo del mindfulness en sí es tan importante como la formación de la conciencia. Para florecer y madurar, tienes que aprender a amar y ser amada, y a abrir tu mente y tu corazón a la conexión que ya existe con los demás, en lugar de caer por defecto en esa noción de la separación rígida y aislada.

Piensa en algún momento de la vida en el que luchaste contra lo que estabas experimentando, sea a través del dolor, la depresión, la angustia, el estrés o el agotamiento. Probablemente te sentiste sola, y eso quizá te llevó a verte aislada de los demás o a sentir envidia. El dolor, tanto si es mental o emocional como si es físico, ya es malo en sí, pero cuando miras a los demás y su experiencia parece preferible a la tuya, eso puede incrementar tu sufrimiento.

Incluso cuando no estés sufriendo, la vida moderna puede llevarte a construir cristales a prueba de bala contra la sensación de estar conectada a los demás. Por ejemplo, puedes tener la impresión de que tienes que ser dura en tu lugar de trabajo o de que has de protegerte del dolor y la traición que aportarían a tu vida una relación romántica o un amor platónico. Sin embargo, en ambos casos, valorar la interconexión y la experiencia humana común o compartida significa que puedes usar cualquier experiencia tuya como una oportunidad para empatizar con los demás y pasar de la perspectiva del yo a la del nosotros. Por ejemplo, todos sufrimos en un momento dado de la vida, y a nadie le gusta sufrir. Eso es así, nadie escapa de esa realidad. Como ya sabes lo que es sentir dolor, eres capaz de inferir lo que pasan los demás cuando sienten dolor. Por lo tanto, en lugar de que el dolor o la dificultad te induzcan a tener emociones como el sentirte aislada, en realidad pueden conducirte a la empatía y a tener la sensación de que estás conectada.

Del mismo modo, cada vez que te sientas feliz y alegre o que experimentes alguna otra emoción positiva, piensa en las personas que sienten lo mismo que tú. Puedes estar segura de que en un momento dado habrá alguien, en algún lugar, que esté viviendo una experiencia muy parecida a la tuya. Utiliza eso como una oportunidad para entender que estás conectada, y hazlo todas las veces que sea necesario.

Esther es música profesional. En 2012 sufrió un choque frontal con una camioneta y se sintió conectada a los demás como nunca se había sentido en la vida. Esta experiencia pasó a formar parte de lo que ella denomina su bienestar.

Esther, treinta y siete años

Quedé destrozada. Ingresé en urgencias y me llevaron a quirófano. Luego desperté. Estaba con vida, pero no podía moverme de hombros para abajo. Ha pasado mucho tiempo ya, y tras haber contado con mucha ayuda y un gran apoyo, haberme mostrado determinada y haber tenido mucha suerte, ahora puedo andar. En otras palabras, mi columna vertebral quedó dañada, pero tuve suerte y ahora puedo caminar.

Durante estos dos últimos años he pensado muchísimo, como le sucedería a cualquiera que, de repente, se enfrentase a su propia mortalidad y fragilidad, y lo que me ha dejado de una pieza, por muy positivo que haya sido el resultado, es que sigue siendo muy, pero que muy duro, enfrentarse a la vida de un modo que una no ha pedido, ni ha querido para sí misma, en ningún momento. Mi día a día me plantea muchos más retos de los que debería. Y eso, cuando tengo un día bueno.

Sin embargo, y para mi más íntima satisfacción, he descubierto que comprender, apoyar y conectar con mis congéneres es lo más importante que existe para lograr tener una sensación de bienestar. Esta experiencia ha sido uno de los aspectos más inesperados y curiosamente valiosos que me ha aportado el sufrimiento.

Ahora trabajo de asesora con los Samaritanos y me dedico a llegar a esas personas que han sufrido desgracias parecidas a la mía para ayudarlas a encontrar esta conexión. Cada vez soy más consciente de lo mucho que todos tenemos en común, y llegar a esta comprensión profunda es algo muy bello.

Pon el amor a trabajar

La investigación sobre el amor y la compasión es un campo que está en creciente expansión. Está sobradamente demostrado que vivir enfocada hacia la conexión y el amor es bueno para la salud y el bienestar.[2]

Barbara Fredrickson describe el amor como «una resonancia positiva: la emoción suprema..., quizá la experiencia emocional más determinante para recuperarse y tener salud». El amor, como ella propone, se siente cuando dos o más personas conectan con una emoción positiva, por muy fuerte que esta sea. Esta conexión da pie a que resuene lo positivo a través de tres acontecimientos estrechamente interrelacionados:

1. Compartir una o más emociones positivas entre dos personas.
2. Detectar la sincronía que existe entre la bioquímica y la conducta de las dos personas.
3. Una razón refleja para invertir en el bienestar del otro y cuidarse mutuamente.[3]

Como ya hemos dicho, nuestra herencia evolutiva nos ha hecho desear la conexión, y entrar en relación con los demás. En el mundo actual esto significa que las personas que tienen más capacidad de resistencia son las que cultivan una resonancia positiva con los demás. Aumentar tu capacidad de conectar hará que aumente tu habilidad para triunfar en relaciones de todo tipo.

De una manera muy incisiva, Fredrickson dice que el amor o la resonancia de lo positivo es un estado activo que se desencadena cada vez que los tres elementos anteriores están presentes. Es decir, aunque ya no sientas lo que sentías por tu amante o tu mejor amigo, eso no significa que el amor haya desaparecido de tu vida. Cada vez que se establece una resonancia positiva entre tú y otra persona (un colega del trabajo, un amigo o un miembro de tu familia), tanto si la resonancia es fugaz como si es continua, notarás las consecuencias beneficiosas, tanto físicas como emocionales, del amor.

¿No te parece fantástico? El amor está a nuestra disposición cuando abrimos el corazón a las personas que nos rodean y dejamos que surja la resonancia positiva en todos los encuentros de nuestra vida diaria, los grandes y los pequeños.

Eso es sentirse apreciada... y lograr que los otros también se sientan así

Sentirse apreciada y, por consiguiente, saber cómo demostrar el aprecio, es fundamental. Lo que suele denominarse ecuación de la gratitud es la siguiente:

Gratitud = beneficio (una acción bondadosa) + benefactor (una persona bondadosa)

Sin embargo, en la vida muchas veces agradecemos el beneficio, pero no le damos las gracias al benefactor. Imagínate, por ejemplo, que estás en el supermercado y alguien te ayuda a encontrar lo que estabas buscando. Podrías decir algo así como: «Gracias, ha sido usted muy agradable». Pero imagínate que dices: «¡Qué bien me ha venido su ayuda! Es usted una persona estupenda». La diferencia es de puro matiz, pero la resonancia es mucho mayor, y demuestra que expresar el agradecimiento puede convertirse en un gesto bondadoso hacia quien nos ha hecho un bien. Es la resonancia de lo positivo en acción y hace que la vida sea mejor para todos nosotros.

La resonancia de lo positivo no solo hará que tu vida sea más feliz, también puede alargarla. Barbara Fredrickson descubrió que las personas que tienen diversas relaciones que les aportan algo tienen más salud y viven más años, mientras que carecer de esta resonancia positiva es más dañino para tu salud que fumar cigarrillos, beber alcohol en exceso o estar obesa. Las investigaciones demuestran que las personas con relaciones más cálidas y amorosas sufren menos resfriados, tienen la tensión arterial más baja y padecen menos enfermedades coronarias, ataques de corazón, diabetes, Alzheimer y algunas variedades de cáncer. Por decirlo con sencillez, el riesgo de sufrir enfermedades mortales puede reducirse actualizando la manera, y la frecuencia, de conectar con los demás. Como dice Fredrickson: «Cuando las personas abren sus corazones a las emociones positivas, plantan las semillas de su propio crecimiento y se transforman para bien».[4]

Cómo sentir una auténtica empatía

La ciencia que se encuentra tras la empatía se centra en lo que llamamos las neuronas espejo. Tenemos una capacidad extraordinaria e innata de leer los estados interiores de los demás, y eso puede aparecer reflejado incluso en los escáneres cerebrales. Cuando las personas se hacen un escáner mientras tienen emociones fuertes, como, por ejemplo, dolor o alegría, una zona específica de la imagen cerebral se ilumina. Hasta aquí, perfecto, pero sucede otra cosa: esa misma zona de la imagen cerebral se ilumina cuando sencillamente presenciamos que alguien está experimentando estas emociones.

Así pues, las neuronas espejo muestran la manera en que nuestros cerebros y nuestros sistemas nerviosos pueden actuar como un espejo del comportamiento de los demás. Cuando ves que alguien llora, por ejemplo, seguramente sentirás algo parecido a lo que esa otra persona está experimentando (aunque en menor grado). O si alguien empieza a reír a carcajadas de una manera contagiosa, es muy posible que te sientas feliz o te pongas a reír tú también.

Es curioso cómo leemos las experiencias de los demás sobre

todo a través del lenguaje corporal. Es algo así como tener una elevada conciencia de tu propio cuerpo, y si conoces tus propios estados de ánimo, eso puede ayudarte a leer a los demás y a sentir empatía por ellos. Después de todo, la comprensión mutua es la base de las buenas relaciones.

Una vida conectada y compasiva

Encontrar la calma interior y la satisfacción, algo que entra en contradicción con nuestro mundo actual, siempre con estrés y todos corriendo a 150 kilómetros por hora, es fundamental si quieres vivir de una manera más conectada y armoniosa con las personas de tu entorno. Cada vez que bajes el ritmo y tengas en cuenta a los demás, te sintonizarás mejor con tu propia experiencia, serás más bondadosa contigo misma y con los demás, y reforzarás los lazos sociales que te animan a cooperar con los otros, en lugar de a competir, con ellos.

A su vez, enfocar la vida para ir con más lentitud y cooperar con los demás estimula el sistema «tranquilizarse y conectar» introducido en el capítulo cuatro (véanse las páginas 86-87), que te ayudará a conseguir un equilibrio emocional, a cambiar progresivamente de actitud y a tener una mayor sensación de perspectiva, de poder interior y de salud y bienestar en general.

Compasión auténtica = mejora de la salud

Aparte de mejorar tu salud emocional, la compasión te proporciona muchos beneficios físicos y mentales.

El sistema de tranquilizarse y conectar que genera la compasión está gobernado en gran medida por la hormona del abrazo, la oxitocina, y por tus endorfinas (los analgésicos naturales del cuerpo); por eso sentirse conectado también sienta bien en el plano químico. Cuando el sistema está activado, le dice al cuerpo que es sano empezar a recuperarse por sí mismo, y potencia el proceso curativo. El efecto colateral que se propicia es la liberación de una cantidad mayor de oxitocina y de endorfinas en un círculo feliz de salud y bienestar.

Tu sistema nervioso y tu sistema cardiovascular también se relajan.[5] La oxitocina se une al revestimiento de los vasos sanguíneos y favorece la dilatación de las arterias. Como consecuencia, baja la tensión arterial y se convierte en una hormona cardioprotectora.

El altruismo es buenísimo

Aunque parezca increíble, la compasión incluso puede ayudar en la lucha contra enfermedades graves como el cáncer. La inflamación desempeña un papel importante en el cáncer y en muchas otras enfermedades, y en general muestra niveles altos en las personas que viven con mucho estrés. Sería lógico, por consiguiente, pensar que la inflamación es menor en personas con un nivel muy alto de felicidad. Sin embargo, un estudio que valoraba los niveles de la inflamación celular en personas que se describen a sí mismas como muy felices descubrió que eso solo sucedía en determinadas personas. Las que eran felices porque disfrutaban de una buena vida (basada principalmente en gratificarse a sí mismas) en realidad presentaban altos niveles de inflamación; solo las que eran felices porque vivían su vida con un propósito determinado o le daban un sentido en concreto tenían bajos niveles de inflamación.[6] Una vida con significado y propósito se centra menos en satisfacerse a uno mismo y más en satisfacer a los demás. Es una vida rica en compasión, altruismo y sentido. No solo se trata de ser feliz; se trata de ser feliz porque se tiene un propósito.

Aunque parezca que añadir el cultivo de la bondad a tus horarios, que ya de por sí son abrumadores, te va a causar más estrés. Un estudio muy interesante descubrió que el estrés no era causa de mortalidad para los que ayudaban a los demás, sino para los que no lo hacían.[7] La compasión, cuando ya le has tomado el tranquillo, te da grandes satisfacciones. Esa sensación de sentirte bien que te provoca el voluntariado, lo que se llama el subidón del que ayuda, tiene su origen en el mismísimo sistema tranquilizador. Las investigaciones demuestran que las personas que se comprometen a hacer un voluntariado viven más que aquellas que no quieren hacerlo, pero solo si la razón para prestarse a ese voluntariado es altruista y no interesada.[8]

¿Qué sucede cuando una persona no es compasiva de por sí? De repente, cambiar tu punto de mira y pasar de contemplarte a ti misma, que es el objetivo primordial de la vida moderna, a dedicarte a otras personas puede parecer abrumador. La parte positiva es que los estudios realizados demuestran que puedes aprender la compasión con relativa rapidez practicando la meditación de la compasión y la bondad amorosa.[9] Y así no solo ayudarás a las personas, sino que el efecto dominó puede beneficiar también a la sociedad. ¡Imagínate la influencia que algo así tendría sobre el acoso si la compasión y la bondad se practicara en las escuelas, en las prisiones y entre las personas que tienen fobia social o muestran un comportamiento antisocial! Ya es hora de que tú la practiques.

Intenta seguir estos dos métodos liberadores de hábitos durante una semana como mínimo.

Liberador de hábitos 8:
Comprométete a realizar actos bondadosos al azar

Una de las maneras mágicas de contribuir a mejorarle el día a otra persona es comprometerse a hacer un acto bondadoso al azar. Haz algún gesto de buena voluntad con otra persona cada día, durante una semana. Si te sientes con ganas, puedes ser bondadosa con alguien complicado o con un carácter que no te guste. Intenta recordar que la alegría está en dar, y no en la gratitud que puedas recibir a cambio. No tienes que plantearte hacer grandes regalos ni gestos extravagantes: abrirle la puerta a alguien o invitar a un refresco a un amigo o a un colega del trabajo también cuenta. Piensa en tus amigos, en tu familia y en tus compañeros de trabajo. ¿Cómo puedes mejorar sus vidas? Siempre hay algo que puedes hacer para mejorarle el día a alguien.

Quizá si sabes que una compañera de trabajo vive con presión un proyecto que está realizando, puedes dejarle un regalito en su mesa al llegar por la mañana: un ramo de flores, una tableta de chocolate o incluso una taza de té que no se espere puede llegar a cambiarle el día. En casa, podrías tener un detalle con tu compañero y ocuparte de alguna tarea que sepas que a él le disgusta, o prepararle su plato preferido. O bien podrías ofrecerte a cuidar del bebé de una amiga o una vecina.

A menudo nos reprimimos y no ayudamos a los demás por timidez o por miedo de parecer tontas o incluso débiles. Si eso es lo que te ocurre, céntrate en estas sensaciones fugaces. Imprégnate de ellas. Consérvalas antes de seguir adelante, sin importar lo que pase. Cuando se trate de repartir bondad, sé temeraria. También te irá bien llevar un diario y anotar en él tus actividades y las consecuencias de haberte comprometido a realizar actos de bondad al azar. Te animarás al ver todo lo que descubres.

Liberador de hábitos 9:
Conecta con tres personas cada día

Relaciónate de manera consciente al menos con tres personas cada día. La mayoría nos relacionamos fugazmente con los demás a diario, y puede ser fascinante despertar y darte cuenta de que las personas a las que prestas poca atención (por ejemplo, esa persona que va lenta en la cola de la caja del supermercado o el camarero que te sirve habitualmente en la cafetería a la que vas) son seres humanos como tú. Cada vez que seas consciente de que acabas de tratar a alguien como si fuera un objeto, detente unos instantes y piensa en todo lo que compartís: la respiración, el deseo de estar conectados, el rechazo al dolor y la búsqueda de la alegría. Observa si ha cambiado tu actitud hacia esta persona. Lleva un diario para anotar tus sensaciones; puedes apuntar al final del día todo lo que se te ocurra.

La meditación de la conexión

Esta meditación te enseñará varios métodos para que conectes con mayor profundidad con los demás, incluyendo los siguientes:

- **Identificarte con los otros** en el plano imaginativo, reflexionando profundamente sobre cómo sería estar en su piel.
- **Respirar con los demás.** Con la imaginación puedes captar que todos respiramos de una manera bastante parecida, y que este es uno de los actos más esenciales que compartimos. Puedes usar la respiración como un conducto a través del cual expresar la bondad y conectar al máximo con los demás, con empatía cuando inhalas y, cuando exhalas, imaginando que la bondad y tus buenos deseos fluyen hacia el mundo y que los demás se impregnan de estas virtudes.
- **Ampliar tu círculo de dedicación e interés** y pasar de estar centrada en ti misma a tener conciencia de la humanidad. Esto se logra con una noción de ti misma positiva y fundamentada, y permitiendo que, por decirlo de alguna manera, el círculo de tu conciencia se expanda infinitamente en todas direcciones. No pierdes la conciencia de ti misma al incluir en ella a los demás; al contrario, tu conciencia irradia hacia fuera en todas direcciones desde tu interior, con un equilibrio y una integridad que se van expandiendo.

Ayuda con la meditación de la conexión

Esta meditación te anima a fomentar los sentimientos de amor, bondad y conexión social.

Como sucede con todas las meditaciones de este libro, esta es corta y accesible. Los cuatro estadios de la meditación tradicional de la bondad amorosa que te relaciona con los demás (con un amigo/una persona neutra/alguien complicado/la humanidad) se concentra en dos fases: enviar tus buenos deseos a un amigo y expandir eso incluyendo a los demás.

Si te ahogan los problemas, el estrés o las emociones negativas, te resultará difícil mostrarte cálida y compasiva con los otros. El estrés y el sufrimiento pueden hacer que te sientas extremadamente aislada, y por eso el liberador de hábitos 8 te anima a dar pasos concretos, para que empieces a invertir esta tendencia y te comprometas a actuar con bondad con otra persona elegida al azar. Sin embargo, si tu aislamiento y soledad son crónicos, al principio quizá te resulte un poco intimidante la meditación de la conexión. En ese caso, da pasitos de bebé. Hacia delante, que no hay prisa. Y, como siempre, intenta recordar que no puedes hacer mal una meditación. Esto no es un examen ni te vamos a poner nota, y tú tampoco deberías hacerlo.

No estamos esperando que, de buenas a primeras, te pongas a amar al mundo entero. Confía en que un efecto secundario muy bueno de esta meditación es que, de una manera rápida pero segura, no te sentirás tan sola. Una buena manera de contemplar este proceso es imaginar que estás despertando de una larga hibernación. ¿Verdad que no te levantarías de golpe de la cama? Te desperezarías y bostezarías a medida que fueras recuperando la conciencia, pondrías un pie con cautela en el suelo y luego te levantarías muy despacio. Esta meditación se enfoca de la misma manera. Basta con que tu mente tienda a la calidez y la compasión, y que intentes, en la medida de lo posible, que los demás pasen a participar de tus buenos pensamientos y sentimientos viendo todo lo que tenéis en común. Esta acción irá desplazando las placas tectónicas de tu mente hacia la bondad y la apertura. Es una meditación poderosa, que, con el tiempo, transformará tu vida.

Una de las preocupaciones más comunes que las personas plantean en esta meditación de la conexión es que podrían volverse blandas o débiles. Si hace meses que te peleas con la vida, habrás erigido muros protectores a tu alrededor, porque en este mundo, hay que ser dura, ¿no?

Pues sí, necesitas una cierta fortaleza para capear la vida, y la atención plena y la bondad son una buena ayuda, sin duda, pero también sirven para reblandecer esos bordes duros del que se siente asediado y para hacer que te resulte más fácil relajarte pensando que la afinidad con los demás existe. Te aliviará dejar de luchar con la vida y fluir con ella.

Al igual que con las anteriores meditaciones, lee las instrucciones siguientes antes de ponerte a practicar siguiendo la grabación.

La meditación de la conexión

Preparación

Elige una postura para meditar. Siéntate o acuéstate. Procura sentirte lo más cómoda posible, en relajación y alerta, durante diez minutos. Acomoda tu cuerpo en la silla, la cama o el suelo, y abandónate a la gravedad.

La meditación

Deja que tu conciencia se asiente en los movimientos y las sensaciones de la respiración en tu cuerpo: siente la respiración por delante, por detrás y por los lados, en el interior de tu cuerpo y en la superficie. Deja que tu respiración se sature de bondad y ternura hacia ti misma. Satura tu respiración de bondad, así como el mar está saturado de sal. ¿Puedes dejar que tu experiencia se muestre en todos sus aspectos y que luego todo eso pase, a cada momento, por el ancho y vasto campo de la conciencia? Siente que tus pensamientos, sensaciones y emociones van y vienen, a cada momento, y observa si eres capaz de sentir lo que está sucediendo con calidez, fluidez y receptividad.

Ahora, visualiza a una/o amiga/o o a alguien que te gusta o con quien tienes una relación de amistad. Elige a alguien que represente a las personas que hay en tu vida. Imagínate que la invitas a tu campo de conciencia, en forma de imagen, sentimiento o de cualquier otra manera que funcione para ti. Ánclate en tu propia experiencia y expande tu conciencia hasta que esta incluya a tu amiga. Imagina que os sentáis en silencio y respiráis con suavidad, las dos juntas, y piensa en todo lo que compartes con esta persona. Aunque vuestro aspecto sea distinto y vuestras vidas también, las dos inhaláis y exhaláis de la misma manera y, al margen de algunas diferencias bastante superficiales, sois muy parecidas. Tu amiga tendrá experiencias desagradables, a las que intentará resistirse y alejar de sí, o que la superarán, y experiencias agradables, a las que tenderá a aferrarse, de una manera muy parecida a como lo harías tú. Procura superar con la imaginación la noción de diferencia y separación que solemos sentir cuando estamos con los demás, y céntrate en la humanidad que compartes con tu amiga. Incluye la bondad hacia tu amiga cuando respires. Al inhalar, siente que hay una fuerte conexión entre ambas; y al espirar, exhala bondad y buenos deseos hacia ella. Todo lo que desees para ti (la compasión, la satisfacción, la realización...) deséalo ahora para tu amiga. Imagina que esas cualidades la van impregnando cada vez que exhalas.

Y ahora, sigue ampliando tu conciencia, e incluye a otras personas. Expande tu conciencia para que, desde el centro de tu cuerpo, irradie hacia las dos; luego rememora a otras personas de tu entorno inmediato. Quizá se trate de alguien que esté en casa, contigo, o que viva en el vecindario. Haz que esas personas cobren vida en tu imaginación. Son seres humanos que están vivos, que respiran igual que tú. Todo lo que experimentas en tu vida, ellos también lo experimentan en la suya, a su manera. Inhalan y exhalan a cada momento, igual que tú. Tienen experiencias desagradables a las que intentan resistirse y alejar de sí, o que las superan, igual que tú; y experiencias agradables que podrían disfrutar, pero que a menudo destruyen de tanto aferrarse a ellas, igual que harías tú. Dedica unos instantes a sentir todo lo que tienes en común con estas personas.

Ahora amplía más tu conciencia para incluir a otras personas. Mira si puedes usar la conciencia que tienes de ti misma como piedra de toque para ser empática con toda la humanidad. En lugar de lograr que lo que estás sintiendo te deje aislada, ¿puedes empatizar con otros seres humanos y darte cuenta de que, en el fondo, todos somos parecidos? En la medida en que nos conozcamos a nosotras mismas, de una manera honesta y auténtica, conoceremos a la humanidad. En la medida en que reconozcamos nuestro propio sufrimiento, sabremos lo que los demás sienten al sufrir. En la medida en que abramos nuestro corazón a la alegría y la felicidad, sabremos lo que sienten los demás cuando tienen alegría y felicidad, y podremos maravillarnos.

Y ahora, impregna tu respiración de bondad y buenos deseos mientras reflexionas sobre todo lo que compartes con los otros. Al inhalar, respira empatía para toda la humanidad; y al espirar, exhala bondad y buenos deseos hacia toda la humanidad. En lugar de centrarte en la diferencia, céntrate en lo que tenéis en común. En lugar de centrarte en el aislamiento, céntrate en la sensación de conexión. Inhala sintiendo interés y conexión con la humanidad, y exhala bondad y buenos deseos hacia todos los habitantes del planeta.

Permite ahora que esos buenos deseos que sientes al respirar fluyan hacia todos sin preferencia alguna: hacia las personas que te gustan y las que no; hacia tus conocidos y los extraños; hacia los que están despiertas y los que están dormidas; hacia los que están cerca y los que están lejos; hacia las personas que viven en lugares donde hay paz y las que viven en zonas de guerra. Todos somos seres humanos. Y nos parecemos. A nadie le gusta sufrir; todos queremos ser felices.

Asiéntate en un ámbito de la conciencia amplio y abierto, y sigue centrada, anclada en tu propia experiencia expandiéndola hasta incluir a gente de todas partes, a toda la humanidad. Asiéntate en los movimientos y las sensaciones que tienes al inhalar con tu cuerpo, y siente respirar al mundo entero, expandiéndose y contrayéndose, expandiéndose y contrayéndose... en un movimiento y un fluir inacabables y delicados. Deja que el mundo entero se impregne y sature de una respiración bondadosa y amorosa, inhalando y exhalando.

Conclusión

Ahora, con mucha suavidad, disponte a poner punto final a tu meditación. Conserva esa sensación de haberte abierto, y de haberte abierto también a los demás, como algo suave que impregna tu cuerpo y tu respiración. Abre los ojos con delicadeza y muévete, y comprueba si eres capaz de mantener esta sensación de conexión con la humanidad mientras retomas tu jornada. Tómate tu tiempo y pasa del espacio de la meditación a tu vida diaria.

El diario de Claire

Semana 6: la conexión

Día 1

Con el subidón de las revelaciones de la semana anterior, me muero de impaciencia por iniciar la siguiente meditación. Y me llevo una gran decepción al ver que me siento física y mentalmente incómoda. Cuando me piden que invite a una amiga o amigo, me veo como la típica empollona en clase de teatro. Siento pánico al pensar en todo lo que saldrá mal (¡bastante le doy vueltas ya a las cosas en mi vida cotidiana!). No es que se me vaya la mente, sino que sale huyendo disparada al ver lo que tiene que hacer; y tengo que esforzarme muchísimo y aferrarme a ella para recuperarla. No tiene ningún sentido; mi papel es el de una mirona y, en fin, siento que todo esto es absurdo. No consigo terminar la meditación, y cuando lo hago, me siento triste, ofuscada y deprimida durante horas.

Día 2

Vuelvo a hacer otro intento, pero ahora pruebo con una amiga distinta... y luego con otra. No supero las cotas del día anterior.

Decido no volver a practicar esta meditación. En condiciones normales, ya me tendríais al teléfono preguntándole a Vidyamala qué opina de todo eso. Pero en esta ocasión no lo hago. Curiosamente, soy muy reacia a compartir mi experiencia, y actúo al revés: me la reservo para mí misma y la analizo con detenimiento. Y aunque sigo sin poder explicarme por qué no conecto con la meditación de la conexión, pienso que a lo mejor es lo contrario y resulta que en realidad estoy demasiado conectada.

Siempre me he sentido en sintonía con los demás. En casa me inculcaron las nociones de empatía y compasión, y una creencia muy arraigada en lo que está bien y lo que está mal. Siento las injusticias como un dolor físico. De pequeña me resultaba insoportable que acosaran a los niños en la escuela, y siempre me incomodaban las camarillas y las desigualdades sociales. De todo eso tengo que dar las gracias a mi padre y a mi madre, y a su manera de ver el mundo y la vida. Ahora que soy madre, este sentimiento se ha hecho más fuerte. Muchas madres se identificarán conmigo. (No estoy sugiriendo que las mujeres que no sean madres no puedan sentir algo así, pero esta clase de sensibilidad parece estar físicamente ligada al parto y, sin duda, a mí se me ha acentuado.) Charley tiene tres años y medio, y todavía soy incapaz de leer noticias sobre familias separadas por la guerra, la muerte o la pobreza sin sentirme mal. Colaboro en obras de caridad, pero no puedo escuchar nada que tenga que ver con las necesidades infantiles y las enfermedades terminales de los niños. Intento ayudar a las víctimas, pero su dolor me aparta de ellas, y tanto si es bueno como si es malo para mí, lo que esta meditación me estaba reclamando era que gestionara el tema. La meditación ha hecho que sea más consciente de las desgracias personales en un sentido cotidiano, y me ha hecho más sensible; por eso digo que esta ha sido la parte menos positiva de mi viaje hacia la atención plena.

Unas semanas después

Solo cuando Vidyamala lee esta entrada en mi diario es consciente de la radicalidad con que reaccioné a esta meditación, y me llama inmediatamente por teléfono. Para mi sorpresa, compruebo que en lugar de extrañarse se siente preocupada. Me dice que mi reacción es bastante habitual, y que ella también empatizaba demasiado.

Me cuenta su caso. Tenía tanta angustia que se sentía aterrorizada, un estado mental muy común en las mujeres. Es como si pensáramos que, para empatizar de verdad con los demás, no solo tenemos que reconocer el dolor ajeno y ayudar a alguien en concreto, si es posible, sino que consideramos su sufrimiento una catástrofe, lo asumimos como propio y lo sentimos en nuestras carnes. La auténtica compasión, dice Vidyamala, proviene de una fuerte noción del yo. Radica en ser capaz de reaccionar de la manera más apropiada para ti y para la otra persona, pero sin perder tu propio equilibrio.

Me aconseja que simplifique al conectar con los demás, que advierta su sufrimiento y les ayude como pueda; pero que si no puedo hacer nada (si, por ejemplo, se trata de una noticia sobre una tragedia), hacerme cargo del sufrimiento de las víctimas y tratar de gestionarlo yo no le va a servir a nadie. A mi entender, y para ser sincera, lo dudo. La compasión es un sentimiento muy arraigado en mí. Es una reacción natural en mí, y no creo que mi actitud sea sensacionalista. ¿Por qué querría controlar yo esta manera de conectar con los demás?

Sin embargo, admito que afecta a mi vida, y por eso vuelvo a releer el capítulo. A regañadientes empiezo a entender que mis sentimientos se corresponden a esa angustia que nos aterroriza y de la que me hablaba Vidyamala. Me da una semana de vacaciones y me pone deberes. Voy a tener que enfrentarme a historias o a temas que me resulten difíciles. Me asentaré en la respiración y pensaré en el tema con lógica. Si no puedo hacer nada práctico para aliviar el dolor de otra persona, tampoco puedo hacer nada emocionalmente, salvo reconocer eso con bondad y estar abierta de corazón. La gente gestiona su sufrimiento como puede. Lo mejor que puedo hacer es trasladar mi compasión de una manera activa a los que me rodean, a los que están a mi alcance.

¿Y sabes qué? Funciona. Me queda mucho camino por hacer, pero al cabo de unas semanas descubro que puedo pasar junto a un sintecho y sonreírle o darle unas monedas sin pasarme horas lamentándome por sus circunstancias. Ahora pienso en los niños desfavorecidos de la organización caritativa en la que colaboro y en lo que reciben ellos sin ponerme a llorar por las terribles circunstancias que los han llevado a esa situación. Y además puedo disfrutar de mi familia sin tener remordimientos ni cargos de conciencia.

Son pasitos de bebé, ¡pero muy fructíferos!

Resumen del capítulo

- La bondad amorosa es una meditación que se practica mucho y que beneficia enormemente a la salud y al bienestar. Se basa en el concepto de la interconexión, que dice que interiormente todos estamos conectados de una manera muy profunda. Puedes cambiar tu configuración por defecto por otra en la que los márgenes entre tú y los demás se difuminen con suavidad sin que pierdas la confianza en ti misma ni tu autonomía personal. Como mujer, estás a medio camino de conseguirlo, porque de manera natural las mujeres buscamos conexiones y amistades.
- Los estudios sobre el amor y la compasión muestran que vivir enfocada hacia la conexión y el amor es bueno para la salud y el bienestar. Barbara Fredrickson describe el amor como «una resonancia positiva», una acción que sucede cada vez que dos o más personas conectan con una emoción positiva que comparten.
- Gratitud = beneficio (una acción bondadosa) + benefactor (una persona bondadosa). Muchas veces en la vida agradecemos el beneficio, pero no damos las gracias al benefactor. Aprender a expresar lo que valoramos es un gesto de bondad. Es la resonancia de lo positivo puesta en práctica.
- La resonancia de lo positivo no solo aportará felicidad a tu vida, sino que la hará más larga. La ciencia ha demostrado que nuestra salud mejora cuando abrimos el corazón a las emociones positivas.
- Las neuronas espejo son la clave fundamental para desarrollar la empatía. Es así como leemos a los demás. La conciencia de una misma también es vital. Cuanto más aprendemos a conocer e interpretar nuestro propio estado de ánimo, más buenas somos reconociendo los estados de ánimo de los otros.

- Ir más despacio y cultivar la calma significa que podrás comprender a los demás y estarás más en sintonía con tu propia experiencia, serás más buena contigo misma y con los demás y reforzarás los vínculos sociales que te animan a cooperar en lugar de a competir. Estimular el sistema de la calma y la conexión también te ayudará a tener la sensación de que estás equilibrada emocionalmente, a ampliar progresivamente tu enfoque y mejorar tu sentido de la perspectiva, tu poder interior y tu salud y bienestar en general.
- La auténtica compasión beneficia mucho t salud emocional, mental y física, incluyendo los sistemas cardiovascular y nervioso.
- El sistema de calma o tranquilidad y conexión se regula por medio de la oxitocina y las endorfinas (que son los analgésicos naturales del cuerpo). Por eso sentirse conectada sienta bien en el plano químico, y además favorece el proceso curativo. Su efecto secundario es que potencia que el sistema de la calma libere incluso más oxitocina y endorfinas en un círculo favorable de salud y bienestar.
- Una vida vivida con compasión tiene más sentido y aporta beneficios añadidos a tu salud. Pero en la vida no solo se trata de ser feliz; se trata de ser feliz con un propósito que incluya el altruismo y la conexión con los demás.

Prácticas para la semana 6

- Liberador de hábitos 8: comprométete a realizar actos de bondad al azar (véase la página 252).

- Liberador de hábitos 9: conecta con tres personas cada día (véase la página 253).
- Meditación: dedica diez minutos a practicar la meditación de la conexión poniendo el énfasis en cultivar la empatía con los demás y demostrarles bondad (véase la página 256). Lo ideal es hacerlo un par de veces al día durante una semana al menos.

10. Fluye y ama

En la vida las cosas no siempre salen como querríamos, pero si nos la planteamos con atención plena podemos considerarla una plataforma sólida desde la que procesar lo malo e incluir lo bueno. El dolor, por ejemplo, es un reto al que prácticamente todos tenemos que enfrentarnos en un momento determinado. Tania emigró de Estados Unidos para trabajar en Gran Bretaña en el ámbito de la protección de menores, y en la actualidad trabaja en un programa de acogida para menores en espera de tratamiento. Su viaje, sin embargo, no fue como ella se esperaba.

Tania, cincuenta y ocho años

Mi madre se interesó por la meditación en la década de los 1970. Una vez, siendo ya adolescente, me fugué de casa, y ella me envió a un curso de meditación con la esperanza de que aquello me sirviera de algo. Desde entonces, nunca he abandonado la práctica.

Unos años más tarde, a mi hermana le detectaron un cáncer,

y durante esa época mi interés se centró en la práctica del mindfulness. Fui yo quien la cuidó, con ayuda de mi madre, durante cuatro meses, hasta que murió. Siete meses después, mi madre se sometió a una intervención de gravedad de la que no llegó a recuperarse nunca, y cuidé también de ella. Murió cuatro meses después. Esas dos muertes, con once meses de diferencia, me decidieron a optar por marcharme a Gran Bretaña y dejar atrás, a mi entender, mis tristes recuerdos, todas mis pérdidas y mi dolor. Pero el dolor siguió mis pasos.

Me apunté a unas clases de meditación en un centro budista. Iba a la hora del almuerzo. En esa época conocí a un hombre que asistía a otro centro budista, nos enamoramos y me casé con él. Nuestra relación nos permitió madurar a ambos en la práctica de la meditación y el mindfulness. Como meditador, mi marido no era muy riguroso, pero comprendía bien lo que significaba la atención plena y la ponía en práctica en todos sus quehaceres. Le daba mucho valor a la vida, y reparaba en todos los pequeños placeres que aportaban elegancia a su vida personal. Sabía apreciar lo valiosa que era la vida. Respecto al mañana, solía decir que a lo mejor no viviríamos para contarlo. Me encantaba la vida que llevaba con él, y pensaba que envejeceríamos juntos.

El año pasado, un día la policía llamó a la puerta para decirnos que habían encontrado a su hijo muerto. El chico tenía un largo historial de drogadicción y alcoholismo, y mi marido me dijo que en cierto sentido llevaba veinte años esperando que alguien llamara a la puerta para darle esa noticia. Sin embargo, la muerte de su hijo fue todavía más trágica, porque llevaba ya un año sobrio y había restablecido los vínculos familiares.

Fueron dos semanas de completa ofuscación. Sumidos en la perplejidad y el dolor, nos dedicamos a hacer los preparativos para el funeral. Intenté apoyar a mi marido y ayudarle en todo lo que pude. Pero él estaba destrozado. Dos semanas después, al terminar el funeral y mientras salíamos de la capilla cogidos de la mano, sufrió un ataque al corazón y murió. Desde ese día tan trágico para mí, he procurado, siempre que me ha sido posible, estar en contacto con mi sufrimiento. He intentado acomodarme a esta pérdida, y a mis otras pérdidas anteriores, en lugar de darles la espalda. A veces, cuando el dolor es muy intenso, recurro a las distracciones y me repliego en mí misma. Pero siempre he seguido practicando la atención plena; nunca he dejado de salir al mundo y dar la cara a mi dolor.

Medito muchísimas veces, y cuando consigo el espacio y el silencio adecuados para la práctica, el dolor sale de mí y sollozo con todas mis fuerzas. Tengo como una pelota en el estómago que necesitara expulsar, y entonces me abandono y la dejo salir. En general, termino de sollozar y me reincorporo a la meditación. O quizá los sollozos forman parte de mi meditación... Lo cierto es que me acomodo a lo que sale. Poco a poco, todo va cambiando y termina por apaciguarse.

El yoga me va bien para asentarme en mi cuerpo y meditar con el mindfulness de la respiración. A veces practico la *Metta Bhavana* y visualizo a amigos y personas que han tenido dificultades y han experimentado una pérdida, como me ha pasado a mí.

Los días que empiezo meditando y haciendo yoga soy más capaz de permanecer atenta durante toda la jornada. Intento prestar atención al viento y al sol cuando voy andando a la estación de tren, de camino al trabajo. Observo los pájaros y los árboles durante el trayecto. En el trabajo trato de tomarme algún descanso y me acerco a la ventana para poder ver las colinas y el cielo. Creo que es importante prestar atención a los sintechos y normalmente intercambio unas palabras con ellos.

Creo que las mujeres tenemos demasiadas ocupaciones, y que siempre intentamos estar disponibles. Creo que es importante abandonar ese papel de supermujer y ser buenas con nosotras mismas. El mindfulness nos ayuda a aprender a ser agradables con nosotras mismas.

Introducir el centro y la respiración

Hasta ahora te hemos presentado meditaciones que entrenan tu mente para que prestes atención a una sola cosa cada vez. Eso cultiva la habilidad de centrarnos. Si tienes la mente y el corazón dispersos, es muy difícil sentir que controlas tu vida y que vives sintiendo que eres tú quien elige. La capacidad para calmar la mente, y para hacer que regrese al tema sobre el que meditas, sea tu cuerpo, tus pensamientos o tus emociones, se llama conciencia centrada, y forma parte de los cimientos esenciales de la formación en mindfulness.

También tienes experiencia sobre lo que es el monitoreo abierto, que desarrolla tu capacidad de asentar la conciencia en una mente abierta con estabilidad y ecuanimidad, sin ir zarandeada por la vida. Esa es la clave para vivir con confianza y fuerza. No importa lo que la vida te depare; con la habilidad del monitoreo abierto, puedes mantenerte firme y tener una perspectiva amplia. El miedo de no ser capaz de abarcar las cosas disminuye, y lo reemplaza una actitud más valiente. Imagina que estuvieras descansando en un sillón y tu actitud hacia la vida fuera estar con los brazos abiertos: cálida, relajada, confiada y buena.[1]

Puedes cultivar el monitoreo abierto si observas cómo va cambiando tu experiencia de la vida a cada momento. Sin embargo, en este capítulo vamos a situarla en escena con la meditación del corazón abierto. A su vez, eso facilitará que tu mente esté abierta y receptiva, equilibrada y estable, y que no se muestre reactiva. Además, tu experiencia sobre la bondad amorosa y la compasión será más profunda. Pondrá de relieve, en lo más profundo de ti misma, el hecho de que los aspectos de tu propia vida y de la vida de los demás están en un flujo constante. Las montañas se erosionan y sus residuos serán arrastrados río abajo hasta llegar al mar. El universo en sí mismo dejará de existir. Asentándonos en esta sensación de movimiento constante, aprenderás a dejar que las experiencias agradables y desagradables sean como el ciclo de la marea o el curso de las olas. Como resultado, no te sentirás obligada a aferrarte a lo agradable de manera habitual y a resistirte a lo desagradable. Piensa en eso como si tu mente fuera el gran contenedor de tu conciencia para que puedas vivirlo todo sin verte enmarañada en un aspecto particular del asunto. Serás capaz de aportar instintivamente calidez y compasión a esta conciencia y a sentirte más plena y libre.

Dana ha desempeñado diversos trabajos a lo largo de los años, y ahora dirige una librería. Aprender a trabajar con el flujo de la vida la ha ayudado a liberarse de sus malos hábitos y a encontrar la paz.

Dana, cincuenta y seis años

A mis veinte años sufrí un traumatismo craneal, me rompieron el corazón y murieron varios amigos y miembros de mi familia. Tenía mucha presión en el trabajo y estuve años intentando centrarme en descubrir cuál era mi auténtica vocación. Hice terapia y me interesé por Oriente y los misterios de la meditación. No había cumplido aún los treinta y seguía soltera, buscando algo más, o algo que no fueran las presiones de mi vida profesional, la casa y el coste de la vida. Fui al centro budista de mi barrio para trabajar con mi mente y aprender a equilibrarme y a manejar el estrés por si me decidía a aceptar un nuevo trabajo que me habían ofrecido. Había dejado de fumar hacía poco y sabía que era capaz de terminar con un hábito fuertemente arraigado en mí. Descubrir que aprender a terminar con los malos hábitos y construir otros más adecuados era una de las enseñanzas del budismo desde hacía 2.500 años fue toda una revelación para mí, y me animó a seguir adelante.

La combinación de estas enseñanzas, junto con el mindfulness y la meditación, me ayudaron mucho más de lo que habría imaginado. Acepté el trabajo, tuve más confianza en mí misma, seguí en la brecha durante nueve años y continué con la práctica de la meditación. Esa experiencia me abrió la puerta a una nueva manera de vivir, más amplia y rica.

Me casé con un hombre maravilloso, emigramos y empezamos una nueva vida en pareja. Con nuestras habilidades y las pocas pertenencias que teníamos, nos marchamos de la ciudad y nos fuimos a un pueblo, hicimos nuevos amigos y ahora vivimos con más libertad y sencillez.

> A menudo aprendo cosas de mi perro: a caminar y a escuchar, y a respirar profundamente. En general, intento mantenerme abierta a todo lo que me rodea. La experiencia más valiosa que he vivido ha sido aprender a incorporar en mi corazón todo lo que sucede, sea el bienestar o/y el dolor, y a seguir mi experiencia, en lugar de evitarla o rechazarla.

Detente y mira

El proceso de calmar o asentar la mente, lograr captar la atención, centrarte y concentrarte para impedir que tu cabeza se vaya posando de desgracia en desgracia suele describirse como el hecho de detenerse. Es duro reflexionar y aprender a reaccionar de una manera distinta con el charloteo de tu mente. Por eso, el primer paso es domesticarla con varios ejercicios simples, prestando atención a una sola cosa cada vez: por ejemplo, a diversas partes del cuerpo, con el escaneo corporal; a centrarte en la respiración, con el anclaje de la respiración, o a asentar la atención en las emociones y sentimientos con las meditaciones de la compasión. Es un momento en que las nubes de tu mente se disipan y, de repente, ves tu circunstancia y tus pensamientos como lo que son.

Lo que sucede a continuación, con el monitoreo abierto, puede describirse como «ver»: ves el proceso de la experiencia y percibes directamente que todo está cambiando, fluyendo, que está interconectado. En lugar de luchar con tu experiencia, te relacionas con la vida de una manera más fluida y con una perspectiva más amplia. Esta actitud puede transformar la experiencia de ti misma y cambiar drásticamente tus percepciones de los demás y del mundo que te rodea. Otra dimensión importante de ver implica relacionarse con la experiencia de la compasión. Sea lo que sea lo que experimentes en un momento dado, sabrás que alguien, en algún lugar, estará viviendo algo parecido, tanto si tu experiencia es positiva como si no. Y, en cualquier caso, mientras cultivas la cualidad de la bondad y el amor, estarás enviando vibraciones positivas al mundo y convirtiendo tu propia experiencia, por muy simple que sea, en una fuerza positiva.

Estás contribuyendo a crear el mundo

La conciencia centrada y el monitoreo abierto son como una forma de meditación, y también lo es la meditación de la bondad amorosa (MBA), la tríada esencial del aprendizaje de la mente y el cuerpo. Todas las meditaciones de este libro consideran la bondad y la compasión como la cualidad fundamental en la actitud.

Consideradas en su conjunto, la conciencia y la bondad te dan la clave para ser más feliz y estar menos estresada, para tener más energía, ser menos reactiva y sentirte llena de amor y vida. Representan un gran beneficio para tu vida, y pueden llegar a transformarla.

Sin embargo, ver la naturaleza fluida de las cosas implica mucho más, y ese es el punto principal para meditar orientadas a una amplia conciencia amorosa. Si yo cambio y tú cambias, ¿dónde están los bordes duros que hay entre nosotras? Cuando nos comunicamos con los demás, solemos pensar que mantenemos un diálogo entre dos entidades estáticas. Pero ¿y si es más correcto verlo como la interacción entre dos formas de vida que están continuamente fluyendo y cambiando? ¿Qué significado tiene eso en el mundo en que vivimos? En lugar de ser víctimas desafortunadas de un mundo despiadado, concreto y de bordes duros, en realidad estamos implicadas intrínsecamente en el despliegue del mundo. Los pensamientos, las palabras y los actos individuales no dejan de enviar ondas al mundo cocreándolo.

Quizá sea esta una gran responsabilidad. Por un lado, sobrecogedora y aterradora, pero, por el otro, también es profundamente optimista y fortalecedora. Y tienes elección: puedes elegir vivir en armonía con eso y aprovechar las oportunidades que la naturaleza continuamente cambiante de las cosas te ofrece o puedes resistirte a ello y luchar de manera inevitable. ¿Qué sentido tiene, después de todo, intentar que las cosas sigan igual, cuando en la naturaleza misma de las cosas está el cambio?

Considera durante unos instantes lo que estás viviendo mientras lees este libro. Vidyamala escribe lo siguiente:

> Estoy en casa, en Ledbury, Inglaterra, un día en concreto, sentada y escribiendo este libro. Tú también estás sentada y leyéndolo. Físicamente, hay una distancia entre las dos. Quizá vivamos en continentes distintos. Quizá leas este libro en el futuro, años después de cuando lo escribí sentada a mi mesa. Y, sin embargo, las dos estamos conectadas a través de estas palabras y de estas ideas. Desde mi silla veo que cae la tarde, y cada vez que levanto la mirada del escritorio, el paisaje a través de la ventana ha cambiado. Ha oscurecido, y los pájaros van guardando silencio. Es el final del día. Mis pensamientos han cambiado también. Escribo al ordenador. Borro mis palabras. Las sopeso. Quizá estés de acuerdo con lo que he escrito. Quizá lo encuentres inspirador. O quizá estés en desacuerdo, y eso te lleve a una cadena distinta de pensamientos. En cualquier caso, ambas hemos cambiado en este diálogo. Ninguna de las dos es exactamente como era antes de iniciar el párrafo. Aunque no te conozco y no tengo ni idea de cuáles son tus circunstancias mientras lees este texto, en este momento me siento conectada contigo. Yo sigo cambiando, a sabiendas de que algún día tú leerás esto.
>
> Si leyera mi libro en voz alta en una sala llena de gente, estaríamos cocreando nuestra experiencia. Si estuviera nerviosa,

> eso se reflejaría en mi lenguaje corporal: se apreciaría tensión en mi cuerpo, y me saldría una voz forzada. Tú lo captarías, y quizá también te sentirías tensa. Una tensión sutil reinaría en el ambiente. Durante mi lectura iría escrutando la sala para ver si mis ideas despertaban el instinto compasivo en el público. En ese caso, me relajaría un poco, y esa distensión se reflejaría por toda la sala como las olas cuando reverberan en un estanque. Quizá tú también te relajarías, y entonces se iniciaría una espiral de relajación. Aunque alguien pudiera hacer un comentario en voz alta desafiando mis ideas, yo intentaría no reaccionar de una manera inmediata. A lo mejor sus comentarios actuarían de acicate en mí y surgiría un debate. En cualquier caso, todos saldríamos de la sala algo cambiados tras la experiencia.

Ahora aplica esta idea a la vida en general y verás que no paramos de enviar ondas al mundo, unas ondas influenciadas por nuestros semejantes. Quizá una de las implicaciones más increíbles del mindfulness y la práctica de la bondad sea que nuestras ondas, las acciones de nuestros pensamientos, de nuestro discurso y nuestro cuerpo, son cada vez mejores. Vemos que todo importa. Tenemos más confianza en nosotras mismas. Y, de una forma muy gradual, nos convertimos en una fuerza positiva de este mundo.

Es evidente que tenemos momentos bajos. La práctica del mindfulness no va a convertirnos en unas santas ni nos hará perfectas. Pero es más fácil volver a conquistar el equilibrio y la perspectiva con una atención plena; eso nos permitirá comprendernos mejor, y con mayor rapidez, y ejercitar la mente para que nuestras elecciones sean equilibradas.

Metáfora del mindfulness: el bote de remos y el yate de vela

Imagínate que estás en un mar embravecido y vas a bordo de un bote de remos. La embarcación está a merced de las olas y empiezas a marearte. Ahora imagínate que te has hecho a la mar ese mismo día y en las mismas condiciones, pero en lugar de ir en un bote de remos, estás en la cubierta de un gran yate que navega con suavidad. El yate surca las olas y tú, como apenas sientes el movimiento, no te mareas.

Las olas encrespadas, como habrás adivinado, son una metáfora de los altibajos de la vida, y eso es normal e inevitable. Si tu conciencia es como un bote de remos, corres el riesgo de ir zarandeada de un lado a otro y terminar mareada metafóricamente (por la vida). Quizá incluso se presente la ocasión en que salgas despedida por la borda y te encuentres sacudida por las olas sin llevar el chaleco salvavidas puesto. Con una conciencia abierta y equilibrada eres como el yate: la vida sigue teniendo sus altibajos, pero tú puedes navegar con relativa fluidez disfrutando de la travesía, y desplazándote con rapidez hacia el destino que deseas.

Vamos a exagerar más la metáfora (ten paciencia, por favor). Un yate navega con suavidad porque tiene una quilla y un mástil. La quilla hiende las aguas por la base del casco, y este lleva un lastre cargado de rocas o piedras que genera un contrapeso para vencer el poder del viento. Cuando practicas la conciencia corporal con la meditación, cultivas tu propio lastre, construyes tu propia quilla. Podría decirse que ofreces un contrapeso a la energía de la mente que a veces te aleja de tu rumbo si no te andas con cuidado.

Un yate también tiene un mástil del que cuelga el velamen. Desde lo alto ves en todas direcciones. Disfrutas de una amplia perspectiva: esas mismas olas que amenazaban con lanzarte por la borda cuando estabas en el bote de remos, vistas desde lo alto del mástil del transatlántico parecen insignificantes e inofensivas, como si fueran pequeñas ondas. La meditación, sobre todo la meditación del corazón abierto de este capítulo, es un método magnífico para entrenarte a ir por la vida desde lo más alto del mástil.

Liberador de hábitos 10:
Detente a mirar y escuchar

El objetivo de este liberador de hábitos es detenerse cinco minutos al día para mirar a tu alrededor o escuchar los sonidos. Intenta hacerlo cada día durante al menos una semana.

Adopta una postura cómoda (sentada, acostada o de pie) y deja que te invadan las experiencias sin adornarlas automáticamente con una historia o un relato. Experimenta un día con sonidos y otro con imágenes.

Respecto a los sonidos, mira si puedes dejar que alcancen tu oído tal como son: que aparezcan y se vayan, a cada instante, y contémplalos sencillamente como sonidos, como impresiones sensoriales. Advierte si tiendes a rechazar o bloquear ciertos sonidos que no te gustan. Fíjate también en los sonidos que te atraen y que provocan que tu conciencia quiera atraparlos y abandone tu cuerpo. Quizá te pongas a adivinar lo que son y termines soñando despierta. Sin embargo, el ejercicio consiste en intentar ser consciente de los sonidos en tanto que sonidos, experiencias cambiantes, mientras tú estás anclada en la conciencia corporal. Acepta los sonidos que te desagradan y disfruta de los que te gustan. Reconócelos, y deja que pasen, a cada momento. Fíjate que siempre están cambiando. Probablemente te sentirás inquieta o aburrida, y te notes cohibida; todo forma parte del proceso. Pero ¿eres capaz de abrirte al aburrimiento, en lugar de salir corriendo a hacer otra cosa?

Haz exactamente lo mismo cuando te abras a las imágenes. Estate abierta a todo lo que penetre en tu campo de visión. Quizá te guste mirar por la ventana u observar la sala en la que estás, o echarte al aire libre y ponerte a observar los árboles y el cielo. Intenta abrir tu conciencia a las distintas formas y colores. ¿Puedes dejar que estas impresiones aparezcan y desaparezcan sin fijarte en algún aspecto en particular? Sé consciente de las distintas cualidades de las imágenes y de tus propios procesos mentales y emocionales sin dejar de anclarte en la conciencia corporal.

La meditación del corazón abierto

La siguiente meditación te ayudará a cultivar una conciencia equilibrada, abierta y bondadosa. Se trata de poner el énfasis en la receptividad de la conciencia abierta: aprendes a no mostrarte reactiva y a sentirte en equilibrio con todo. Eso te animará a equilibrar mente y corazón, y a ganar confianza en ti misma.

La meditación del corazón abierto

Preparación

Como es habitual, empezarás adoptando la postura de meditación. Alinea el cuerpo cuanto puedas, tanto si estás sentada o acostada como si estás de pie, e instálate bien para sentirte lo más cómoda posible. Abandona el peso de tu cuerpo a la gravedad. Deja que tu cuerpo se acomode en la silla, la cama o el suelo.

La meditación

Asienta tu conciencia en el cuerpo mientras notas la sensación y el movimiento de tu respiración. ¿Puedes sentir la respiración en el interior de tu cuerpo y en la superficie? ¿Puedes dejar que tu cuerpo reciba este masaje por delante, por detrás y por los lados, mecido al suave ritmo de la respiración natural?

A medida que tu conciencia vaya aposentándose en la meditación, comprueba que no te estás bloqueando o resistiéndote a los aspectos desagradables o dolorosos de tu experiencia. Escanea tu cuerpo en busca de tirantez o resistencia. Mira si puedes abarcarlo con ternura y suavidad permaneciendo en tu campo de la conciencia con bondad, y siente que tu experiencia está fluyendo y cambiando. Reacciona a la incomodidad como lo harías con naturalidad ante un ser amado que estuviera sufriendo. Descansa ahí unos instantes y acuna esa sensación desagradable con una respiración suave y tierna. Si notas mucha resistencia o aversión, la experiencia te resulta dura o tú estás muy a la defensiva, acepta que las cosas son así, por el momento, y abarca todo eso con una respiración de aceptación suave y tierna. Deja que el peso de tu cuerpo eche raíces en la tierra a cada exhalación, y que se vaya acomodando.

Con mucha suavidad, cambia la mirada de tu conciencia y asiéntate en los aspectos agradables del momento. Posa tu atención, levemente, en algo agradable, por muy sutil que sea: el sol sobre tu piel, tu rostro relajado, las manos calientes, un sonido agradable... o puede que incluso no notes nada desagradable. Procura no dar valor tan solo a las grandes experiencias, las intensas. Recuerda que puedes prestar atención a lo sutil, y valorarlo, o incluso a las experiencias normales y corrientes que son agradables y siempre esperan que repares en ellas si las incluyes a la luz de la conciencia como se requiere. Escanea todas las experiencias que sientes en tu cuerpo con amabilidad, y asiéntate en ellas, vívelas: lo agradable y lo divertido, cuando aparecen y desaparecen, a cada momento.

Y ahora, después de haber imaginado que te has centrado en los aspectos desagradables y agradables del momento con la lente de gran angular de tu conciencia, amplía con mucha suavidad tu perspectiva y cultiva tu lente de gran angular de la conciencia. Asiéntate en tu experiencia, asiéntate en tu cuerpo y deja que los aspectos desagradables de la experiencia aparezcan y desaparezcan, a cada momento, sin resistencia, y sin aferrarte a ello. Así como la respiración cobra vida para disiparse en un instante, en un flujo constante de movimiento y de sensaciones cambiantes, deja que lo agradable y lo desagradable cobren vida también y luego desaparezcan en un flujo constante de movimiento y de sensaciones cambiantes.

Si ves que te resulta útil, puedes imaginar que las experiencias que aparecen por momentos, las agradables y las desagradables, son como el vaivén de las olas del mar. Si reaccionas con aversión a cada ola de placer o sufrimiento que aparece espontáneamente, o te aferras a ella, tu conciencia será como un pequeño bote de remos balanceándose a merced de las olas, de las sensaciones pasajeras. Pero si cultivas una conciencia abierta, equilibrada y no reactiva, que conforme tus experiencias en su conjunto y las mantenga en equilibrio, tu conciencia se convertirá en un yate que surca las olas y el mar. ¿Puedes sentir tu conciencia como si fuera este hermoso yate (con lastre, mástil y aparejos incluidos) mientras te asientas en la respiración, inhalando y exhalando, basando toda tu experiencia en una perspectiva fluida y abierta a cada momento?

Deja que tu experiencia se expanda en círculos cada vez más grandes, respira con bondad y aceptando toda tu experiencia; y al espirar, exhala bondad y ternura, hasta que esta fluya por todo tu cuerpo y salga al mundo exterior. ¿Puedes conseguir que la superficie de tu cuerpo se suavice y se vuelva más porosa a medida que la respiración entra y sale de él?

Quizá sientas que el mundo entero respira: se expande y se contrae, se expande y se contrae en un inacabable movimiento, en un suave flujo. Deja que el mundo entero se bañe en una respiración bondadosa y amorosa y se sature de ella, inhalando y exhalando.

Conclusión

Muy despacio, ve terminando la meditación. Alarga la sensación e incorpora esta perspectiva más amplia y estable, más fluida, a tu vida diaria. Deja que tu cuerpo se ancle y se vuelva estable y receptivo a la respiración bondadosa a medida que captas tu experiencia como si fuera un flujo de sensaciones, pensamientos y emociones pasajeros. Cuando estés lista, empieza a moverte y no abandones esa respiración bondadosa; incorpórala a tu jornada.

El diario de Claire

Semana 7: el corazón abierto

Día 1

Me resulta difícil entrar en esta meditación. No sé si se debe a la intensa experiencia que viví la semana anterior; lo ignoro, pero encuentro mil y una excusas para no hacerla, y prácticamente tengo que decirme en voz alta que es mi obligación.

Al final termina por ser una experiencia agradable y llevadera. Y pienso: «¿Ya está?», pero noto que me siento más alineada con todo el proceso del mindfulness y que el espacio de mi atención plena es más positivo.

Días 2-7

Va pasando la semana y, curiosamente, me siento muy atraída por la meditación del corazón abierto. Empiezo a pensar en mi vida en términos de si es agradable o desagradable, y doy importancia al hecho de que las experiencias agradables tienen que fomentarse y que, del mismo modo, las desagradables (el estrés en el trabajo, por ejemplo, una discusión con mi marido o una enfermedad pasajera) son cosas que pasarán. Eso hace que me detenga y piense en las buenas experiencias; y también pone de relevancia lo que he aprendido con anterioridad sin querer prescindir de eso por un sentido del deber o una necesidad que estarían fuera de lugar. Empiezo a notar que controlo mi vida con tranquilidad; y eso no tiene nada que ver con esforzarme en mantener el control. Es decir, aunque no pueda controlar lo que sucede, puedo controlar mi manera de reaccionar y mis actos. Y eso me va de perlas.

Resumen del capítulo

- La conciencia centrada (prestar atención a una sola cosa cada vez) y el monitoreo abierto (asentarte en una conciencia receptiva y amplia y vivir fluyendo) son dos maneras importantes de considerar la meditación del mindfulness. Tomadas en su conjunto, podemos referirnos a ellas como «detente y mira»: detén la mente que divaga infortunada y dale algo sobre lo que pueda centrarse, y luego mira la naturaleza cambiante y fluida de la experiencia.
- La tercera categoría de la meditación, que es esencial para la mente y el corazón, es la meditación de la bondad amorosa. Tomados en su conjunto, estos tres enfoques te ayudarán a sentirte mejor, a tener más salud, ser más amorosa y sentirte más viva. Te harán un gran bien, e incluso puede que tengan un efecto transformador en tu vida.
- Cuando miras a través de la naturaleza fluida de las cosas, terminas dándote cuenta de que estás participando del despliegue de la vida a través de tus actos, y que sus efectos se extienden por el mundo como las ondas de un estanque. Puedes elegir

vivir en armonía con esa idea y aprovechar las oportunidades que te da la naturaleza cambiante de las cosas; o bien puedes resistirte a ello con la inevitable lucha que conlleva.

- Una de las implicaciones más sorprendentes del mindfulness y del ejercicio de la bondad es que nuestras ondas (nuestros actos de pensamiento, de habla y corporales) cada vez son más beneficiosas. Nos damos cuenta de que todo es importante. Adquirimos una mayor confianza. Y poco a poco, a cada momento, nos convertimos en una influencia positiva para el mundo.

Prácticas para la semana 7

- Liberador de hábitos 10: detente a mirar y a escuchar (véase la página 278).
- Meditación: dedica diez minutos a la meditación del corazón abierto (véase la página 280). Sería ideal hacerla dos veces al día durante al menos una semana.

Parte IV:
Mindfulness en la vida diaria

11. Vivir con menos estrés

Hasta ahora hemos aprendido distintas técnicas sobre la práctica del mindfulness, pero ahora que ya conoces un poco el tema, porque has leído los capítulos anteriores, no imagines que puedes meterlo todo en una caja con la etiqueta de «Mindfulness» y guardarla a buen recaudo. Vas a tener que integrar la atención plena a tu vida diaria, y utilizar todo lo que has aprendido.

Janet trabajó durante trece años en un entorno urbano muy desfavorecido, hasta que una crisis nerviosa no solo la apartó de su empleo, sino que la afectó tanto que llegó a cambiar la manera en que conectaba consigo misma, con los demás y con su propia vida.

Janet, cuarenta y cinco años

Fui asistenta social, y mi trabajo consistía sobre todo en ayudar a las personas que estaban bajo el umbral de la pobreza y presentaban adicciones y enfermedades mentales. Mi trabajo era de puertas afuera, recorriendo calles y callejones. Fui testigo de muchas muertes, violencia y sufrimiento. Hace seis años dejé de trabajar; fue después que una mujer intentó suicidarse delante de mí. Tras ese episodio, tuve una crisis nerviosa que me dejó paralizada. Todo empezó en mi mente (con un estrés postraumático), y llegó a afectarme a nivel físico. Al cabo de unos días presentaba síntomas de fibromialgia y empezaba a manifestarse en mí el síndrome de fatiga crónica. Tuve que dejar de trabajar y pedí la baja por invalidez, proceso en el que sufrí lo que no está escrito.

Siempre me había interesado el mindfulness, aunque consideraba que no podía dedicarle tiempo. En fin, las típicas excusas que todos tenemos... De repente, un día tuve un ataque de ansiedad, me costaba muchísimo dormir y empecé a tener dolores crónicos. Descubrí que era incapaz de seguir relacionándome con el mundo de la misma manera que antes. Cerca de casa hay un templo, y vi que daban un curso de meditación. Me apunté: hacíamos media hora de meditación caminando; y dedicábamos la otra media hora a meditar con atención plena. Y eso, cada día de la semana.

He descubierto que lo mejor para mí es combinar diversas técnicas de mindfulness, pero sobre todo me da muy buen resultado la *Metta Bhavana,* porque me curó el trauma, el dolor y el sufrimiento, y me ayudó a conectar con mi espíritu interior y a dejar de sentir odio hacia mí misma y amarme. Antes era muy desconfiada, desconfiaba de todo y de todos, y eso incluía a las personas de mi pasado. Practicar la bondad amorosa me ayudó a conectarme conmigo misma, con mi conocimiento interior, me situé donde quería, y esa bondad me apartó de la nube que amenazaba con ofuscarme y acabar con mi salud mental. Siempre he sentido mucha compasión por los demás, y el mindfulness me ayudó: me mostró que podía ser útil sin quemarme en el intento.

La práctica del mindfulness también potenció mi memoria y mi concentración; logré conectar con mi respiración, y eso me ayudó a combatir la ansiedad. Gracias a los escaneos corporales pude aliviar los dolores y conectarme conmigo misma y con el momento presente, en lugar de vivir siempre en un estado de intranquilidad y paranoia.

El otro ejercicio importante de mi viaje por la atención plena fue aprender a tomarme la vida diaria de otra manera. Ahora marco mi propio ritmo para intermediar en el dolor físico. Con las enfermedades necesitas ser consciente de tus actividades, del tiempo que vas a dedicarles, del desgaste de energía que conllevan y de cómo te afecta todo eso. Marcarme un ritmo propio y practicar la atención plena en la vida diaria fueron dos cosas que me ayudaron a entender que mis actividades me estaban afectando en algún plano en concreto, fuera el físico, el mental o el emocional. En la actualidad también me ayuda a ajustar mi programa de mindfulness y a mejorar, y ambas cosas me van muy bien en los momentos de estrés. Por ejemplo, cuando estoy leyendo los resultados de unas pruebas médicas o discuto con mi pareja, lo que hago es detenerme, algo de lo que nunca había sido capaz, y conectar con mi respiración. Eso me sirve para escuchar a la otra persona y distanciarme del miedo que siento que se cuela en mi vida. Antes solía tener trastornos digestivos, y a menudo sentía náuseas, pero ahora ya no tanto. Ahora me siento mucho más integrada. Es asombroso.

Mindfulness a todas horas

La historia de Janet demuestra que es muy importante que traslademos la atención plena y la bondad de los períodos estructurados para la meditación a nuestro día a día. De esta manera, poco a poco serás capaz de cambiar los hábitos más recalcitrantes. No es fácil. El poema de Portia Nelson, «Autobiografía en cinco capítulos breves», ilumina muy bien este proceso de transformación lento, pero seguro:

Camino por la calle.
Un socavón en la acera.
Caigo.
Estoy perdida... Indefensa.
No es culpa mía.
Tardo una eternidad en encontrar la salida.

Camino por la misma calle.
Un socavón en la acera.
Finjo no verlo.
Caigo, de nuevo.
No puedo creer que me encuentre en el mismo lugar.
Pero no es culpa mía.
Y vuelvo a tardar una eternidad en salir.

Camino por la misma calle.
Un socavón en la acera.
Lo veo.
Y vuelvo a caer... Es un hábito, pero...
tengo los ojos abiertos.
Sé dónde estoy.

Es culpa mía. Salgo inmediatamente.

Camino por la misma calle.
Un socavón en la acera.
Lo rodeo.

Camino por otra calle.[1]

Aplicar la atención plena en la vida cotidiana suele ser la última pieza que nos queda por encajar a los que desarrollamos la práctica del mindfulness durante toda la vida. Incluso las personas que meditan regularmente y gestionan bien la mente y las emociones pueden terminar agotadas y estresadas en la vida diaria.

Los instantes que siguen a una meditación pueden hacerte ver que estás llena de buenas intenciones y que tienes que procurar vivir en calma, centrada y sintiéndote positiva durante todo el día. Pero suena el teléfono. La canguro llega tarde. Los niños, al notar que el estrés va en aumento, empiezan a portarse mal. Y al final del día, te apetece más un vaso de vino que ponerte a meditar. Pero mira, oye, que mañana es otro día… y vuelta a empezar. A la mañana siguiente la práctica de la meditación se convierte en una operación de salvamento del naufragio del día anterior, en lugar de ser la oportunidad de cultivar un estado mental más positivo. Y, de repente, la meditación te sirve para volver a ese punto neutro en el que te sientes en calma en lugar de iniciar un cambio positivo. (¡Qué duda cabe que es mucho mejor la opción de sentirte en calma que la de dejar de meditar! Pero no vayas a perder la ilusión si ves que ese es tu caso.)

Si eres de las que se enfadan cuando estos casos se etiquetan como un fenómeno inherentemente femenino, te deprimirás al saber que si bien nuestras expectativas están centradas en conseguir la igualdad en los lugares de trabajo y en que los depredadores no nos silben por la calle, seguimos siendo nosotras quienes nos ocupamos de la mayor parte de las tareas domésticas. De hecho, un estudio de 2013, publicado por la Encuesta Social Europea, informó de que las mujeres británicas siguen encargándose del 70% de la limpieza, aunque sean el cabeza de familia y trabajen más de treinta horas a la semana.[2] Eso significa que no vamos sobradas de tiempo, y que aprender a prestar atención plena a la vida diaria es fundamental si buscamos la tranquilidad de ánimo y dejar de estar continuamente estresadas. Es así como los momentos que dedicas a la meditación pueden servirte para crecer y evolucionar. (Y, por supuesto, no olvidemos que la atención plena puede ayudarte a encontrar la manera de conseguir que tu pareja colabore más contigo.)

Cómo encontrar la manera MELVC

El mindfulness en la vida cotidiana tiene una abreviatura: MELVC. Nos recuerda que encontrar el Camino Medio es clave para mantener una atención plena en la vida cotidiana. La clave radica en ser capaz de darte cuenta de que has salido del Camino Medio y te has ido hacia uno de los dos extremos, y en usar las herramientas que conoces de la atención plena para actuar y reconquistar el equilibrio y la armonía.

En las siguientes páginas te presentamos una lista de formas de volver al Camino Medio cuando te has salido de él.

1. Conocer lo que te deja vacía y lo que te enriquece

En la vida hay cosas que nos enriquecen y otras que nos dejan vacías. Si aquello que te deja vacía supera lo que te enriquece, perderás la perspectiva y terminarás deprimida. El mindfulness no impedirá que sigan existiendo esos factores que te dejan exhausta y vacía, pero te puede ayudar a manejarlos mejor. La clave está en priorizar las actividades que tengan algún sentido para ti, te resulten placenteras, te den energía y hagan que tu vida cobre sentido. El mindfulness te ayudará a identificar cuáles son tus valores más profundos, y a seguirlos, tanto si se trata de un cambio de profesión, de plantearte una nueva afición o recuperar antiguos intereses a los que tuviste que renunciar. En cualquier caso, lo importante es que encuentres el valor para seguir el dictado de tu corazón y tus sueños, sin dejar de estar alineada con lo que en realidad te importa.

Ahora bien, ¿cómo puedes identificar tus valores y retomarlos? Toma una hoja de papel en blanco y haz una lista de todas las cosas que enriquecen tu vida y te procuran placer y energía, y no dejes de escribir. Escribe todo lo que te venga a la cabeza: ver a los amigos, jugar con tus hijos o con tus nietos, leer, cocinar, escuchar música, nadar, hacer paracaidismo... Lo que sea, lo que te haga salir a flote.

A continuación, toma otra hoja de papel y escribe todo aquello que te deja vacía. Quizá sea gestionar algún conflicto con la autoridad, conducir durante trayectos largos, trabajar con el ordenador, hablar por teléfono o reunirte con la familia. Sé sincera.

Ahora, sin dejar de mirar la lista de todo aquello que te enriquece, piensa si el tiempo que puedes dedicarle está limitado por tus circunstancias y, en ese caso, si existe alguna manera de darle la vuelta. Pongamos que te encanta preparar platos muy elaborados para tus amistades, pero tu horario es de locura y no tienes tiempo para eso. Valora si no sería posible reservarte una noche al mes para organizar cenas. O bien, si lo que te gusta es ir al cine pero no vas nunca porque siempre estás cansada y estresada, haz el esfuerzo una noche, a ver qué pasa... Verás que, al contrario de lo que crees, son muy pocas las actividades que te obligan a tener una actitud de «o todo o nada.»

Si alguna de las cosas que te enriquecen quedan fuera de tu alcance dadas tus circunstancias actuales, como, por ejemplo, practicar un deporte al que ya no puedes jugar porque estás lesionada, ¿conoces otra manera de provocar esa sensación de satisfacción y placer que buscas? Si los años o las limitaciones físicas han doblegado un espíritu aventurero, quizá podrías considerar la meditación como la oportunidad para convertirte en una aventurera del mundo interior e intentar explorar tu mente. Deja correr la imaginación y descubre la manera de expresar tus motivaciones y valores más profundos.

Ahora echa un vistazo a la lista de las cosas que te dejan vacía. Si no puedes eliminarlas de raíz, ¿conoces la manera de lograr que su influencia disminuya? Por ejemplo, si conducir durante largos trayectos te resulta agotador pero estás obligada a hacerlo por trabajo, ¿por qué no organizas tus viajes en etapas para poder gestionarlos mejor? Podrías tomarte un descanso de quince minutos cada hora. Pongamos otro caso: imagina que descubres que relacionarte con los colegas del trabajo te cansa. Podrías hacer la meditación del espacio para respirar, que dura tres minutos, una vez cada hora (véase la página 320); te calmarás de inmediato, y te servirá para que no te sientas tan indefensa y estancada.

El paso siguiente es identificar cinco actividades que te enriquecen y cinco que te dejan vacía. Esas serán las que habrás de tener más en cuenta cuando incorpores el mindfulness en tu vida diaria. Deberás priorizar lo que te enriquece, y ser consciente de lo que te deja vacía para que no domine tus días.

Para terminar, escribe cinco actividades que te enriquezcan o tecléalas en la aplicación «Notas de tu móvil. Cuando sientas que estás baja de moral o poco inspirada, mira la lista para acordarte de las cosas que te divierten y te dan energía.

Ten cuidado con el embudo del agotamiento

Sin duda alguna podemos ver este libro como un manual que

potencia lo que te enriquece en la vida y quita poder a lo que te deja vacía. Aplicando el mindfulness y la capacidad de elección en tu día a día, tu vida irá cobrando significado y se colmará de satisfacciones.

Sí, ya sabemos que eso es fácil de decir, pero muy difícil de hacer. Quien más, quien menos ha sentido en un momento dado que las cosas le iban bien, y, de repente, ha sucedido algo inesperado (un pico de trabajo, un familiar que enferma o una discusión con alguien) y de nuevo ha aparecido el estrés. Piensas que no podrás con todo, que algo tendrás que abandonar. Y, por lo general, lo primero que abandonas es todo lo que no implique decepcionar a los demás, aunque a ti te guste, te enriquezca y te haga sentir viva (ir al gimnasio, ver una película o leer un libro); en otras palabras, lo que te nutre.

Al cabo de la semana, te sientes más cansada y estresada todavía, porque has abandonado alguna actividad que te enriquecía y, en cambio, has seguido haciendo todas aquellas que te dejaban vacía. Y entonces decides que tendrás que renunciar a algo más la próxima semana... si no quieres que los demás terminen decepcionados. Acaba la segunda semana, y tú estás más agotada que la anterior: habrá que abandonar algo más... Y ¿a dónde nos lleva eso? Pues eso nos lleva pasar por el embudo del agotamiento.[3]

La circunferencia superior del embudo representa la vida en general: el trabajo, la familia, los amigos, las aficiones, los intereses... En fin, todo. La circunferencia inferior representa la vida desposeída de todo eso, en un intento por conservar lo que nos permite seguir vivos: el trabajo, hacer la limpieza, ir al supermercado a comprar... Hay estudios que demuestran que los que siguen pasando por el embudo del agotamiento son los trabajadores más concienciados, y que su nivel de autoestima pasa a depender totalmente de su actuación en el trabajo. Es obvio que, aunque los investigadores se refieran a la «actuación en el trabajo» y hablen de «trabajadores», no es difícil deducir que este síndrome puede aplicarse a otros contextos, como el de la familia y los amigos.

Si aumentas el número de cosas que te enriquecen en la vida y disminuyes las que te dejan vacía, lograrás no entrar en una espiral negativa y pasar por el embudo del agotamiento; y eso, además, te permitirá plantearte tu vida diaria con mindfulness: una vida en la que el placer y la diversión sean sus ingredientes esenciales y no solo un capítulo extra y opcional.

2. Marca tu propio ritmo

Muchas personas enfocan su vida al estilo «subidón-bajón» o, lo que es lo mismo, según los ciclos de hiperactividad e hipoactividad. Casi todos pasamos por períodos de mucha energía y de poca energía. ¿Es este tu caso? ¿Abarcas demasiado cuando te sientes bien y energética, y luego caes en el agotamiento?

Las personas hacemos menos actividades cuando estamos cansadas y desmotivadas; luego, al notarnos con más energía, intentamos recuperar el tiempo perdido y la emprendemos con todo hasta que nos estresamos. Todo eso hace que volvamos a sentirnos agotadas y tensas, y que no podamos tachar todo lo que tenemos apuntado en la lista de los quehaceres, hasta que un buen día volvemos a sentirnos en la cresta de la ola. Y así perpetuamos el ciclo.

Rompe el ciclo

Para vivir con atención plena, tranquilidad y paz, y para conservar un nivel de actividad equilibrado y sostenible que mejore nuestra salud y propicie nuestro bienestar, necesitas romper este ciclo de subidones y bajones. El MLVC es un modo fantástico de equilibrar estos contrarios, de marcar un ritmo propio para no pasarte en los días buenos y no darte por vencida ante la limitación física cuando tienes un mal día. Procura comprometerte con lo que estás haciendo sin dejar de ser consciente de tu respiración y con sentido de la perspectiva, y recuerda que tienes que dar prioridad a lo que te enriquece. Intercalados a lo largo del día, la meditación del Espacio de la Respiración de tres minutos de duración puede convertirse en un buen salvavidas.

Tómate un descanso antes de necesitarlo

Tras un accidente que la dejó muy maltrecha a los treinta y cinco años, Angela tuvo que aprender a marcar su propio ritmo.

Angela, cincuenta años

Un día me di cuenta de que, cuando me encontraba bien, me forzaba mucho físicamente, y luego caía redonda. A mí me encanta nadar. Me dejaba llevar, y nadaba y nadaba hasta terminar rendida. Luego tenía un dolor de espalda terrible, porque siempre me he resentido de esa zona, y tenía que dejar de nadar durante días e incluso semanas. Ahora he aprendido que puedo nadar veinte largos sin sentir dolor, y que soy capaz de estar en forma y conservar la salud si nado con regularidad y marco mi propio ritmo; y eso es mucho mejor que pasar de un exceso de ejercicio al sedentarismo.

Uno de los principios que para mí resultaron más transformadores de aplicar el mindfulness a la vida diaria fue aprender a tomarme un descanso antes de necesitarlo. Y eso me exigió cambiar mi manera de abordar las cosas: mi trabajo frente al ordenador, tener que cocinar o ir a comprar. Es como tener un rinconcito en el banco para cuando las cosas se ponen feas. Si nos gastamos todo el dinero de la cuenta o estamos en números rojos, no tendremos margen para asumir los gastos inesperados. Para mí fue toda una revelación enfrentarme a este hecho e intentar enfocar las cosas de una manera mucho más pautada y marcando mi propio ritmo.

¿Vives siempre al límite? ¿Crees que no terminarías tan molida si descansaras un poco más? Considera tu manera de hacer las cosas y piensa si no podrías tomarte algún descanso antes de necesitarlo. Y no estamos hablando de pasarnos la tarde metidas en la cama, sino sencillamente de practicar los espacios de respiración de tres minutos con periodicidad o de levantarte para estirar un poco las piernas de vez en cuando si llevas mucho rato sentada a tu escritorio.

3. Conserva la flexibilidad

Hay un par de conceptos opuestos que tenemos que equilibrar, y son los comportamientos que nos bloquean (o el rechazo) y la sensación de ahogo (sentirnos agobiadas) ante nuestra propia experiencia (sobre todo me refiero a las sensaciones desagradables). Observa el recuadro de la página siguiente y mira si guarda algún paralelismo contigo.[4]

Quizá descubras que a menudo tus pensamientos giran en torno a la idea de que no puedes abarcarlo todo: odio mi trabajo; estoy agotada; tengo que irme de aquí, pero si dejo este trabajo, ¡quién me dice si voy a encontrar otro!; nunca podré ahorrar; perderé la casa... ¡Qué desastre!

Si este discurso te suena familiar, quizá estás acostumbrada a dejarte ahogar y superar por todas las cosas. Si, por otro lado, tiendes a desconectarte de tu cuerpo y a descartar cualquier sensación desagradable que te perturbe, lo que estás es habituada a bloquear las cosas.

EXPERIENCIA PRIMARIA
Sensaciones básicas desagradables en el cuerpo
EL MINDFULNESS TE AYUDA A ESTAR DIRECTAMENTE EN CONTACTO CON ELLAS

↓

RESISTENCIA/RESENTIMIENTO
EL MINDFULNESS SE DEBILITA/SE DILUYE

↓

EXPERIENCIA SECUNDARIA
Reacciones físicas, mentales y emocionales
EL MINDFULNESS TE AYUDA A DISMINUIRLAS/SUPERARLAS

BLOQUEOS	AHOGARSE
• Endurecerte ante las situaciones desagradables • Inquietud • Incapacidad de detenerte • Sentirte arrastrada • Adicciones de todo tipo: ▪ a la comida ▪ a los cigarrillos ▪ al alcohol	• Sentirse agobiada por sensaciones desagradables • Agotamiento • Inactividad física y pérdida de funcionalidad, debilitamiento de los músculos, etc. • Falta de interés: vaguedad • Ser pasiva y aburrida emocionalmente

▪ a las drogas de diseño	• Depresión
▪ a hablar demasiado	• Compasión por una misma y mentalidad victimista
▪ a trabajar en exceso	• Tendencia a ser catastrofista y a perder la perspectiva
• Crispación e inquietud emocional	
• Ansiedad	• Dominada por la experiencia física
• Rabia e irritabilidad	
• Negación	• Pérdida de iniciativa
• Dejarte dirigir por la mente, y no por el cuerpo	▪ Apartarse
• Controlar en exceso las cosas	▪ Aislarse

Si tu comportamiento guarda relación con alguna característica marcada en este recuadro, no te juzgues con dureza: la mayoría bloqueamos lo que nos pasa o nos dejamos agobiar en mayor o menor medida.

Aprender a prestar atención a la experiencia y a distinguir entre la experiencia primaria (las sensaciones básicas que sentimos a cada momento) y la experiencia secundaria que parece surgir simultáneamente (los pensamientos, emociones, fantasías, miedos y ansiedades que ha generado la experiencia primaria) es fundamental en el mindfulness. A medida que estés más versada en esta práctica aprenderás a asentarte en tu experiencia básica, y a sentir su naturaleza cambiante y fluida sin verte arrastrada automáticamente por tus reacciones.

Hay que buscar siempre el equilibrio y darse cuenta de que se va a caer en uno de los dos extremos. Pongamos, por ejemplo, que sentimos tensión en el cuello y tenemos dolor de cabeza, síntomas relacionados ambos con el estrés. Si te das cuenta de que empiezas a bloquearte (y rechazas esta molesta sensación de dolor hasta distanciarte de ti misma), vas a tener que estar más atenta a lo que sientes en el cuello y en la cabeza, y a ser consciente de ello. Así serás capaz de disminuir la tensión del bloqueo, relajándote conscientemente y sintiendo la respiración en tu propio cuerpo.

Si, por otro lado, te sientes ahogada (tienes la sensación de estar agobiada y desesperada), practicar mindfulness hará que aumente tu conciencia y que seas consciente de otras cosas. Pongamos, por ejemplo, que te sientes desbordada por tu dolor de cabeza, incluso después de haber tomado analgésicos; puedes buscar sensaciones agradables en el ámbito de tu conciencia. Quizá se trate de un aroma embriagador, o de algo bello y digno de contemplar, o quizá te des cuenta de que la sensación de respirar con el abdomen es dulce y maravillosa.

Buscando el equilibrio, tanto si estás bloqueada como si sientes que te ahogas, podrás disolver capa a capa el sufrimiento secundario y estar, quedarte, con la experiencia primaria. Solo entonces, cuando seas capaz de comprender la naturaleza de esta experiencia, te darás cuenta de que no es tan fija ni inmutable como pensabas. Su naturaleza va fluyendo a cada momento. Cambia continuamente. De repente, en lugar de encerrarte en ti misma y luchar contra tu experiencia, aprendes a vivir la vida de una manera muy directa, incluso en paz.

4. Descubre el estrés bueno

La gente da por sentado que una vida ideal es una vida sin estrés. Sin embargo, para funcionar con eficacia, necesitas el estrés suficiente que te permita ir tirando sin llegar al extremo de sentirte bajo presión. Este estado de funcionamiento óptimo se llama estrés bueno, que nos viene como anillo al dedo para ejemplificar el equilibrio entre los extremos.

Con poco estrés, caes en un estado de aburrimiento, letargia, sopor o incluso depresión. Tu máximo rendimiento aparecerá cuando estés un poco más estimulada y tu nivel de excitación sea medio; en cambio, una estimulación excesiva conduce a la angustia y a un retroceso en el rendimiento. En ese punto te sobreviene la fatiga, te vuelves poco eficaz, irritable, y terminas agotada, caes enferma y tienes una crisis nerviosa.

El punto medio en este caso, es decir, el estrés bueno, se encuentra entre la pasividad y la letargia que surgen de tener poca excitación, y el agotamiento y la crisis nerviosa subsiguiente que aparecen cuando tu sistema va sobrecargado.

Otra manera de considerar el tema es pensar que el estrés bueno aparece cuando tus recursos superan los factores estresantes de la situación que estás viviendo:[5] tienes muchas capacidades a mano, pero sigues guardando otras «en el banco» como quien tiene un rincón por si surge un imprevisto. Sin embargo, cuando los factores estresantes superan los recursos que tienes a tu disposición, caes en un estado de sufrimiento. Y aguantar el sufrimiento durante largos períodos de la vida puede tener muchísimas consecuencias en tu salud física y mental.

¿Cómo puedes almacenar recursos para que el estrés inevitable de la vida no acabe contigo?

- **Prioriza lo que te enriquece.** Retoma esas cinco cosas que te enriquecen (véase la página 296). Centrarte en ellas te servirá para generar nuevos recursos, y para impedir que pases por el embudo del agotamiento (véase página 296), lugar en el que el estrés que sientes ante la vida pesa más que los recursos internos de que dispones.
- **Cultiva las sensaciones positivas.** Como ya vimos en los capítulos ocho y nueve, hay evidencias científicas que demuestran que las emociones positivas actúan como un colchón antiestrés. Las personas que son capaces de recuperar y conservar los estados emocionales positivos son menos propensas a tener enfermedades o a requerir asistencia médica cuando se enfrentan a acontecimientos estresantes.
- **Cuidar de los demás y hacer amistades.** El estrés no solo provoca la reacción de lucha o huye. En la década de los 1990

se publicaron diversos estudios que demostraron que también puede provocar la reacción de querer cuidar de los demás y hacer amistades. Esta reacción provoca que aumente nuestra predisposición a cuidar de los demás, a cooperar con ellos, y a ser más compasivos: hombres y mujeres demostraron ser capaces de convertirse en personas merecedoras de confianza, generosas y dispuestas a arriesgar su propio bienestar para proteger a los demás.[6] La reacción de cuidar a los demás y de hacer amistades vuelve a las personas sociables, valientes y listas. Te da el valor y la esperanza que necesitas para pasar a la acción, así como la conciencia necesaria para actuar con habilidad. La práctica de la atención plena y la compasión pueden servirte para que te decantes por esta reacción cuando sobrevienen tiempos difíciles.

- **El espacio de la respiración de tres minutos.** Centrándote en la respiración estimularás automáticamente el sistema nervioso parasimpático, que te aporta calma y te desliga de la reacción lucha/huye/paralízate del sistema nervioso simpático. Con solo tres minutos el efecto es significativo. Y aún mejor si esos tres minutos los dedicas varias veces al día. Por el hecho de acercarte varias veces al punto neutro te irás acostumbrando a anclar tu conciencia en la respiración cuando empieces a sentirte estresada, y desarrollarás una nueva configuración por defecto, que será saludable y te aportará nuevos recursos.

5. Presta atención a los aspectos fundamentales de la vida

El equilibrio también es necesario en los ámbitos más elementales de la vida: la alimentación, el sueño y el ejercicio. Incluir estos factores en una vida dirigida hacia la atención plena es más transformador que la meditación en sí. Si descuidas estas necesidades fundamentales del cuerpo y de la mente, la meditación que puedas hacer quedará comprometida.

La alimentación

Muchas mujeres tienen una relación muy compleja con la comida, pero una nutrición saludable y equilibrada es esencial para mantener la salud y el bienestar. Por esta razón hay profesores de mindfulness que están dando cursos específicos sobre la alimentación basados en la atención plena y enseñan técnicas muy útiles para que nos libremos de subir a esa montaña rusa que sube y baja entre la dieta y los atracones, o bien que nos libremos de los trastornos alimentarios, y nos centremos en el equilibrio que da comer con regularidad y moderación.[7]

El sueño

El mundo moderno nos obliga a estar siempre conectados, y eso puede alterar nuestros hábitos de sueño. Las pantallas LED de los ordenadores, las tabletas o los teléfonos móviles en la mesilla de noche emiten una longitud de onda lumínica que afecta nuestros niveles corporales de melatonina, hormona que te calma y prepara para el descanso. Según el Consejo de Investigaciones Científicas Económico y Social, una de cada diez personas toma con regularidad algún somnífero. Es más, Nuffield Health hizo un informe en 2015 en el que se decía que los adultos británicos pierden 378 horas de descanso a la semana: el promedio de sueño es de 7,1 horas por noche, mucho menos de las ocho horas recomendadas. Una hora no parece ser mucho, pero si es cada noche, tiene un efecto sumatorio. Incluso la idea misma de no estar dedicando el número deseable de horas al descanso dispara aún más la ansiedad que genera la falta de sueño. Por otro lado, es mucho más difícil funcionar y mantenerte en un estado de estrés bueno cuando estás agotada.

Entra en el mindfulness: al calmar el sistema nervioso simpático y reforzar el sistema nervioso parasimpático, serás más capaz de conservar la calma cuando te metas en la cama en lugar de acostarte y notar que la cabeza empieza a darte vueltas mientras tu cuerpo sigue sumido en una actividad frenética. Empieza por hacer elecciones conscientes, y termina las cosas a las que te has comprometido. Adopta buenas costumbres en lo que se refiere al sueño, como, por ejemplo, no tomar estimulantes antes de acostarte (sí, eso incluye el teléfono móvil, no solo la cafeína y el alcohol); establece una rutina a la hora de acostarte y no mires la televisión ni trabajes en la cama. El mindfulness puede ayudarte a identificar tu problema en particular; decide hacer algo al respecto y atente a ello. Si eres adicta a la pantalla o a los aparatos electrónicos, intenta apagar el teléfono a las diez de la noche y promete que no volverás a conectarlo hasta la mañana siguiente.

El ejercicio

Si aplicas el MELVD al ejercicio, entiendes cómo mueves el cuerpo en la zona comprendida entre los bordes «duros y suaves». En concreto, nos referimos a mantener un equilibrio entre pasarnos de rosca y quedarnos cortas. Esta manera de ver las cosas puede aplicarse a todos los movimientos que realices en tu vida diaria, y nos referimos a actividades como ir al gimnasio y a pequeños detalles como lavarte los dientes.

El borde suave es el punto en el que por primera vez tienes la sensación de que te estás moviendo. Cuando doblas la rodilla, por ejemplo, ese es el punto en el que sientes por primera vez un alargamiento y una contracción. Encontrar el borde suave exige tener sensibilidad, y por eso te aconsejamos que trabajes despacio y con plena conciencia cuando hagas el ejercicio o sencillamente te desenvuelvas en tu vida diaria. Dedícate a indagar en tus sensaciones. Cuando sientas que debes superarte o enfrentarte a un reto, profundiza más en el movimiento con la ayuda de la respiración. Respira con suavidad. Te verás tentada a aguantar la respiración para contrarrestar el movimiento, pero en el mindfulness respiramos con suavidad. Profundiza un poquito más en el movimiento... y déjalo ahí. Si te pasas, tocarás el borde duro, que es el punto final del movimiento que existe antes de una distensión o una lesión. Sabrás que te has pasado del borde duro cuando sientas que fuerzas el movimiento. Incluso puede que empieces a temblar un poco, señal de que estás aguantando la respiración.

El movimiento del cuerpo tiene que oscilar entre el borde suave y el borde duro en una situación ideal. Tu cuerpo se estará moviendo entonces sin esfuerzo. Cuando hagas estiramientos en yoga o en el gimnasio, el mejor punto para trabajar es ese estiramiento moderado que eres capaz de mantener en lugar de uno muy intenso que sea difícil de aguantar. Vale la pena tener en cuenta que los bordes cambian cuando eres más fuerte y flexible; y que también pueden cambiar de un día a otro. Si te interesa seguir un programa sistemático de ejercicios para practicar el movimiento consciente, consulta la información que aparece en los «Recursos» de la página 371.

6. Cuando dudes, exhala[8]

El estrés se refleja de inmediato en el cuerpo. Los dolores de cabeza, la tensión en la nuca, la espalda y los hombros son efectos secundarios muy comunes, y pueden ser causados por haber reaccionado al estrés debido a una mala respiración. Hay estudios médicos que demuestran que cuando estamos concentradas, tendemos a tensar los hombros y a inclinarnos hacia delante, y eso implica que aguantamos la respiración.[9] Con el tiempo, la química de nuestro cuerpo va cambiando, y terminas en un estado de estrés.

En una situación ideal, cuando estás haciendo una tarea, el cuerpo se prepara para la acción, terminas la tarea y luego el cuerpo se relaja. Pero en el mundo moderno, en el que la mayoría pasamos muchísimo tiempo delante del ordenador, el cuerpo siempre está dispuesto a actuar, bajo presión.

Respirar de manera superficial, aguantar la respiración o respirar demasiado rápido son los trastornos más comunes. Cuando estamos frente al teclado, tendemos a respirar como si estuviéramos en un modo permanente de lucha/huye/paralízate, con todos los desequilibrios hormonales que eso comporta. Es como una especie de apnea de la pantalla.[10] Como sucede con la apnea del sueño, enfermedad caracterizada por detener la respiración mientras dormimos, nuestra manera de respirar cambia, es superficial, y la situamos en lo alto del pecho, o bien respiramos de una manera superficial. Es fácil deducir que eso es perjudicial para la salud.

Tanto si vas muy presionada en la vida, quizá en el trabajo, como si te sientas en una mala posición, desafiando las leyes de la ergonomía, y pasas horas hundiendo los hombros hacia delante, terminarás cambiando el patrón de tu respiración.

Respirar es la función fisiológica número uno de los seres humanos, y eso influye en la actividad cardíaca, en el vientre, en la tensión arterial, la digestión y el sistema musculoesquelético. Por consiguiente, si cambias la respiración de una manera consciente a través del mindfulness y de la conciencia, tendrás en tus manos una de las herramientas más poderosas que puedes emplear para mejorar tu fisiología corporal. Y la influencia sobre tu salud puede ser enorme; por ejemplo, tendrás menos dolores de cabeza, tensionarás menos los hombros y reforzarás los músculos del torso.

¿Cómo estás respirando en este momento? En general, cuando estamos estresadas no terminamos de exhalar todo el aire. Vamos a intentar hacerlo ahora mismo:

- Exhala todo el aire de tu cuerpo, y nota la pequeña pausa que hacemos al final de la exhalación.
- Dedica unos minutos a respirar y deja que tu respiración fluya con naturalidad, entrando y saliendo de tu cuerpo. Observa esa sensación.

Intenta hacer esta práctica durante todo el día; y para acordarte pega un topo verde en tu ordenador de tal manera que quede a la vista: podrías ponerlo a un lado de la pantalla. Cada vez que te fijes en ese topo, exhala. Relaja la mandíbula. Respira por la nariz y saca el aire también por la nariz. Haz una pausa. Deja que la respiración se manifieste en ti de manera natural, como la ola se va formando en el mar antes de romper contra la orilla. Inhala y luego exhala profundamente. Haz este ejercicio varias veces cuando repares en el punto verde.

Julia es médico. Trabaja seis meses en un consultorio de la ciudad, y los seis meses restantes los pasa en Nepal, trabajando en una ONG dedicada al ámbito de la salud. Y eso lo hace cada año. Julia descubrió el mindfulness a través del budismo, hace veintidós años.

Julia, cuarenta y cinco años

La meditación entró en mi vida como un plus desafortunado que tuve que aceptar porque formaba parte del budismo. La verdad es que la práctica no me interesaba para nada; me interesaba más aprender su filosofía y aplicarla a mi vida. Pero perseveré, con mucha fuerza de voluntad, durante años. Desde entonces mi concentración ha mejorado, y he desarrollado unas técnicas de atención plena que no requieren que me siente en un almohadón para relajarme, porque, francamente eso a mí no me va.

Cuando aprendí a meditar lo hice con mucha fuerza de voluntad, porque soy una persona muy determinada. Es cierto que al principio tuve que hacer un esfuerzo para desarrollar las cualidades que anhelaba, como la concentración y estar en el momento presente. Pero en la actualidad, a mí me funciona más la práctica cuando me siento en silencio y me dedico a estar, sencillamente, y además me conecto con lo que sucede en ese mismo instante. Reconozco, de todos modos, que llegar a este punto no ha sido fácil: he tardado años.

Trabajar en Londres es todo un reto. Soy médico de cabecera, y visito a un paciente cada diez minutos, lo que hace un total de cuarenta o cincuenta pacientes al día. El mindfulness me sirve para concentrarme; respiro hondo y vuelvo a recolocarme en mi cuerpo y en mi mente sin perder el contacto con todo lo que estoy sintiendo en ese instante. Luego lo aparto de mí, me imagino que lo meto en una bolsa que dejo a mi lado, como un amigo que te está apoyando, y me muestro abierta a lo que tenga que venir cuando la siguiente persona entre en mi consulta.

No ha pasado ni un solo día sin que me haya sentido afortunada de ser mujer y haber nacido en Occidente en lugar de en Nepal, porque allí habría sido propiedad de otra persona. El mundo es pequeño como un pañuelo, y ya que estoy viva, siento que mi obligación es hacer algo por los nepalíes. Por eso dirijo una ONG en el ámbito de la salud, donde paso visita durante seis meses al año. Lo que somos o el lugar donde vivimos no es importante, porque todos sufrimos, y el sufrimiento es subjetivo. En realidad, el sufrimiento de dos personas no es comparable entre sí; no tiene ningún sentido. Creo que lo más importante que podemos hacer, y lo que demuestra que somos conscientes, es intentar ponernos en la piel del otro. Pero eso también hay que cogerlo por los pelos, porque nunca puedes llegar a conocer del todo la experiencia que el otro está viviendo. Tienes que ser receptiva y humilde a la vez.

El mindfulness me ha ayudado a sentirme conectada con todas las personas que conozco. No importa que esté sentada con una nepalí y sus cinco hijos en su propia choza, o que comparta el momento con el Primer Ministro de Nepal, con quien me reúno a veces. Lo que sí me importa es conectar con la persona que tengo delante; y pasar de un ámbito a otro me resulta muy fácil. En gran parte se trata de tener confianza en mí misma, pero también de darme cuenta, con plena conciencia, de que todos somos seres humanos, y de que lo único que intento es conocer a las personas en el punto en que se encuentran.

Construye tu propio refugio femenino

Una de las cosas que necesitas cuando estás estresada es encontrar un lugar de quietud, no solo en tu interior, en tu cabeza, sino también en tu entorno inmediato. Un refugio femenino no tiene por que ser un refugio en realidad; puede ser un rincón o una habitación que esté en silencio, un lugar en el que no te molesten. Esto es lo que tienes que hacer:

- **Dale una mano de pintura.** Elige un lugar que esté pintado con un color calmante (o que puedas pintarlo así). El color es puramente subjetivo: puede ser un blanco claro, limpio y fresco, o un rojo cálido y oscuro como el útero materno.
- **Deja que tu refugio parezca una continuación del mundo exterior.** Dale una dimensión femenina y floral, si quieres, y ponle plantas (o dibujos), por ejemplo. También podrías colocar un trozo de madera de esos que el mar deja en la playa, o una piedra que te recuerde lo bella que es la naturaleza.
- **Ponte cómoda.** Tu refugio femenino tiene que ser un lugar en el que te sientas relajada y mimada. Amuéblalo con piezas que te resulten acogedoras y serenas.
- **Decóralo a tu manera.** Sean cuales sean tus gustos estéticos, atrévete. Después de todo, es tu espacio y puedes definirlo como quieras.

Cuando hayas establecido tu propio refugio, asegúrate de pasar tiempo en él. Quizá se convierta en el rincón donde meditas, o puede que quieras convertirlo en ese espacio donde no haces nada, solo estás. Quizá se convierta en un rincón para la creación, donde puedas pintar o escribir. Puedes usarlo de muchísimas maneras. De ti depende. Pero asegúrate de que sea un lugar especial, solo para ti, y que esté a resguardo de la vida diaria.

Liberador de hábitos 11:
mira cómo hierve el agua

Hervir el agua es una de esas cosas que hacemos varias veces al día sin pensarlo ni un segundo. Por eso queremos que una vez al día, como mínimo, y durante una semana entera, intentes prestar plena atención al hecho de llenar una hervidora y ponerla a calentar al fuego.

Cuando levantas la hervidora para rellenarla, ¿notas su peso? ¿La llenas por el pitorro o abres la tapa? ¿La tapa es dura? Pon toda tu atención en el agua, cuando sale del grifo y cuando entra en la hervidora. ¿Sisea y hace burbujas? ¿Huele? Estamos tan acostumbrados al olor del agua que ya no nos damos cuenta de nada. Intenta imaginar lo fuerte que olería la humedad si hubieras pasado una semana en el desierto. Piensa durante unos instantes cómo ha llegado hasta ti esa agua. Cae la lluvia sobre las montañas lejanas, se abre paso en un hilillo entre las rocas y la tierra, hasta que al final alcanza el arroyo. Imagina el embalse, las operaciones de tratamiento de las aguas, las tuberías. Ahora imagina a todos los ingenieros y operarios de mantenimiento que han diseñado, construido y mantenido a punto la red de distribución del agua. Piensa en las personas que están involucradas en la producción y la distribución de la electricidad; las personas que cultivan y distribuyen el té, el café o el chocolate que vas a añadir al agua. Todos estamos interconectados en una miríada de niveles. Y esto solo para que puedas prepararte una taza de té.

Cuando vuelvas a poner la hervidora en la superficie de trabajo o en los fogones, presta mucha atención a tus movimientos. ¿Eras consciente de esos movimientos o los has hecho porque sí? De la misma manera, ¿le has dado al interruptor de encendido o has encendido los fogones de manera consciente o lo has hecho de manera automática?

Escucha el sonido de la hervidora al calentarse. ¿Qué oyes? Cierra los ojos e impregnate de esos sonidos. Comprueba cómo te sientes por dentro. ¿En qué modo mental estás actuando? Espera unos segundos y mira si te das cuenta de cuándo aparecen los primeros signos de impaciencia. ¿En qué parte del cuerpo se localizan? ¿Qué sensación tienes? ¿Es como una fuerza que intentara abrirse paso y ejercer el control? ¿Tu respiración se constriñe? Los hábitos de la impaciencia pueden ser muy persuasivos.

Cuando el agua está a punto de hervir, ¿qué haces? ¿Esperas hasta que el termostato se dispare... o corres a servirte el agua antes de que haya hervido? Comprueba si puedes tener paciencia y esperar a que el termostato se apague antes de tomar la hervidora con conciencia, y sé consciente de tu respiración mientras te sirves el agua.

Dedica unos momentos a pensar si hay otros aspectos de tu vida diaria en los que puedas cultivar la atención plena. Aplicar esta atención plena a la vida diaria puede ser tan importante como hacer una meditación.

Ahora tómate la taza de té, café o chocolate y relájate. Te lo has ganado.

La meditación del espacio de la respiración

Cuando eres feliz y tienes energía, difícilmente te acordarás de las razones por las cuales necesitas meditar. Y lo contrario también es cierto: cuando estás desbordada por el estrés o la ansiedad, puede costarte muchísimo encontrar la motivación para meditar. No tendría que sorprendernos: cuando te sientes desgraciada, solo quieres salir de ahí; y cuando estás estresada o enfadada, es difícil que te acuerdes de las razones por las que deberías guardar la calma. La conciencia de la atención plena tiende a esfumarse, y no es sorprendente que esas antiguas y cansadas costumbres salgan a relucir. La meditación del Espacio de la Respiración de tres minutos se creó para estas ocasiones.[11] Es una minimeditación que sirve de puente entre las meditaciones más largas que hay en este libro y las exigencias de la vida diaria. Te permite consultar contigo misma y observar los pensamientos y las sensaciones desagradables en el momento en que aparecen y cuando vuelven a desaparecer. De esta manera vuelves a recuperar la sensación de estar anclada con calidez, bondad y seguridad. Para muchas es una de las técnicas del mindfulness más importantes que han aprendido.

La meditación tiene tres beneficios principales:

1. Es una manera de interrumpir el día.
2. Te ayuda a diluir estados de ánimo negativos antes de que cobren mayor presencia.
3. Es una meditación de auxilio que puedes hacer en momentos de estrés.

Una buena manera de ver el espacio de la respiración de tres minutos es imaginar que tu conciencia va pasando a través de un reloj de arena a medida que la meditación progresa. Al principio serás muy consciente de los pensamientos que te vienen a la mente y las sensaciones de tu cuerpo. Luego reunirás el coraje suficiente y centrarás tu conciencia en la sensación de la respiración a medida que esta penetre en tu cuerpo y salga de él. Y, finalmente, volverás a situar la atención hacia fuera para que envuelva tu cuerpo y llene de compasión y calidez lo que encuentres. A continuación expandirás más tu conciencia para volver a comprometerte con el mundo.

Esta meditación debería hacerse al menos un par de veces al día, aunque serían preferibles tres o incluso más. Puedes usar un cronómetro para acordarte de detenerte a intervalos regulares y a cronometrar los tres minutos del espacio de la respiración.

La belleza del espacio de la respiración es que puede hacerse prácticamente en cualquier lugar. Funciona tanto en el trabajo como en casa, haciendo cola, en el tren, en el autobús o en un avión: cada vez que te sientas desbordada, el espacio de la respiración te espera.

Detener el frenesí

Ellie practica una breve meditación que considera valiosísima en su apretado programa: «A mí me resulta muy difícil estar quieta. Y una meditación que dure tres minutos me va muy bien para romper con el ritmo frenético de mi vida diaria. Me cuesta mucho acordarme, por eso pongo un cronómetro que se dispara cada hora para anunciarme que ha llegado el momento de parar. Entonces me quedo sentada y en silencio durante tres minutos, asiento la conciencia en la respiración y en el cuerpo y no tardo en calmarme. Es una manera muy simple y poderosa de introducir la meditación y la conciencia a mi vida diaria».

La meditación del espacio de la respiración de tres minutos

Paso I: la llegada

Quédate quieta donde estés. Tanto si estás acostada, como sentada o de pie, elige una postura en la que estés lo más cómoda posible; a continuación cierra los ojos con suavidad si la ocasión lo permite. Asienta la conciencia en lo que te esté sucediendo en este mismo instante.

Abandona el peso de tu cuerpo a la gravedad. Deja que tu cuerpo se hunda en los puntos que se mantiene en contacto con el suelo, la silla o la cama, tanto si se trata de los pies, de las nalgas o de la espalda.

¿Qué sensaciones tienes en este preciso instante? Si notas tensión o resistencia ante unas sensaciones que son dolorosas o desagradables, enfréntate a ellas. Acéptalas de la mejor manera posible. Si te notas tensa mientras respiras, ve soltándote a cada exhalación. Aprende a estar tranquila en la gravedad.

Fíjate en los pensamientos que surgen y desaparecen. Comprueba si eres capaz de dejarlos pasar sin identificarte con su contenido. Observa tus pensamientos, pero no desde dentro. Obsérvalos como si fueran nubes que cruzaran el cielo. Relaciónate con ellos como si fueran un flujo de acontecimientos mentales. Recuerda: los pensamientos no son hechos.

Fíjate en los sentimientos y las emociones a medida que surgen. ¿Puedes permitir que pasen sin descartar los que no te gustan ni aferrarte a los que sí te gustan? Inclúyelo todo en la conciencia desde una perspectiva bondadosa.

Paso 2: la reunión

Deja que penetre en tu conciencia la experiencia de la respiración en tu cuerpo. Asienta la conciencia en la respiración y detecta tus sensaciones por delante, por detrás y a ambos lados del torso, en lo más hondo de ti y en el plano más superficial. Nota las distintas sensaciones que tienes a medida que la respiración fluye por tu cuerpo. ¿Puedes quedarte así, sintiendo el flujo de la respiración? Deja que las cosas cambien, a cada momento. Usa la respiración para anclar tu conciencia en el momento presente y en tu cuerpo. Cada vez que notes que se te va la mente, recuerda que ese es un momento mágico de la conciencia. Has despertado. A continuación dirige la mente a la respiración que notas en lo más profundo de tu cuerpo.

Paso 3: la expansión

Amplía y expande tu conciencia hasta que incluya todo tu cuerpo. Siente el peso y la forma del cuerpo mientras estás sentada, de pie o echada.

Siente la respiración por todo el cuerpo. Imagina que respiras en todas direcciones, que tu respiración es de 360°. Si sientes dolor o incomodidad, asegúrate de tener la conciencia abierta a estas sensaciones con compasión. Aligera la tensión y la resistencia que creas cada vez que respiras. Procura aceptar todas tus experiencias. Hazte amiga de ellas. Y ahora amplía todavía más tu conciencia y sé consciente de los sonidos que hay dentro y fuera de la habitación. Sé consciente de las personas que te rodean. Imagina que toda tu conciencia se expande hacia fuera hasta incluir toda la vida en ella. Imagina que el mundo entero respira.

Conclusión

Abre con suavidad los ojos y mueve el cuerpo. A medida que retomes tus actividades diarias mira si puedes conservar esa conciencia que has cultivado en ti.

El diario de Claire

Semana 8: el espacio de la respiración de tres minutos

Todavía no he empezado con el espacio de la respiración de tres minutos y ya sé que está pensado para mí. La mezcla de experiencias que he tenido durante estas siete semanas me ha proporcionado una herramienta que puedo llevar encima, a la que puedo acceder sin problemas, se adapta muy bien a mí y además me proporciona mucho espacio y una gran calma, por no hablar del tiempo que me regala, y así pueda recuperar el equilibrio en cualquier situación de mi vida. Es el mindfulness aplicado a la vida real, a la vida diaria y a la práctica: una y otra vez. Por supuesto no habría llegado hasta aquí sin haber pasado antes por las otras meditaciones, que considero que son muy válidas para salir adelante en la vida, pero de esta en concreto no tengo que acordarme, a diferencia de lo que me ocurre incluso con las meditaciones más positivas.

Mi viaje al mindfulness me lo inspiró una persona que vive del mindfulness y, literalmente, respira en el mindfulness. Y así como supe que con Vidyamala había encontrado una profesora sensacional, nunca imaginé que pudiera calar tanto en mi vida como lo ha hecho (aunque a mí me cueste mucho meditar). Pero es que no solo se trata de meditar. Lograr cambiar patrones de conducta que ignoraba que tenía en tan solo ocho semanas es sensacional.

Sigo intentando aceptar más mi cuerpo. Y esto no me ha curado por arte de magia de mi adicción a las dietas grasas, sino que me ha hecho valorar muchísimo más mi cuerpo y lo que este ha hecho por mí en términos de salud, vitalidad, fuerza e hijos, y fijarme menos en lo que no ha hecho por mí (¡tener una magnífica talla treinta y ocho!).

He empezado a escuchar más a los demás: no solo a ser consciente de sus necesidades, sino a ser capaz de reaccionar. Además me fijo más en las personas.

En conjunto, no me he convertido en una persona más paciente, pero el mindfulness me ha ayudado a ver que soy capaz de eso, que en general me he convertido en una persona menos reactiva y autodestructiva, y que eso se refleja tanto en mi comportamiento como en mi manera de pensar. La calma me acompaña casi todo el día, y no tengo tantas ganas de discutir y provocar a los demás. ¡Ojalá hubiera descubierto esta herramienta hace años!

Soy más productiva en el trabajo y me llevo menos tareas a casa. Las catástrofes pasan. El estrés es pasajero. La atención plena, en cambio, no lo es. El mindfulness ha llegado para quedarse. ¡Bravo!

Resumen del capítulo

- El mindfulness en la vida diaria (MELVD) suele ser el eslabón perdido entre la atención plena y la práctica de la compasión.
- El MELVD sería el camino medio entre los dos extremos.

Podemos aprender a encontrar el equilibrio (el camino del MELVD) entre:

- Lo que te deja vacía y lo que te enriquece, para evitar que pases por el embudo del agotamiento y termines agobiada.
- El subidón (hacer demasiadas cosas) y el bajón (derrumbarse como consecuencia).
- El bloqueo (apartar las experiencias difíciles con una actitud de rechazo) y el agobio (sentirse superado por todo y tirar la toalla).
- Poco o demasiado estrés.

- Poner la atención plena en la alimentación, el sueño y el ejercicio (los factores fundamentales de la vida) es esencial. El equilibrio y la moderación son la clave.
- El estrés puede trazarse en tu cuerpo como si este fuera un mapa, y eso se refleja en el hábito de respirar aceleradamente, aguantar la respiración o respirar de manera superficial. La respiración tranquila y con atención plena es la clave.

Prácticas para la semana 8

- Liberador de hábitos 11: mira cómo hierve el agua (véase la página 316)
- Meditación: el espacio de la respiración de tres minutos (véase la página 320).

12. Cambiar tu mente puede cambiar el mundo

Estás a punto de terminar el libro, y esperamos que hayas empezado ya este viaje satisfactorio a un estilo de vida más consciente. Al margen de las consecuencias que el mindfulness pueda tener en tu vida y en la de tu familia y tus amigos, te hará un gran bien: cuando cambia tu mente y tu corazón, te conviertes en una influencia positiva para este mundo, porque, al estar en él de una manera bondadosa y no reactiva, tu actitud será como una onda expansiva que influirá en los demás.

Como hemos dicho anteriormente, el mindfulness no elimina el estrés o los estresores de tu vida (tus hijos seguirán teniendo rabietas, los conductores seguirán cortándote el paso cuando circules y no dejará de llover porque hayas salido a la calle sin paraguas), pero habrás elegido relacionarte con las cosas cotidianas de una manera más hábil. En concreto, los pequeños detalles no te agobiarán tanto. Y eso, a su vez, te dará más libertad para poder concentrarte en lo más importante: el aspecto más profundo y poderoso de tu viaje al mindfulness, un viaje en el que tus esfuerzos individuales, como parte de un movimiento global, podrían ayudar a transformar algunos de los aspectos más oscuros del mundo moderno. Vamos a enseñarte cómo.

La atención plena, y la bondad que surge de ella, se basa en el postulado de que todo se encuentra en un estado continuo de flujo y reflujo. Nuestro yo no es fijo, invariable y separado, sino que estamos mucho más intercomunicados de lo que nos parece. Modelamos constantemente este flujo de experiencia a través de los estados mentales y emocionales que definen nuestros actos e influimos a los demás según el grado de conciencia y bondad que mostremos en nuestro comportamiento... y al contrario. Si eres más positiva y tienes una mayor conciencia de ti misma y de los demás, puedes convertirte en una de esas personas que nos iluminan la vida. Esas personas con las que entras en contacto van a cambiar, aunque solo sea un poco, y quizá terminen adoptando un comportamiento menos reactivo con las personas con quienes se relacionan. Así se genera un efecto dominó.

Imagínate ahora que estos buenos sentimientos se magnifican y multiplican a nivel local, nacional o incluso mundial, y que todo ello se consigue gracias al mindfulness. Quizá eso no tenga el poder suficiente para detener a los terroristas, borrar la pobreza de la faz de la Tierra o terminar con las desigualdades, pero es un comienzo. Al mundo, además, le vendría muy bien beneficiarse de una mayor tolerancia, paciencia y consideración. Si el mindfulness puede ayudarte a dormir y a avanzar para aliviar el sufrimiento de las enfermedades, ¿quién dice que no puede ayudar a enmendar algunos errores de nuestro planeta?

El mindfulness y la bondad para la transformación global

Como mujer, no contemplas tu vida de manera introspectiva. También miras hacia fuera y quieres influir haciendo cambios positivos en tu entorno: cuando ves que alguien está desesperado, quieres ayudarle; cuando ves la pobreza, quieres dar; cuando ves la injusticia, quieres que se haga justicia; y cuando vives la desigualdad, quieres restablecer el equilibrio.

Y, es que, bueno, las mujeres sabemos mucho sobre la injusticia y las desigualdades:

- Las mujeres trabajan dos tercios de la totalidad de horas laborables y producen la mitad de los alimentos mundiales, pero solo ganan el 10% de la renta global y poseen solo el 1% de las propiedades en todo el planeta.[1]
- A pesar de que las mujeres constituyen la mitad de la población mundial, representan el 70% de la pobreza en el mundo.[2]
- Las mujeres y las chicas de entre quince y cuarenta y cuatro años corren más riesgo de ser víctimas de una violación o de la violencia doméstica que de la guerra, el cáncer, la malaria y los accidentes de tráfico.[3]
- Al menos una de cada tres mujeres en todo el mundo ha sufrido una paliza, ha sido obligada a mantener relaciones sexuales o ha sido víctima de maltrato en algún momento de su vida.[4]
- Entre 1,5 y 3 millones de niñas y de mujeres mueren cada año a causa de la violencia de género.[5]
- Entre 700.000 y 4 millones de chicas y de mujeres son vendidas como prostitutas cada año.[6]
- El 99% de los fallecimientos por mortalidad materna se dan en países en vías de desarrollo: las mujeres que mueren por causas relacionadas con el embarazo son a razón de una por minuto.[7]
- Las mujeres constituyen los dos tercios de los 780 millones de la población mundial que no sabe leer.[8]
- Cuarenta y un millones de chicas de todo el mundo tienen negado el acceso a la educación primaria.[9]
- Globalmente, solo uno de cada cinco parlamentarios es mujer.[10]

Un panorama sobrecogedor, ¿verdad? Terminar con la violencia sexual y con los prejuicios sociales y culturales que existen contra las mujeres y tener la fuerza y los recursos para llegar a las numerosas injusticias y tragedias que se dan en el mundo puede parecer una importante labor. ¡Y lo es!

Sin embargo, la historia demuestra una y otra vez que un cambio enorme es el resultado de millones de cambios insignificantes. El éxito de los movimientos de masas, como, por ejemplo, el movimiento por los derechos civiles que nació en Estados Unidos durante la década de los 1960, es el resultado de millones de actos insignificantes, casi imperceptibles, que han provocado cambios convulsos en la sociedad. Asimismo, las sufragistas hicieron campaña para conseguir el voto para las mujeres. Lo lograron en 1918, en Gran Bretaña, y en la actualidad, cuando todavía no se han cumplido ni cien años de esa fecha, hay mujeres que ya gobiernan naciones.

Cuando preguntaron a Desmond Tutu, activista sudafricano que luchó por los derechos sociales, cómo se generan los cambios sociales en el contexto de la eliminación de la segregación racial, él contestó: «Se generan porque los individuos están conectados. Si sumamos a varias personas, a ti, a ti, y a ti también, nace una coalición; de la coalición surge un movimiento, y al final se termina superando la segregación racial».[11]

Cada vez que decidimos ser conscientes y bondadosos hacemos uno de esos actos insignificantes de los que hablábamos. Si elegimos actuar una y otra vez basándonos en estos principios, nosotras, como mujeres, seremos capaces de conseguir grandes cosas.

Convertirse en una mujer de acción

Cuando le preguntaron al Dalai Lama cuál era, según él, la meditación más importante, respondió: «El pensamiento crítico seguido de la acción. Aplica tu discernimiento a este drama humano y usa tu talento y tus dones para construir un mundo mejor».[12] Por decirlo de una manera simple, la meditación es el momento en que nos reabastecemos, ganamos en perspectiva y fundamentamos nuestra confianza; la acción es el momento en que se hace lo posible para convertir este mundo en un lugar mejor. Necesitamos hacer ambas cosas para ser eficaces.

En el budismo, Tara Verde es un arquetipo femenino muy reverenciado. La imagen que la representa la muestra con un pie señalando al mundo, y con el otro recogido en una postura de meditación. Estos dos movimientos simbolizan la armonía de la reflexión interior y la acción exterior. Sí, el equilibrio puede ser difícil de conseguir, pero Tara Verde nos recuerda que es posible. La meditación te ayudará a actuar con habilidad y de una manera apropiada en el mundo exterior, y también te ayudará a conservar la energía y a centrarte en tu trayectoria.

El Dalai Lama cree fervientemente en el poder de las mujeres. Ha dicho en numerosas ocasiones que heredó la compasión de su madre, y cree que las mujeres, debido a su instinto de amamantar, son compasivas por naturaleza. Querría ver a más mujeres como ministras de Defensa. Si la guerra es connatural a la vida, argumenta, sería mejor que las mujeres estuvieran al mando, porque son más propensas a empatizar con los que sufren durante los conflictos.

En una ponencia del Congreso por la Paz de Vancouver de 2009, el Dalai Lama se asombró de lo que el conferenciante Fazle Hasan Abed explicó sobre las mujeres y el papel que habían desempeñado en su obra para aliviar el sufrimiento en el mundo en vías de desarrollo. Abed es fundador y presidente de la ONG más grande del mundo, BRAC, que ofrece estudios y presta asistencia sanitaria y microcréditos a millones de personas en Asia y en África. Con un presupuesto anual de un billón de dólares, BRAC ha concedido seis billones de dólares en pequeños créditos a las mujeres.

«¿Por qué se dan créditos a las mujeres?», preguntó el Dalai Lama. Abed le contestó que sabía por experiencia que el riesgo crediticio que representaban era muy bajo. Y además había que tener en cuenta el hecho de que, como demostraban los estudios realizados,[13] las mujeres tendían a reinvertir las ganancias en la familia y la comunidad. Abed cree que las mujeres y las chicas representan los mayores recursos sin explotar del mundo en vías de desarrollo, y que son la clave para solucionar algunos de los desafíos imperantes.

En muchos países existen grupos muy prolíficos de *networking* femenino comprometidos a elevar el perfil de las mujeres, mejorar su acceso a la educación y ayudarlas a superar la desigualdad. Globalmente, el Día Internacional de las Mujeres es un *tour de force* cultural (e imparable), mientras que movimientos como El Alzamiento a Favor de los Mil Millones (One Billion Rising) va cobrando buen ritmo en su lucha contra la violencia de género.[14] Incluso el papa Francisco ha elegido hacer oír su voz sobre este tema, y en una visita a Manila, país de tradición patriarcal, dijo a unos estudiantes que a veces los hombres son demasiado machistas y que las mujeres tienen mucho que decir en la sociedad actual.

Los numerosos movimientos que fuerzan el cambio no solo defienden la igualdad y la justicia en la actualidad. Están formados por personas que reconocen que se necesita un cambio para crear un mundo en el que las futuras generaciones quieran crecer. Las personas que se implican, en estos movimientos y en los miles de movimientos positivos que hay en el mundo, eligen seguir el camino de la compasión proactiva e intentan forjar el cambio. Gracias a sus esfuerzos, la siguiente generación no dirá: «¿En qué estabais pensando?», sino «Gracias a Dios que hicisteis eso».

La colectividad puede ser fuerte

Nadie duda que en el mundo hay muchos otros temas, aparte del de las mujeres. Y que estas no gozan del monopolio de haber vivido injusticias. Sin embargo, este libro está dedicado a las mujeres para ayudarnos a reconocer nuestra fuerza combinada y conectada, y que podamos ir con la cabeza bien alta y ser faros de luz no solo para nosotras, sino para todos.

En el mundo desarrollado vivimos unos momentos históricos en los que las mujeres tienen más potencial que nunca para provocar el cambio: nuestra vida es más larga y tenemos más tiempo, energía y experiencia; y la mayoría confiamos cada vez más en nosotras mismas. Si las mujeres van a liderar el cambio global, este viaje empieza transformando nuestro corazón y nuestra mente para que nos beneficiemos todos, no solo nosotras.

La situación de las mujeres en el mundo desarrollado es mucho más compleja, porque muchas viven en culturas y regímenes muy opresivos. Sin embargo, como ya hemos visto, hay líderes y filántropos que se dirigen a las mujeres para contar con su apoyo y crear modelos financieros nuevos y comunidades estables. Y mientras las mujeres de los países en vías de desarrollo van ganando acceso a Internet y a las comunicaciones globales, es vital tomar como modelos a la mayor cantidad posible de mujeres de la escena mundial; y nos referimos a mujeres como la adolescente Malala Yousafzai, ganadora del Nobel, a activistas en pro de los derechos humanos como Angelina Jolie y Amal Clooney, y a políticas como Hillary Clinton y Angela Merkel.

Sin embargo, junto a estos modelos de un perfil tan alto estamos, qué duda cabe, todas nosotras. Y nosotras también podemos influir positivamente teniendo en cuenta las lecciones de este libro, a pequeña y gran escala, y aplicándolas a los pormenores de nuestras vidas. Nunca infravalores el poder de millones de actos insignificantes.

Y ha llegado el momento en que ese tú que hemos escrito en los once capítulos anteriores se convierta en nosotras. En colectividad, y con conexión, podemos creer en nosotras mismas. Podemos taparnos los oídos a los mensajes que circulan por el mundo y nos dicen que sigamos siendo insignificantes, que somos inferiores a los demás, que somos el sexo débil. Pero también podemos alzar la mirada y saber que nosotras, cada una a su manera, individualmente, puede actuar para ayudarse a sí misma, a su familia y a sus amigas, y además al mundo entero. Si vuelves a repasar los ejercicios de este libro, entrenarás mente y corazón y te convertirás en una persona menos reactiva y más amorosa; menos tímida y más valiente; menos temerosa y más determinada. Te volverás una persona atrevida y fuerte.

Evidentemente, educar la mente y el corazón no es algo que termine con este libro. De hecho, este es solo el principio. Bienvenida a lo que a partir de ahora será el resto de tu vida.

APÉNDICES

Apéndice 1

Manual para un curso de ocho semanas

Semana	Tema y capítulo de lectura	Meditación	Liberador de hábitos
1	Capítulo cuatro: Calma tu cuerpo	**Escaneo corporal enfatizando la respiración** (escucha el QR de la semana 1) Medita un par de veces al día durante al menos seis días a la semana.	**Liberador de hábitos 1** Pasa tiempo en la naturaleza (véase la página 91). **Liberador de hábitos 2** Inventario de la conciencia de los sentidos (véase la página 93 y la plantilla en blanco de la página 342).

Semana	Tema y capítulo de lectura	Meditación	Liberador de hábitos
2	Capítulo cinco: Acepta tu cuerpo	**Meditación principal: el escaneo corporal con compasión** (escucha el QR 2) Medita dos veces al día durante al menos seis días a la semana. Haz el escaneo del cuerpo con compasión al menos una vez al día. Puedes hacer también escaneo corporal basado en la respiración (escucha QR 1) cada día, si lo deseas.	**Liberador de hábitos 3** Date un baño de aire o un baño de sol (véase la página 123).
3	Capítulo seis: Calma la mente	**Meditación principal: el ancla de la respiración** (escucha el QR 3) Medita un par de veces al día durante al menos seis días a la semana. Practica el ancla de la respiración al menos una vez al día. Puedes hacer también el escaneo corporal que prefieras, si lo deseas (escucha QR 1 y 2).	**Liberador de hábitos 4** Observa un rato el cielo (véase la página 154).

Semana	Tema y capítulo de lectura	Meditación	Liberador de hábitos
4	Capítulo siete: Ten compasión de tu mente	**Meditación principal: el ancla de la respiración compasiva** (escucha QR 4) Medita un par de veces al día durante al menos seis días a la semana. Haz el ancla de la respiración compasiva una vez al día por lo menos. Puedes poner (escucha QR 1-3) como segunda meditación diaria, si lo deseas.	**Liberador de hábitos 5** Haz las paces con la gravedad (véase la página 189). **Liberador de hábitos 6** Haz algo que no sea conceptual (véase la página 191).
5	Capítulo ocho: Descubre lo que hay de bueno en ti	**Meditación principal: ten compasión de ti misma** (escucha QR 5) Medita un par de veces al día durante al menos seis días a la semana. Haz la meditación de la compasión por ti misma al menos una vez al día. Puedes practicar también, si lo deseas, con alguna de las anteriores meditaciones (escucha QR 1-4).	**Liberador de hábitos 7** Recopila los 10 principales de la conciencia (véase la página 223).

Semana	Tema y capítulo de lectura	Meditación	Liberador de hábitos
6	Capítulo nueve: Ama a otras personas	**Meditación principal: conexión** (escucha QR 6) Medita un par de veces al día durante al menos seis días a la semana. Haz la meditación de la conexión al menos una vez al día. Si lo deseas, practica cualquiera de las anteriores meditaciones (escucha QR 1-5).	**Liberador de hábitos 8** Comprométete a realizar actos bondadosos al azar (véase la página 252). **Liberador de hábitos 9** Conecta con tres personas cada día (véase la página 253).
7	Capítulo diez: Fluye y ama	**Meditación principal: el corazón abierto** (escucha QR 7) Medita un par de veces al día durante al menos seis días a la semana. Haz la meditación del corazón abierto al menos una vez al día. Si lo deseas, practica también cualquiera de las anteriores meditaciones (escucha QR 1-6).	**Liberador de hábitos 10** Detente a mirar y escuchar (véase la página 278).

Semana	Tema y capítulo de lectura	Meditación	Liberador de hábitos
8	Capítulo once: Vivir con menos estrés	**Meditación principal:** **el espacio de la respiración de tres minutos** (escucha QR 8) Medita un par de veces al día durante al menos seis días a la semana. Haz alguna de las meditaciones de diez minutos del programa un par de veces al día (escucha QR 1-7). Y, además, haz la meditación del espacio de respiración de tres minutos cada día. Experimenta practicando en diferentes momentos del día y en diferentes circunstancias (en el trabajo, en casa, etc.).	**Liberador de hábitos 11** Mira cómo hierve el agua (véase la página 316).

Enlace a todas las meditaciones que encontrarás en la web de la Editorial Kairós:

www.letraskairos.com/mindfulness-para-mujeres

Apéndice 2

Plantilla del inventario de la conciencia de los sentidos

En la página siguiente encontrarás una plantilla para que puedas hacer un inventario de la conciencia de tus sentidos. Para recordar cómo hacerlo, consulta la página 93.

VISTA	OÍDO	OLFATO	GUSTO	TACTO

Apéndice 3

Moldear el cerebro

Nuestro cerebro ha ido evolucionado lentamente a lo largo de miles de años. Las partes más primitivas se situaron en la base (el tronco encefálico) y las más desarrolladas (el córtex prefrontal) en la parte de delante. Es posible, por consiguiente, trazar el proceso que ha cambiado gradualmente la configuración de nuestra mente de arriba abajo, para ir avanzando en capas de una complejidad cada vez mayor.

Esta evolución, modelo que se conoce con el nombre de cerebro triuno, identifica tres secciones principales: el tronco encefálico, la zona límbica y el córtex, cada una de las cuales tiene distintas funciones.

El tronco encefálico

El cerebro reptiliano evolucionó hace cientos de millones de años y envía mensajes del cuerpo al cerebro para regular procesos básicos, como el funcionamiento del corazón y los pulmones.

Además, controla nuestras reacciones de luchar, huir o quedarnos paralizados. Algunos podemos actuar en función de estas reacciones básicas con mucha facilidad, aun cuando la amenaza solo es imaginaria. Practicar mindfulness puede ayudarte a que esta reacción automática no sea tan intensa.

El sistema límbico

El antiguo cerebro del mamífero evolucionó la primera vez que los mamíferos entraron en escena, hace doscientos millones de años. En este sistema se encuentran las emociones, y gracias a él podemos evaluar cuáles son nuestras circunstancias. En el nivel más básico, significa que tenemos que decidir si una situación es buena o mala para orientarnos hacia el bien y alejarnos del mal (son los sistemas básicos de evitación y representación del objetivo que mencionamos en las páginas 152-153).

El sistema límbico también nos ayuda a crear relaciones y fomentar los vínculos; de hecho, el anhelo de estar en relación con los demás, de sentirnos conectados, está codificado en nuestro ADN. Hemos de aprender a fomentar este aspecto de la vida para prosperar.

El sistema límbico consta de dos partes especialmente relevantes para el mindfulness: la amígdala y el hipocampo.

La amígdala

Es una pequeña zona en forma de almendra que se encuentra en lo alto del hipocampo y se activa cuando sentimos miedo. Los estudios han probado que el mindfulness hace que mengüe la materia gris de la amígdala,[1] lo que concordaría con el efecto calmante de la meditación, y nos ayuda a adoptar una actitud de atención plena y observadora ante situaciones de provocación para que, de esta manera, no se dispare en nosotros una reacción emocional o automática de rabia o miedo (a veces denominada «secuestro de la amígdala»).[2]

El hipocampo

Es un conglomerado de neuronas en forma de caballito de mar que sigue creciendo y desarrollándose a lo largo de toda la vida. Se asocia fundamentalmente a la memoria, sobre todo a la memoria a largo plazo que da sentido a la historia personal. El hipocampo te permite rememorar para que puedas comparar las condiciones de una amenaza presente con experiencias parecidas del pasado y elegir la mejor opción para la supervivencia. También contiene altos niveles de receptores de la hormona del estrés, el cortisol, y hay estudios que demuestran que un estrés crónico puede dañarlo. Las personas con trastornos relacionados con el estrés, como la depresión y el TEPT, tienden a tener un hipocampo más pequeño. Las personas que practican mindfulness, por otro lado, consiguen que aumente la materia gris del hipocampo, relacionada con la capacidad de regular bien las emociones.[3]

El córtex

El nuevo cerebro del mamífero está formado por la capa más externa del cerebro. Esta parte se amplió con la aparición de los primates y ha evolucionado y se ha desarrollado especialmente en los seres humanos. Tiene un área de superficie muy extensa dotada de numerosos pliegues (como si en ella hubiera colinas y valles).

En la parte delantera del cerebro, detrás de la frente, se encuentra el córtex prefrontal. Los humanos somos la única especie con este nivel de evolución del cerebro, y eso nos permite trascender nuestra preocupación inmediata por la supervivencia que se refleja en el tronco encefálico y las funciones evaluadoras y emocionales del sistema límbico. En esta zona del cerebro tratamos con conceptos como el tiempo, la noción del yo individual y los juicios morales.

Esencialmente, nos permite ser conscientes de nuestras ideas y nuestros conceptos, e incluir la percepción de nuestro mundo interior. El córtex prefrontal permite que observes tus propios pensamientos (es el proceso de metacognición que introducimos en el capítulo seis). La práctica del mindfulness confía en esta capacidad que tienes de ser objetiva sobre el funcionamiento de tu mundo interior, en observar los pensamientos desde fuera, no desde dentro. Es una habilidad fantástica.

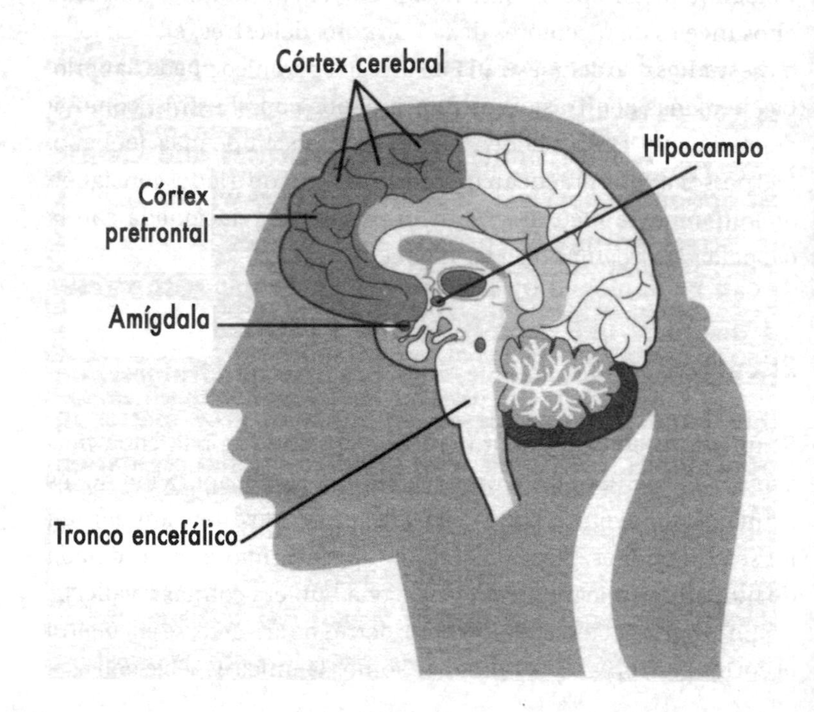

Por muy sorprendente que sea esta habilidad, ser consciente de que piensas también puede considerarse un problema si no has entrenado la mente, y tus pensamientos (que son positivos, pero también los hay negativos y destructivos) se abren paso a través de ella sin control alguno. La práctica del mindfulness te ayuda a desarrollar el córtex prefrontal para que puedas relacionarte con tus pensamientos, en lugar de mostrarte reactiva. Cambia de actitud; pasa de ser víctima a ser guardiana, y deja que los pensamientos crucen por tu mente como lo harían las nubes por el cielo. Esta acción se conoce con el nombre de «función ejecutiva»: un mecanismo de filtrado de gran nivel que potencia todas las actividades encaminadas a un objetivo e inhibe los sistemas mentales que no son útiles.

Apéndice 4

La importancia de la respiración

La respiración quizá es la fuerza vital más profunda que conocemos. No es de extrañar que la respiración tenga un significado sagrado para muchas culturas.[1] Todos la necesitamos y todos somos capaces de aprender a valorarla. Si quieres saber más sobre la respiración y sus mecanismos, este apartado está dedicado a ti.

La anatomía de la respiración

Respirar es esencialmente un sistema de provisión. Es la manera perfecta de que una fuente de energía situada fuera del cuerpo (el oxígeno) entre en todas las células de nuestro organismo; y que el producto de deshecho (el dióxido de carbono) retorne al mundo exterior. Si no tomamos el oxígeno y liberamos el dióxido de carbono, nuestras células mueren; por eso la respiración es el primer y el último acto de la vida consciente.

El complejo proceso bioquímico y fisiológico a través del cual el oxígeno nutre las células se da cuando lo que desencadena la inhalación son los sistemas internos que regulan la frecuencia respiratoria para que conservemos un nivel estable de oxígeno y dióxido de carbono en la sangre. El gran músculo del diafragma torácico central se aplana y las costillas se expanden creando un vacío parcial en la cavidad torácica. Como la presión del aire en el pecho es menor que la que hay en la atmósfera, el aire entra y llena los pulmones. Fluye hacia unos diminutos sacos pulmonares, y de ahí el oxígeno pasa a la sangre para bombearla por todo el cuerpo. Cuando esta llega a los tejidos, se libera en las células y se transforma en energía. Simultáneamente, el producto de deshecho (el dióxido de carbono) pasa de las células a la sangre, y del sistema circulatorio retorna a los pulmones para ser expulsado del cuerpo con la exhalación, y en ese momento el diafragma se relaja y repliega en el pecho y genera que los pulmones se desinflen.

El proceso se inicia a partir de dos grupos de músculos respiratorios: los músculos primarios, que son esenciales para respirar plenamente, y los músculos secundarios o accesorios. En una respiración óptima, los músculos primarios hacen prácticamente todo el trabajo. Están hundidos en la parte baja del torso e incluyen el diafragma, los músculos intercostales, que se encuentran entre las costillas, y los músculos abdominales profundos que están en la parte delantera del vientre. Los músculos accesorios, que incluyen los músculos del cuello, los hombros y las costillas superiores, están diseñados para hacer tan solo el 20% del trabajo. Por supuesto, cuando estamos estresadas y angustiadas, tendemos a tensar el abdomen e impedimos que los músculos respiratorios primarios funcionen bien. Eso significa que los músculos accesorios necesitan tomar el poder. Sin embargo, no están diseñados para hacer el trabajo principal de la respiración, y si esta situación se alarga demasiado, eso puede provocar tensión crónica en los hombros, dolores de cabeza y fatiga.

El diafragma (véase la página siguiente) es el músculo respiratorio primario más importante. Un tendón central situado en la parte superior del diafragma, que tiene forma de bóveda, se localiza justo detrás del corazón, y sus fibras irradian hacia fuera como los paneles de un paracaídas. Estos paneles van ligados, por la parte delantera, a un huesecillo que se encuentra en la punta del esternón llamado apófisis xifoides, y, por los lados, a la parte interior de las costillas inferiores. En la espalda, dos largos tendones están conectados a las vértebras lumbares de la columna vertebral y actúan como el mango de un paraguas. Quizá creas que la respiración solo afecta a la parte delantera del cuerpo, pero el hecho de que existan estas conexiones significa que la parte posterior del cuerpo también está involucrada de manera activa en la respiración.

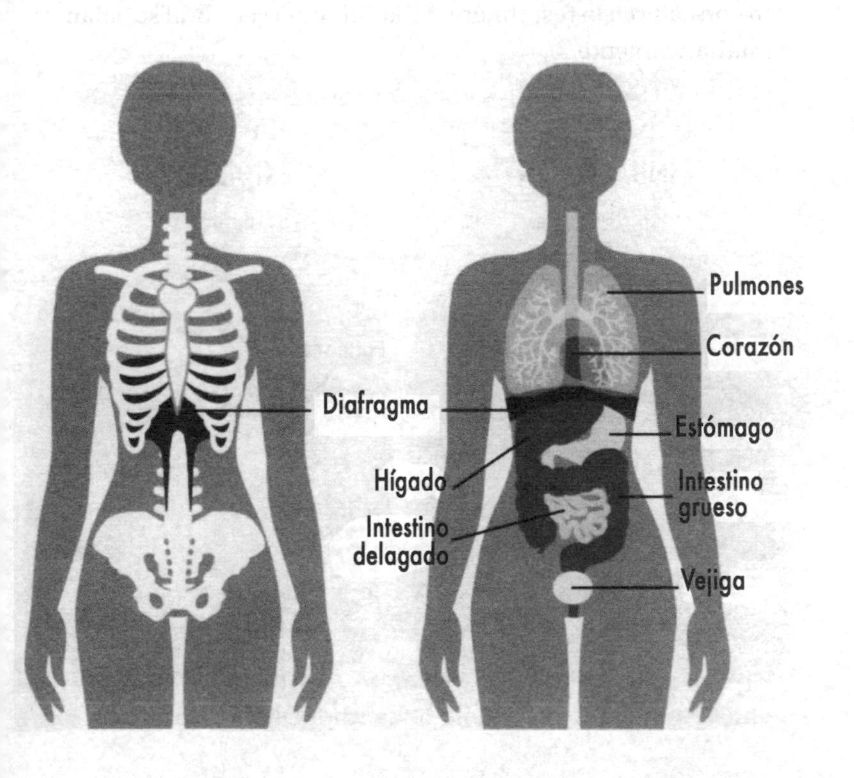

Cada vez que respiras, el diafragma se aplana y se extiende (véase la ilustración de la inhalación en esta página). Cuando exhalas, se relaja y sube hacia el pecho, donde vuelve a adoptar su forma natural de bóveda (ilustración de la derecha). Sube y baja a un ritmo regular. No puedes notar este movimiento porque el diafragma está localizado a un nivel muy profundo, pero puedes distinguirlo por sus efectos. Cada vez que el diafragma se aplana al inhalar, desplaza los órganos internos y provoca que el vientre se hinche hacia fuera y hacia los costados. Este movimiento masajea, estruja y mece los órganos, los impregna de sangre, fluidos y oxígeno, y también de los residuos de deshecho. Por ejemplo, los riñones se deslizan de arriba abajo, siguiendo la columna vertebral, unos tres centímetros cm con cada ciclo respiratorio.[2] Y la columna vertebral se balancea simultáneamente.

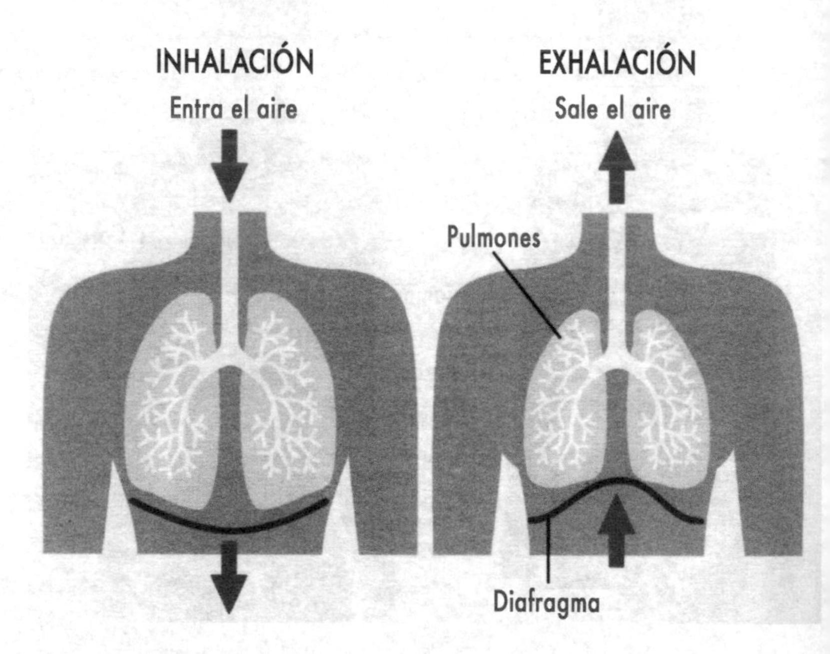

Esta es la respiración plena, o respiración diafragmática, que estimula todo el cuerpo y nos da una profunda sensación de bienestar. Si estás estresada o tensa, inhibes de algún modo la respiración, pero con el tiempo, comprender la anatomía básica de la respiración y llevar la conciencia para no inhibirla puede liberar con delicadeza el patrón de aguantar la respiración.[3]

Los diafragmas pélvicos y vocales

La mayoría cree que el diafragma que se encuentra en el pecho es el único órgano responsable de la respiración. Sin embargo, existen otros diafragmas cuya función es de apoyo y que permiten al diafragma torácico trabajar con eficacia. Son los diafragmas pélvicos y vocales. (La palabra «diafragma» describe una membrana o un músculo que separa dos espacios en el cuerpo.)

En la ilustración de la página siguiente, verás que los tres diafragmas están alineados verticalmente en el cuerpo. Cuando respiras de una manera óptima, los tres diafragmas se mueven, como unas puertas giratorias que las abriera el viento de la inhalación, y luego se cierran otra vez cuando la exhalación abandona el cuerpo.

El diafragma pélvico

El diafragma pélvico está situado en la base del torso. Para representar cómo está colocado, imagínate que estás sentada en una silla con forma plana de diamante. Las cuatro puntas del diamante comprenden el ano, en la parte trasera, el hueso púbico, en la delantera, y los isquiones, que se encuentran en las nalgas, a ambos lados del diamante. Aunque en general imaginamos la pelvis como huesuda e inmóvil, la zona interior de este diamante está hecha de tejidos blandos y se mueve con la respiración. Cuando inhalamos, el diafragma pélvico se infla hacia abajo y se ensancha, y cuando

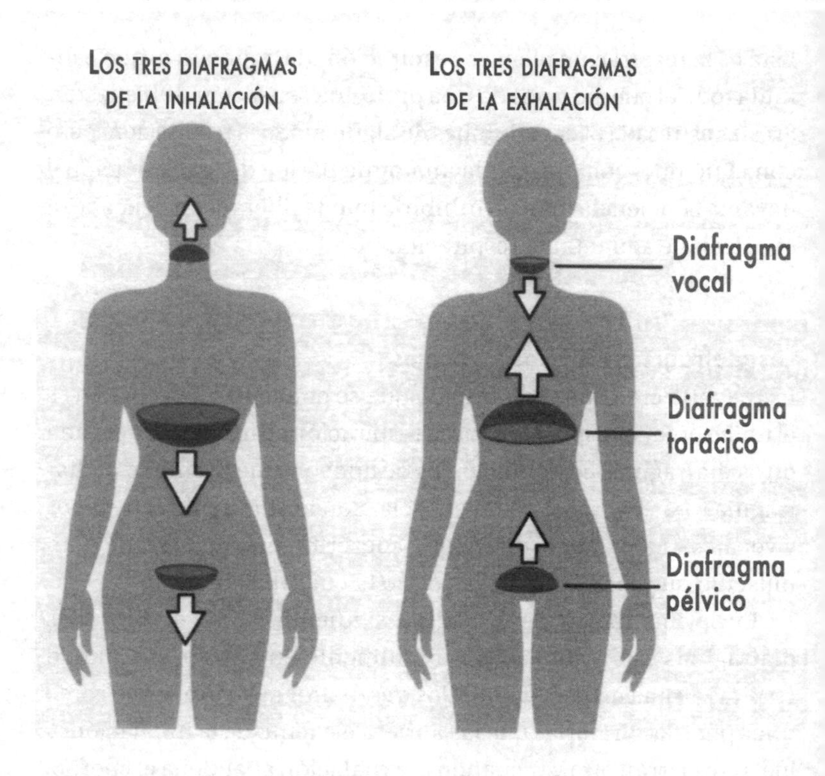

exhalamos se retrotrae de nuevo hacia el interior del cuerpo. Es importante recordar que este movimiento no es consciente ni activo, y que además es muy pequeño y sutil. Es completamente receptivo, como si se hiciera eco de los movimientos más grandes del diafragma central principal, así como la superficie del mar tiene un oleaje ondulante que es completamente receptivo a las corrientes más profundas. No hay que hacer nada para que el diafragma pélvico participe de la respiración. Se moverá un poco, de manera natural, si relajas la zona.

Para notar dónde se encuentra el diafragma pélvico, cierra el puño y sopla varias veces en el interior, en el orificio creado entre los dedos de tu mano y el pulgar. Notarás que el diafragma pélvico se expande hacia abajo. Para notar cómo se contrae, chúpate el pulgar. Así notarás que el diafragma pélvico sube.

El diafragma vocal

Está localizado en la parte de atrás de la boca, entre la parte superior de la tráquea y la parte posterior de la lengua. Si estás relajada, esta zona estará blanda. Al inhalar, el aire fluye con facilidad por esta zona de camino hacia los pulmones, y luego fluye otra vez hacia fuera con la exhalación. Sin embargo, la mayoría presentamos una tensión y un bloqueo crónicos en esta zona. Piensa en cuando estás nerviosa y tienes que hablar: habrás sentido la parte posterior de la boca tensa y comprimida. Intenta pronunciar unas cuantas frases en este estado de tensión y probablemente te salga una voz forzada, aflautada y quizá nasal. Ahora bosteza unas cuantas veces y relaja la zona. ¿Notas alguna diferencia? Intenta pronunciar unas cuantas frases y mira si el tono de tu voz ha cambiado: probablemente, será más profundo y suave. Recuerda esta sensación y procura ser consciente de que esta zona tiene que estar relajada en tu vida diaria.

La relación entre los tres diafragmas

Si estamos relajadas y nos sentimos en paz, los tres diafragmas se mueven en una fantástica ondulación mientras la respiración fluye hacia dentro y hacia fuera. Mientras el diafragma central desciende y se ensancha en el cuerpo con la inhalación, los diafragmas pélvicos y vocales se ensanchan y abren de la misma manera. A medida que el diafragma central vuelve a relajarse hacia el interior del pecho al exhalar, los diafragmas pélvico y vocal se retrotraen de nuevo sin esfuerzo. Es significativo que los tres diafragmas estén conectados y puedan moverse con libertad solo si la garganta, el vientre y el suelo pélvico están relajados. Tan pronto como contraes uno de los diafragmas, los otros dos se paralizan y bloquean.

De la misma manera, si relajas una de estas zonas, las otras dos también se soltarán. Puedes hacer una larga meditación guiada con la respiración para investigar la conexión que existe entre los tres diafragmas, y para que sueltes estas tres zonas, descargando el audio de la indagación de la respiración de los tres diafragmas de la web mindfulness4women (véase «Recursos», página 371).

Notas

Introducción

1. Véase *Mindfulness for Health* (Piarkus, 2013) por Vidyamala Burch y Danny Penman para tener más información sobre la aplicación del mindfulness en las enfermedades crónicas.

Capítulo 1

1. S. Hafiz, D. Landinsky. *I Heard God Laughing: Poems of Hope and Joy*. Penguin Books, reimpresión de 2006.
2. T. Merton. Conjectures of a Guilty Bystander. Bantam Doubleday, Dell Publising Group Inc., nueva edición, 1994.
3. M. Williamson. *A Return to Love.* Thorsons, 1996.
4. P. Hadot. *Philosophy as a Way of Life.* Blackwell, 1995, págs. 84-85.
5. Véanse NICE Guidelines for Management of Depression (2004, 2009); J. Ma, J.D. Teasdale. «Mindfulness-based cognitive therapy for depression: Replication and exploration of differential relapse prevention effects», *Journal of Consulting and Clinical Psychology,* 72, 2004, págs. 31-40; Z.V. Segal, J.M.G. Williams, J.D. Teasdale. *Mindfulness-based Cognitive Therapy for Depression: A new approach to preventing relapse,* Guilford Press, 2002; M.A. Kenny, J.M.G. Williams. «Treatment-resistant depressed patients show a

good response to Mindfulness-Based Cognitive Therapy», *Behaviour Research & Therapy*, 45, 2007, págs. 617-625; S.J. Eisendraeth, K. Delucchi, R. Bitner, P. Fenimore, M. Smit, M. McLane. «Mindfulness-Based Cognitive Therapy for treatment-resistant depression: A pilot study», *Psychotherapy and Psychosomatics*, 77, 2008, págs. 319-320; T. Kingston, *et al.* «Mindfulness-based cognitive therapy for residual depressive symptoms», *Psychology and Psychotherapy*, 80, 2007, págs. 193-203.

6. B. Ivanowski, G.S. Malhi. «The psychological and neuro-physiological concomitants of mindfulness forms of meditation», *Acta Neuropsychiatrica*, 19, 2007, págs. 76-91; S.L. Shapiro, D. Oman, C.E. Thoresen, T.G. Plante, T. Flinders, «Cultivating mindfulness: Effects on well-being», *Journal of Clinical Psychology*, 64 (7), 2008, págs. 840-862; S.L. Shapiro, G.E. Schwartz, G. Bonner, «Effects of mindfulness-based stress reduction on medical and pre-medical students», *Journal of Behavioral Medicine*, 21, 1998, págs. 581-599.
7. S. Bowen, *et al.* «Mindfulness meditation and substance use in an incarcerated population», *Psychology of Addictive Behaviors*, 20, 2006, págs. 343-347.
8. Para más información, véase www.breathworks-mindfulness.co.uk/research.
9. A. Hugues, M. Williams, N. Bardacke, L.G. Duncan, S. Dimidjian, S.H. Goodman, «Mindfulness approaches to childbirth and parenting», *British Journal of Midwifery*, 17(10), 2009, págs. 630-635.
10. Véase www.mindfulnessinschool.org.
11. A. Jha, *et al.* «Mindfulness training modifies subsystems of attention», *Cognitive Affective and Behavioral Neuroscience*, 2007; 7, págs. 109-119; Y.Y. Tang, *et al.* «Short-term meditation training improves attention and self-regulation», *Proceedings of the National Academy of Sciences* (US), 104 (43), 2007, págs. 17.152-17.156; L.M. McCracken, S.Y. Yang. «A contextual cognitive-behavioral analysis of rehabilitation workers'health and well-being: Influences of

acceptance, mindfulness and values-based action», *Rehabilitation Psychology*, 53, 2008, págs. 479-485; C.N.M. Ortner, S.J. Kilner, P.D. Zelazo, «Mindfulness meditation and reduced emocional interferente on a cognitive task», *Motivation and Emotion*, 31, 2007, págs. 271-283; J.A. Brefczynski-Lewis, A. Lutz, H.S. Schaefer, D.B. Levinson, R.J. Davidson. «Neural correlates of attentional expertise in long-term meditation practitioners», *Proceedings of the National Academy of Sciences* (US), 104(27), 2007, págs. 11.483-11.488.

12. B.K. Hölzel, U. Ott, T. Gard, H. Hempel, M. Weygandt, K. Morgen, D. Vaitl. «Investigation of mindfulness meditation practitioners with voxel-based morphometry», *Social Cognitive and Affective Neuroscience*, 3, 2008, págs. 55-61; S. Lazar, C. Kerr, R. Wasserman, J. Gray, D. Greve, M. Tre.adway, M. McGarvey, B. Quinn, J. Dusek, H. Benson, S. Rauch, C. Moore, B. Fischl. «Meditation experience is associated with increased cortical thickness», *NeuroReport*, 16, 2005, págs. 1.893-1.897; E. Luders, A.W. Toga, N. Lepore, C. Gaser. «The underlying anatomical correlates of long-term meditation: larger hippocampal and frontal volumes of gray matter», *Neuroimage*, 45, 2009, págs. 672-678.

13. R.J. Davidson. «Well-being and affective style: Neural substrates and biobehavioural correlates», *Philosophical Transactions of the Royal Society*, 359, 2004, págs. 1.395-1.411.

CAPÍTULO 2

1. A. Schmidt. *Dipa Ma: the Life and Legacy of a Buddhist Master.* Bluebridge, 2005, pág. 42.
2. Paraleerelinforme,visitalapáginawebwww.themindfulnessinitiative.org.uk.
3. V. Burch. *Living Well with Pain and Illness.* Piarkus, 2008, pág. 55.
4. Jon Kabat-Zinn. *Wherever You Go, There You Are: Mindfulness Meditation in Everyday Life.* Piarkus, 2004, pág.4.

5. J.M.G. Williams, J.D. Teasdale, Z.V. Segal, J. Kabat-Zinn *The Mindful Way Through Depression: Freeing Yourself from Chronic Unhappiness.* Guilford Press, 2007, pág. 48.
6. B. Fredrickson. *Love 2.0: Finding Happiness and Health in Moments of Connection.* Plume, reimpresión de la edición 2014.
7. D. Black, G. O'Reilly, R. Olmstead, E. Breen, M. Irwin. «Mindfulness meditation and improvement in sleep quality and daytime impairment among older adults with sleep disturbances», *JAMA Internal Medicine,* 2015, 175 (4), págs. 494-501.
8. Véase www.biznews.com/health/2014/12/02ellen-langer-mindfulness-art-noticing-things-work-play/.

CAPÍTULO 5

1. *Guardian,* 30 de enero de 2014
2. P. Gilbert. *The Compassionate Mind.* Constable, edición de 2010, pág. 34.
3. D. Han, Y. Lee, K. Yang, E. Kim, L. Lyoo, P. Renshaw. «Dopamine genes and reward dependence in adolescents with excessive Internet video game play», *Journal of Addiction Medicine,* 1 (3), 2007, págs. 133-138.
4. R. Dickstein, J.E. Deutsch. «Motor imagery in physical therapist practice», *Physical Therapy,* 87 (7), 2007, págs. 942-953.

CAPÍTULO 6

1. Frank Outlaw, presidente de Bi-Lo Stores, fallecido. Citado en *San Antonio Light,* mayo de 1977.
2. Laboratorio de Imágenes Neurales, www.loni-usc.edu.
3. Anónimo.
4. Adaptado de Russ Harris, *The Happiness Trap,* Exisle Publishing, Australia, 2007.

5. Z.V. Segal, J.M.G. Williams, J.D. Teasdale. *Mindfulness-based Cognitive Therapy for Depression: A New Approach to Preventing Relapse*, The Guilford Press, Nueva York, 2002, pág. 73.
6. N.A.S. Farb, Z.V. Segal, H. Mayberg, J. Bean, D. McKeon, Z. Fatima, A.K. Anderson. «Attending to the present: Mindfulness meditation reveals distinct neural modes of self-reference», *Social Cognitive and Affective Neuroscience*, 2 (4), 2007, págs. 313-322.
7. Para más detalles, véase Michael Chaskalson, *Mindfulness in Eight Weeks*. HarperCollins, 2014, págs. 133-137.
8. P.C. Broderick. «Mindfulness and coping with dysphoric mood: Contrasts with rumination and distraction», *Cognitive Therapy and Research*, 29 (5), 2005, págs. 501-510.
9. J.M. Spielberg, W. Heller, G. Miller. «Hierarchical brain Networks active in approach and avoidance goal pursuit», *Frontiers in Human Neuroscience*, 7, 2013, pág. 204.
10. S. Begley. *Train Your Mind, Change Your Brain: How a New Science Reveals Our Extraordinary Potential to Transform Ourselves*. Ballantine Books, Nueva York, 2007.
11. Para más información, véase Michael Chaskalson. *Mindfulness in Eight Weeks*, HarperCollins, 2014, págs. 125-131.
12. Charles Darwin, *Sobre el origen de las especies*.
13. Adaptado de Russ Harris. *The Happiness Trap*. Exisle Publishing, Australia, 2007.
14. Para más información sobre la reflexión, véase Ratmaguna. *The Art of Reflection*, Windhorse Publications, 2013.

CAPÍTULO 7

1. Organización Mundial de la Salud. «The World health report 2001 – Mental Health: New Understanding, New Hope», capítulo 2: Burden of Mental and Behavioural Disorders.
2. Organización Mundial de la Salud. «Gender and women's

mental health, gender disparities and mental health: The Facts». Disponible en: www.who.inst/mental_health/prevention/genderwomen/en/.

3. M. Piccinelli, G. Wilkinson. «Gender Difference in Depression: Critical Review», *British Journal of Psychiatry*, 177, 2000, págs. 486-492.
4. *Ibid.*
5. Organización Mundial de la Salud. «Gender and women's mental health, gender disparities and mental health: The Facts». Disponible en: www.who.in/mental_health/prevention/gender/women/en/.
6. *Ibid.*
7. M. Piccinelli, F.G. Homen. *Gender differences in the epidemiology of affective disorders and schizophrenia.* Organización Mundial de la Salud, División de Salud Mental y Prevención del Abuso de Sustancias, 1997.
8. Organización Mundial de la Salud. «Gender and women's mental health, gender disparities and mental health: The Facts». Disponible en: www.who.int/mental_health/preventiongenderwomen/en/.
9. *Ibid.*
10. www.who.int/mental_health/media/en/242.pdf.
11. *Ibid.*
12. *Ibid.*
13. *Ibid.*
14. Organización Mental de la Salud. «Gender and women's mental health, gender disparities and mental health: The Facts». Disponible en: www.who.int/mental_health/prevention/genderwomen/en.
15. Cifras basadas en la Agencia de Estadística Nacional, *Annual Survey of Hours and Earnings 2014 Provisional Results*, www.ons.gov.uk/ons/rel/ashe/annual-survey-of-hours-and-earnings/2014-provisional-results/index.html.
16. Organización Mundial de la Salud. «Gender and women's mental health, gender disparities and mental health: The Facts». Disponible en; www.who.int/mental_health/prevention/genderwomen/en.

17. *Ibid.*
18. Propuesto por primera vez por el psicólogo canadiense Donald Hebb en el libro que publicó en 1949 *The Organization of Behavior.*
19. D.M. Davis, J.A. Gates. «What are the benefits of mindfulness? A practice review of psychotherapy-related research», *Psychotherapy* 48 (2).
20. Véase capítulo 3 de Paul Gilbert. *The Compassionate Mind.* Constable, 2010.
21. *Ibid.*
22. Kristin Neff es líder mundial en estudios sobre la autocompasión. Visita su página web self-compassion.org/. También ha escrito un libro muy recomendable sobre el tema: *Self-Compassion: The Proven Power of Being Kind to Yourself,* William Morrow Paperbacks, 2015.
23. www.self-compassion.org/what-is-self-compassion/self-compassion-versus-self-esteem.html.
24. Rainer Maria Rilke. *El libro de las horas.* Ed. Hiperión, 2005.
25. www.mindfulnessinschools.org.

Capítulo 8

1. *Policy of Kindness, An Anthology of Writings by and about the Dalai Lama,* editado por Sidney Piburn. Snow Lion Publishing, 2012.
2. Para más información sobre el tema, véase Rick Hanson. *Hardwiring Happiness: How to Reshape Your Brain and Your Life.* Rider, 2014.
3. J. Costa, J. Pinto-Gouveia. «Acceptance of pain, self-compassion and psychopathology: Using the chronic pain acceptance questionnaire to identify patient's subgroups», *Clinical Psychology and Psychotherapy,* 18, 2011, págs. 292-302.
4. W.W. Thaddeus, *et al.* «Effect of compassion meditation on neuroendocrine, innate immune and behavioral responses to psychosocial stress», *Psychoneuroendocrinology,* 34, 2009, pág. 87-98; un buen resumen del testimonio lo ofrece J. Halifaz, «The

precious necessity of compassion», *Journal of Pain and Symptom Management*, 41 (1), 2011, págs. 146-153.

5. B. Fredrickson. *Love 2.0: Finding Happiness and Health in Moments of Connection*. Hudson Press, 2013, pág. 12.
6. Para más detalles sobre el tema, véase Barbara Fredrickson. *Love 2.0: Finding Happiness and Health in Moments of Connection*. Hudson Press, 2013, págs. 40-41.
7. B. Fredrickson. *Love 2.0: Finding Happiness and Health in Moments of Connection*. Hudson Press, 2013, pág. 57.
8. *Ibid.*, pág. 55.
9. *Ibid.*, pág. 57.
10. *Ibid.*, pág. 59
11. Para más detalles, véase Rick Hanson. *Hardwiring Happiness: How to reshape your brain and your life*. Rider, 2014.
12. Adaptado del acrónimo HEAL de Rick Hanson, de su libro *Hardwiring Happiness: How to Reshape Your Brain and Your Life*. Rider, 2014.
13. La idea del sesgo negativo está bien explicada en Rick Hanson. *Buddha's Brain: The Practical Neuroscience of Happiness, Love and Wisdom*. New Harbinger Publications, 2009.

Capítulo 9

1. www.vironika.org/wp-content/uploads/2015/04/Electronic-Press-Kit1.pdf.
2. Véase el Centro Para el Mayor Bien de la Ciencia en la página web de la Universidad de Berkeley, ww.greatergood.berkeley.edu.
3. Para más detalles sobre el tema, véase Barbara Fredrickson. *Love 2.0: Finding Happiness and Health in Moments of Connection*. Hudson Press, 2013, pág. 17.
4. B. Fredrickson. *Love 2.0: Finding Happiness and health in Moments of Connection*. Hudson Press, 2013, pág. 86.
5. Del periódico *i*, del 10 de noviembre de 2014, basado en una

entrevista con el doctor David R. Hamilton, autor de *Why Kindness is Good for You.*

6. B.L., Fredrickson, K.M. Grewen, K.A. Coffer, S.B. Algoe, A.M. Firestone, J.M., Arevalo, J. Ma, S.W. Cole. «A functional genomic perspective on human well-being», *Proceedings of the National Academy of Sciences of the United States of America*, 110 (33), 2013, págs. 13.684-13.689.
7. M.J., Poulin, S.K. Brown, A.J. Dillard, D.M. Smith. «Giving to others and the association between stress and mortality», *American Journal of Public Health*, 103 (9), 2013, págs. 1.649-1.655.
8. S. Konrath, A.L. Fuhrel-Forbis, S. Brown. «Motives for volunteering are associated with mortality risk in older adults», *Health Psychology*, 31 (1), 2012, págs. 87-96.
9. Entrevista entre el doctor Rick Hanson y el doctor Richard Davison en la serie de audio *The Compassionate Brain*, «Session 1: How the Mind Changes the Brain» (2012), www.SoundsTrue.com.

Capítulo 10

1. En la tradición de la meditación budista, la conciencia orientada se conoce con el nombre de *samatha*, y el monitoreo abierto, como *vipassana*.

Capítulo 11

1. P. Nelson. *There's a Hole in My Sidewalk*. Beyond Words Publishing, 1994.
2. Véase el capítulo 9, «A Woman's work is never done», de *Exploring Public Attitudes, Informing Public Policy*, European Social Survey, www.europeansocialsurvey.org.
3. Idea desarrollada por la catedrática Marie Asborg del Instituto Karolinska, de Estocolmo.

4. V. Burch. *Living Well with Pain and Illness.* Piatkus, 2008.
5. R. Lazarus, S. Folkman. *Stress, Appraisal, and Coping.* Springer, 1984.
6. S.E. Taylor, L.C. Klein, B.P. Lewis, T.L. Gruenewald, R.A.R. Gunung, J.A. Updegraff. «Biobehavioral responses to stress in females: tend-and-befriend, not fight-or-flight», *American Psychological Association Inc., Psychological Review,* 107 (3), 2000, págs. 411-429.
7. J.L. Kristeller, R.Q. Wolever. «Mindfulness-based Eating Awareness Training for Treating Binge Eating Disorder: The Conceptual foundation», *Eating Disorders: The Journal of Treatment & Prevention,* 19 (1), 2010, págs. 49-61.
8. Este apartado está basado en la obra de Tania Clifton-Smith de Breathingworks.com.
9. *Ibid.*
10. «La apnea de la pantalla» es una frase que acuña la escritora, conferenciante y asesora linda Stone en un blog del *Huffington Post*: «Just Breathe: Building the case for email apnea» (www.huffingtonpost.com/linda-stone/just-breathe-building-the_b_85651).
11. Adaptado de la terapia cognitiva basada en el mindfulness (MBCT). Para más detalles sobre este criterio, véase Zindel Segal, Mark Williams, John Teasdale. *Mindfulness-based Cognitive Therapy for Depression: A New Approach to Preventing Relapse.* The Guilford Press, 2002.

Capítulo 12

1. M. Sáenz-Herrero. *Psychopathology in Women: Incorporating Gender Perspective in Descriptive Psychopathology.* Spreinger, 2014.
2. OECD 2008. *Gender and Sustainable Development – maximising the economic, social and environmental role of women.* Disponible en: www.oecd.org/social/40881538.pdf.
3. Del *Estudio a fondo de la violencia contra la mujer* (2006), del

secretario general de las Naciones Unidas, y de las webs de los Fondos para las Mujeres de las Naciones Unidas (UNIFEM) y del Fondo de Población de las Naciones Unidas (UNFPA). Publicado por el Departamento de Información Pública de las Naciones Unidas (febrero de 2008). Disponible en: www.un.org/en/women/endviolence/pdf/VAW.pdf.

4. www.un.org/en/events/endviolenceday/pdf/UNiTE_TheSituation_EN.pdf.
5. M. Vlachovà, L. Biason (eds.) *Women in an insecure world, violence against women, Facuss, figures and analysis.* Centro de Ginebra para el Control Democrático de las fuerzas Armadas, 2005. Disponible en: www.unicef.org/emerg/files/women_insecure_world.pdf.
6. «Comprometerse a la acción: Cumplir los ODM», nota informativa del secretario general dedicado al evento de alto nivel celebrado en las Naciones Unidas sobre los Objetivos de Desarrollo del Milenio (Nueva York, 25 de septiembre de 2008); Naciones Unidas, *Informe sobre los objetivos de desarrollo del milenio* (2008); página web de la UNFPA, *Ninguna mujer debería morir dando a luz: datos y cifras,* editado por el Departamento de Información Pública de las Naciones Unidas (septiembre de 2008).
7. www.unfpa.org/safemotherhood; www.un.org/millenniungoals/2008highlevel/pdf/newsroom/Goal%205%20FINAL.pdf.
8. Ban-Ki Moon. Observaciones del secretario general en el Congreso Mundial de Cooperación Global con las Mujeres Jóvenes. Disponible en: www.un.org/sg/statements/index.aasp?nid=6242.
9. www.theguardian.com/education/2010/feb/23/ghana-education-girls-attitudes-resources.
10. Unión Inter-Parlamentaria (IPU). *Women in Parliament in 2013.* Disponible en: www.ipu.org/pdf/publications/W1P2013-e.ppdf.
11. Véase el documental *I am,* dirigido por Tom Shadyac. Disponible en: www.iamthedoc.com.

12. El Dalai Lama, citado en el documental *I am*, dirigido por Tom Shadyac. Disponible en: www.iamthedoc.com.
13. B. Bert D'Espallier, I.G. Roy. «Women and repayment in microfinance: A global analysis», *World Development*, 39 (5), 2011, págs. 758-772.
14. www.onebillionrising.org.uk.

APÉNDICE 3

1. B. Hölzel, J. Carmody, K. Evans, E. Hoge, J. Dusek, L. Morgan, R. Pitman, S. Lazar. «Stress reduction correlates with structural changes in the amygdala», *Social Cognitive Affective Neuroscience*, 5 (1), 2010, págs. 11-17.
2. «El secuestro de la amígdala» es un término acuñado por Daniel Goleman en 1996, cuando publicó su libro *Inteligencia emocional* (Editorial Kairós, 1996). Goleman utiliza este término para describir las reacciones emocionales que presentan las personas y que estas sienten de una manera inmediata y sobrecogedora, unas reacciones que son desmesuradas respecto al estímulo real, porque este ha desencadenado una amenaza emocional muchísimo más relevante.
3. C. Congleton, B.K Hölzel, S.W. Lazar. «Mindfulness can literally change your brain!», *Harvard Business Review*, 2015. Disponible en: https://hbr.org/2015/01mindfulness-can-iterally-change-your-brain. El artículo cita extractos del estudio original: B.K. Hölzel, J. Carmody, M. Vangel, *et al.* «Mindfulness practice leads to increases in regional brain gray matter density», *Psychiatry Research*, 191 (1), 2011, págs. 36-43.

Apéndice 4

1. D. Farhi. *The Breathing Book*. Henry Holt & Company, 1996, pág. 5
2. G., Burt. «It's Your Move», *Talkback*. Autumn, 2007, pág. 15.
3. V. Burch. *Living Well with Pain and Illness*. Piatkus, 2008, págs. 96-100.

Recursos

Hemos creado unas páginas web para ofrecer varios recursos con los que completar este libro: www.mindfulness4women.com (en inglés) y www.letraskairos.com (en español). Aquí, por ejemplo, encontrarás los archivos de audio de las meditaciones guiadas. También hemos incluido *links* de diversas redes sociales. Entra para descubrir más detalles.

El equipo para meditar

La práctica del mindfulness y la meditación son más fáciles si cuentas con ciertos elementos que te ayudarán a estar lo más cómoda posible. Los siguientes artículos pueden ser de utilidad.

Para las posturas en las que estás echada: una colchoneta de meditación o yoga para estar cómoda; un cojín tubular de yoga para sentir menos presión en la columna vertebral colocado debajo de las rodillas; y un saquito para los ojos, que te ayudará a relajarlos.

Si te arrodillas o te sientas en el suelo para meditar, prueba con lo siguiente: un cojín de meditación (a veces llamado zafu) o un banquito de meditación (un pequeño taburete de madera para colocar las piernas debajo). Te recomendamos vivamente un taburete o un banquito ajustable (www.kindseat.com) porque es fácil de regular la altura y el ángulo adecuados. Un cojín de goma para dar estabilidad (inflado a la altura correcta y colocado encima del almohadón de meditación o del banquito) también es una buena manera de eliminar tensiones en la columna vertebral y el sacro. Se venden con el nombre de cojines de estabilidad, cojines de equilibrio o cojín inflable en forma de disco.

Si te sientas en una silla para meditar, asegúrate de que tenga el respaldo recto, como, por ejemplo, una silla de comedor. Te irá muy bien si te pones un cojín de meditación o zafu bajo los pies; el cojín de estabilidad te ayudará a no sentir tanta presión bajo el sacro y los isquiones.

Movimiento mindfulness

Aparte de la práctica básica de la meditación, quizá quieras aplicar el mindfulness a una serie de movimientos suaves, que te ayudarán a desarrollar fuerza y flexibilidad, así como a aprender a conservar la atención plena en todos los movimientos de la vida cotidiana. Vidyamala ha desarrollado un conjunto de movimientos que se realizan con atención plena para Breathworks (véase www.breathworks-mindfulness.org.uk/shop). Si deseas información para asistir a un curso de movimientos con atención plena, contacta con info@breathworks.co.uk.

Cursos de Breathworks

Aprenderás mucho mejor mindfulness si asistes a clase, tanto si es un curso *on line* como si te apuntas a una clase presencial de grupo. Hay muchos cursos distintos de mindfulness y quizá puedas encontrar alguno cerca de donde vives. Este libro está orientado a partir de los programas de mindfulness Breathworks creados por Vidyamala y sus colaboradores. La organización ofrece cursos en distintos formatos, incluyendo clases particulares y asesoramientos. También puedes formarte como profesora de mindfulness en Respira Vida Breathworks. Para consultar las listas de los maestros acreditados de Breathworks y tener más información sobre los centros de enseñanza, visita www.breathworks-mindfulness.org.uk (en inglés) o www.respiravida-breathworks.net (en español).